FRANÇAIS LANGUE SECONDE ~ NIVEAU AVANCÉ

# En avant
# la grammaire!

## Flavia Garcia
## Pascale Chrétien

## Cahier d'activités
## de grammaire
## en situation

md

**Catalogage avant publication de Bibliothèque et Archives nationales du Québec et Bibliothèque et Archives Canada**

Garcia, Flavia
    En avant la grammaire ! : français, langue seconde, niveau avancé : cahier d'activités de grammaire en situation.
    ISBN 978-2-89144-340-1
    1. Français (Langue) – Grammaire – Problèmes et exercices.    2. Français (Langue) – Manuels pour allophones. I. Chrétien, Pascale, 1966- II. Titre.

PC2128.G373 2001    448.2'4'076    C2001-941143-9

L'Éditeur tient à exprimer sa reconnaissance à l'égard des pédagogues qui ont accepté de lire et de valider certaines activités avant la publication : Astrid Berrier (UQAM), Marie-Cécile Guillot (UQAM), Monika Jezak (Université d'Ottawa), Christine Préville (Université McGill et Université de Montréal) et Diane Proulx (MRCI).

Conseillère pédagogique : Nicole Lavergne, École de français, Université de Montréal
Conseillère linguistique : Suzanne Teasdale
Illustrations : Daniel Shelton
Conception et réalisation de couverture et intérieur : Interscript inc.
Saisie des textes et demandes de droits : Valérie Lebeau
Éditrice chargée du projet : Miléna Stojanac

Marcel Didier inc.
1815, avenue De Lorimier
Montréal (Québec) CANADA
H2K 3W6
www.editionsmd.com

Diffusion-distribution au Canada : Distribution HMH
www.distributionhmh.com
Diffusion-distribution en France : Librairie du Québec à Paris/DNM
www.librairieduquebec.fr

Nous reconnaissons l'aide financière du Gouvernement du Canada par l'entremise du Fonds du livre du Canada (FLC) ainsi que celle du Gouvernement du Québec par son Programme de crédit d'impôt pour nos activités d'édition.

ISBN 978-2-89144-340-1

Dépôt légal – 1er trimestre 2002
Bibliothèque et Archives nationales du Québec
Bibliothèque et Archives Canada

*Imprimé au Canada*

# Préface

Pour le public adulte en général, apprendre le français comme langue seconde signifie apprendre la grammaire de cette langue. Comment alors répondre à ce type d'attente de la part des apprenants tout en leur montrant à communiquer effectivement en français? En termes didactiques, c'est ce problème fondamental de la place de la grammaire au sein d'une approche avant tout communicative qui s'est posé à Flavia Garcia et à Pascale Chrétien. Autrement dit, comment s'assurer de l'apprentissage des formes langagières du français tout en s'assurant d'accorder une priorité à la signification?

C'est ainsi que pour assurer une transposition effective par les apprenants, dans la vie réelle, de leurs acquis grammaticaux, les auteures proposent, dans chacune des huit unités du cahier, un lien explicite entre une fonction langagière (ou intention de communication, du type: «exprimer des faits hypothétiques; raconter une histoire») et une situation de communication (du type: «vacances de rêve», «l'écrivain idéal»). En d'autres termes, toute *forme langagière* à maîtriser est associée à une *intention de communication* et à une *situation de communication*, ce qui est le propre de toute communication. C'est pourquoi chaque unité comprend des «objectifs grammaticaux», des «objectifs de communication» et une série «d'activités».

Mais lequel privilégier parmi ces trois objectifs fondamentaux à mettre en relation dans toute communication? Les auteurs auraient pu, par exemple, bâtir chaque unité autour d'une fonction langagière et y associer secondairement des questions d'ordre grammatical ainsi qu'une situation. À l'inverse, elles auraient pu procéder en partant de situations de communication auxquelles auraient été associées, secondairement, des questions d'ordre grammatical et une intention de communication. Or, la voie suivie par Flavia Garcia et Pascale Chrétien a été autre: elles ont délibérément choisi de partir d'une question grammaticale (le subjonctif, le discours rapporté au passé, le conditionnel et l'hypothèse, etc.) puis de faire graviter autour de cette question une série de situations de communication (sous la rubrique «Activités») associées à une série d'intentions de communication (sous la rubrique «Objectifs de communication»).

Pourquoi avoir procédé ainsi? Vraisemblablement afin de mieux répondre aux attentes d'un public adulte pour qui, tel que mentionné ci-dessus, apprendre une langue seconde signifie apprendre la grammaire de cette langue. De cette manière, le public visé se retrouve en terrain familier et risque moins d'être dérouté. Nous sommes donc ici en présence d'une grammaire contextualisée, ancrée dans de véritables situations de communication visant à faciliter la mise en œuvre langagière d'authentiques intentions de communication, contrairement aux approches grammaticales des années cinquante: c'est le défi que les auteurs ont su relever, avec doigté et savoir-faire, dans ce troisième cahier de la série *En avant la grammaire!*.

Claude Germain, professeur titulaire
Département de linguistique et de didactique des langues
Université du Québec à Montréal
Novembre 2001

# Avant-propos

Voici le dernier-né de la série *En avant la grammaire !* Destiné à l'enseignement du français langue seconde de niveau avancé, il propose, comme les deux cahiers précédents, des activités de grammaire inscrites dans des contextes de communication signifiants, variés et susceptibles d'intéresser tant les jeunes que les adultes.

Notre but, en créant ce cahier, a été de concevoir des activités qui soient motivantes à la fois pour le professeur et pour les étudiants. Plutôt que de proposer des exercices à trous traditionnels où il s'agit simplement d'appliquer une règle grammaticale, nous avons intégré des composantes textuelles pour mettre en œuvre une véritable compréhension de la langue. Nous avons également privilégié les activités exigeant l'implication et la créativité des étudiants. L'oral, souvent négligé au niveau avancé, y trouve aussi sa place. De plus, comme les activités proposées sont toujours ancrées dans un contexte, il nous paraissait important de refléter la réalité québécoise, canadienne et nord-américaine tant dans la langue utilisée dans les dialogues que dans le choix des textes.

Les habitués de *En avant la grammaire !* retrouveront dans ce cahier la structure des cahiers précédents : un tableau grammatical en début de chapitre, des activités de grammaire, des tableaux d'entraînement. Une nouveauté : les capsules lexicales de certaines activités enrichissent les thèmes exploités et favorisent la compréhension des textes.

Quant aux éléments grammaticaux, notre choix s'est arrêté à ceux fréquemment abordés dans les classes de niveau avancé, tels que le subjonctif, les relatifs ou les relations logiques, pour n'en citer que trois. Certains sujets traités dans le cahier de niveau intermédiaire sont repris et approfondis dans celui-ci, notamment l'hypothèse, les temps du passé et les pronoms personnels.

Nous avons cru opportun de réserver une place particulière aux relations logiques de cause, de conséquence, de but, d'opposition, de concession et de condition, car elles servent à articuler le discours tant oral qu'écrit. Ainsi, une foule d'activités et d'exercices proposent aux étudiants le maniement des expressions correspondantes et leur utilisation dans l'élaboration de textes divers.

Comme *En avant la grammaire !* se veut un outil de communication, nous avons ajouté aux activités et aux exercices des exemples relevant de différents registres de langue, afin de rendre compte de la diversité des choix linguistiques possibles en français. De la sorte, des expressions appartenant au français familier, couramment utilisées à l'oral, côtoient des exemples de français soutenu, surtout associés au discours écrit.

Enfin, pour l'ordre de présentation des chapitres et des particularités grammaticales, nous avons évité la gradation allant du plus simple au plus complexe. Les exercices et activités de *En avant la grammaire !* se présentent plutôt comme une banque dont la gestion incombe soit aux étudiants, soit aux enseignants, selon les besoins et les difficultés qu'ils rencontreront au long du parcours.

Ce livre est dédié à nos étudiants.

Flavia Garcia
Pascale Chrétien

# Table des matières

# Les pronoms relatifs

## Table des matières

# Tableau grammatical

## A. Les pronoms relatifs simples

| | | Exemples |
|---|---|---|
| **QUI** | Remplace le sujet. | J'ai visité un pays. **Ce pays** se trouve en Asie. |
| | | J'ai visité un pays **qui** se trouve en Asie. |
| **QUE** | Remplace l'objet direct. | J'ai visité un pays.<br>Mes amis ont visité **ce pays** l'année passée. |
| | | Mes amis **l'**ont visité l'année passée. |
| | | J'ai visité un pays **que** mes amis<br>ont visité l'année passée. |
| | | Le participe passé s'accorde en genre et en nombre<br>avec le complément repris par *que*. |
| | | *Exemple* : Où as-tu mis les pantoufles **que**<br>je t'ai offert**es** ? |
| **DONT** | Remplace le complément<br>introduit par la préposition *de*. | J'ai visité un pays. J'avais entendu parler **de ce pays**<br>l'année précédant mon voyage. |
| | | J'**en** avais entendu parler l'année précédant<br>mon voyage. |
| | | J'ai visité un pays **dont** j'avais entendu parler<br>l'année précédant mon voyage. |
| **OÙ** | Remplace le complément<br>circonstanciel de lieu<br>ou de temps. | J'ai visité un pays. **Dans ce pays** il fait chaud<br>toute l'année.<br>Il **y** fait chaud toute l'année. |
| | | J'ai visité un pays **où** il fait chaud toute l'année. |
| | | J'ai rencontré Pierre. À cette époque,<br>il occupait un emploi chez Artémis. |
| | | À l'époque **où** je l'ai rencontré, Pierre occupait<br>un emploi chez Artémis. |

## B. *Ce qui, ce que, ce dont, ce* + préposition + *quoi*

Ces expressions remplacent des propositions.

| | |
|---|---|
| **CE QUI** | Marie m'a invité à son anniversaire de mariage. |
| | Cela (le fait qu'elle m'ait invité) me fait plaisir. |
| | Marie m'a invité à son anniversaire de mariage, **ce qui** me fait plaisir. |

| | |
|---|---|
| **CE QUE** | Marie m'a invité à son anniversaire de mariage. |
| | Je ne prévoyais pas cela (le fait qu'elle m'ait invité) du tout. |
| | Marie m'a invité à son anniversaire de mariage, **ce que** je ne prévoyais pas du tout. |
| **CE DONT** | Marie m'a invité à son anniversaire de mariage. |
| | Je me réjouis **de cela** (du fait qu'elle m'ait invité). |
| | Marie m'a invité à son anniversaire de mariage, **ce dont** je me réjouis. |
| **CE + *PRÉP* + QUOI** | Marie m'a invité à son anniversaire de mariage. Je m'attendais **à cela** (au fait qu'elle m'invite) depuis longtemps. |
| | Marie m'a invité à son anniversaire de mariage, **ce à quoi** je m'attendais depuis longtemps. |

| | |
|---|---|
| Note | Souvent, un pronom démonstratif (*celui*, *celle*, *ceux*, *celles*) précède le pronom relatif. |
| Exemple | Je suis de **ceux qui** voient le bon côté des choses. |

# C.   Les pronoms relatifs composés

## 1. Compléments introduits par la préposition à ou par les locutions prépositives suivies de à

Voir, au chapitre 2, la liste des verbes suivis de compléments introduits par la préposition **à**.

| | Exemples |
|---|---|
| Objets, personnes **À LAQUELLE** | **Grâce à la décision du conseil,** les actions ne seront pas liquidées. C'est une décision **grâce à laquelle** les actions ne seront pas liquidées. |
| **AUQUEL** | Vous avez **participé à un projet** international, n'est-ce pas? En effet, le projet **auquel** j'ai participé regroupait une trentaine de pays. |
| **AUXQUELLES** | Les participants à l'épreuve sont **soumis à certaines règles**. Voici les règles **auxquelles** sont soumis tous les participants à l'épreuve. |
| **AUXQUELS** | Vous avez **pensé à quels salons** pour le congrès? Les salons **auxquels** on a pensé se trouvent près des sites touristiques de la ville. |
| Personnes **À QUI** | Vous devrez **vous adresser à une personne**. La personne **à qui** vous devrez vous adresser ne parle que le français. |

## 2. Compléments introduits par des locutions prépositives suivies de la préposition *de*

Voir, au chapitre 2, la liste des verbes suivis d'un complément introduit par **de**, et d'utilisation fréquente.

### a) Espace

| Espace | | Objets | Personnes |
|---|---|---|---|
| En haut | | DE LAQUELLE | DE QUI |
| En bas | | DESQUELLES | |
| À côté | + | DUQUEL | |
| À gauche | | DESQUELS | |
| À droite | | | |
| Autour | | | |
| Près | | Ce matin nous allons visiter les | Vos noms seront indiqués sur |
| Loin | | fortifications de Québec **près** | une carte posée sur la table |
| Au delà | | **desquelles** s'est déroulée la | comme les noms des |
| À l'arrière | | bataille des plaines d'Abraham, | personnes **à côté de qui** |
| À l'avant | | en 1759. | vous serez assis. |
| En direction | | | |
| En face | | | |

### b) Relations logiques

| Relations logiques | | Objets | Personnes |
|---|---|---|---|
| En dépit | | DE LAQUELLE | DE QUI |
| À cause | + | DESQUELLES | |
| En raison | | DESQUELS | |
| En vue | | DUQUEL | |
| Au moyen | | | |
| À partir | | | |
| | | Nous voudrions acheter | L'homme **à cause de qui** |
| | | un nouvel appareil | l'accident s'est produit |
| | | **au moyen duquel** | était ivre. |
| | | nous pourrons réaliser | |
| | | des expériences | |
| | | plus concluantes. | |

## 3. Compléments introduits par des prépositions ou locutions prépositives autres que à ou *de*

| | | Objets | Personnes |
|---|---|---|---|
| Sur | | LAQUELLE | QUI |
| Avec | | LESQUELLES | |
| À travers | | LEQUEL | |
| Parmi | + | LESQUELS | |
| Pour | | | |
| Par | | | |
| Dans | | Le ministère des Transports | Voici la liste des amis **avec qui** |
| Sous | | a pris des mesures | nous aurions envie de fêter |
| Sans | | **sans lesquelles** | notre anniversaire de mariage. |
| Selon | | les accidents de la route | |
| Entre | | seraient encore | |
| Vers | | plus nombreux. | |
| Devant | | | |
| Malgré | | | |

# D. La mise en relief

**1.** CE QUI...,      C'EST

**Ce qui** me dérange, **c'est** que cette compagnie ne respecte pas les délais.

CE QUE...,      C'EST

**Ce que** je peux faire, **c'est** l'appeler.

CE DONT...,      C'EST

**Ce dont** je suis fière, **c'est** de ses réalisations.

CELUI...,      C'EST
CELLE QUI...,

**Celui qui** s'occupe de ce dossier, **c'est** Martin.

CE À QUOI...,      C'EST
CE SUR QUOI...,
CE POUR QUOI...,

**Ce à quoi** je m'attendais, **c'est** à de meilleures conditions.

CEUX,      CE SONT
CELLES QUI...,

**Ceux qui** s'occupent de la production, **ce sont** Madame Gagnon et Monsieur Lacaille.

**2.** C'EST...      QUI/QUE

**C'est** le taux d'analphabétisme **qui** demeure la priorité.

CE SONT...      QUI/QUE

**Ce sont** les risques qu'on peut encourir en haute montagne **qui** me font réfléchir avant d'entreprendre l'expédition.

**3.** C'EST À...      QUE

**C'est à** Madame Galant **que** tu dois t'adresser.

C'EST DE...

**C'est de** cela **que** j'avais l'intention de vous parler.

C'EST SUR...

**C'est sur** les ventes de cette année **que** nous comptons.

C'EST POUR...

**C'est pour** Nathalie **que** j'ai organisé cette fête

C'EST SANS...

**C'est sans** aide **que** j'ai réussi à finir ce travail.

C'EST AVEC...

**C'est avec** passion **qu'**il entreprend ce projet.

C'EST PARMI...

**C'est parmi** nous **que** le candidat se trouve.

**4.** ... C'EST CE QUI

Le bruit, **c'est ce qui** inquiète le plus les citadins.

... C'EST CE QUE

Le mauvais temps, **c'est ce que** nous craignons le plus.

... C'EST CE DONT

Des vacances au Mexique, **c'est ce dont** j'ai envie.

... C'EST CE À QUOI

... C'EST CE SUR QUOI

... C'EST CE POUR QUOI

Il doit s'occuper de la musique, **c'est ce pour quoi** il a été invité.

    

**Objectif grammatical**
Les pronoms relatifs simples *qui, que, dont.*

**Objectif de communication**
Parler de personnalités connues.

# Les connaissez-vous ?

Voici des personnalités québécoises qui ont marqué le XXe siècle. Choisissez un élément de chaque colonne pour constituer une phrase les présentant, comme dans l'exemple.

### Groupe 1

- Anne Hébert
- Armand Frappier
- Joseph-Armand Bombardier
- Ludmilla Chiriaeff
- Thérèse Casgrain

- une danseuse et chorégraphe
- une écrivaine
- une féministe
- un inventeur
- un microbiologiste

qui
que
dont

- a mis au point la première motoneige.
- a longtemps vécu à Paris.
- un célèbre institut de recherche scientifique porte le nom.
- on considère comme la mère de la danse au Québec parce qu'elle a fondé les *Grands Ballets Canadiens.*
- s'est battue pour le droit de vote des femmes.

**Exemple**

- *Anne Hébert, c'est une écrivaine* **qui** *a longtemps vécu à Paris.*

- _____

- _____

- _____

- _____

### Groupe 2

- Daniel Johnson
- le frère Marie-Victorin
- Julie Payette
- Maurice Richard
- Phyllis Lambert

- une architecte
- une astronaute
- un botaniste
- un joueur de hockey
- un premier ministre

qui
que
dont

- les deux fils, Daniel et Pierre-Marc, ont également été premiers ministres du Québec.
- on surnommait « le Rocket » parce qu'il était très rapide.
- a publié *La Flore laurentienne* et fondé le Jardin botanique de Montréal.
- a été la première Québécoise à aller dans l'espace.
- a sensibilisé les Québécois à la préservation du patrimoine architectural et fondé le Centre canadien d'architecture.

- _____

- _____

- _____

- _____

- _____

**Groupe 3**

- Gabrielle Roy
- Hans Selye
- Jean-Paul Riopelle
- Mary Travers
- Pierre-Elliott Trudeau

- une chanteuse des années 1930
- un chercheur
- un peintre
- un politicien
- une romancière

qui
que
dont

- le roman le plus connu s'intitule *Bonheur d'occasion*.
- les travaux sur le stress sont connus mondialement.
- a été premier ministre du Canada pendant plus de 15 ans.
- on connaît mieux sous le nom de *la Bolduc*.
- a été l'un des principaux représentants du mouvement automatiste.

- _____
- _____
- _____
- _____
- _____

**Groupe 4**

À vous maintenant! Qui sont les personnalités suivantes? Qu'ont-elles accompli? Composez une phrase pour les présenter. Utilisez un pronom relatif (*qui, que, dont*).

- Alphonse Desjardins, c'est _____

  _____

- Céline Dion, c'est _____

  _____

- Jean Paul Lemieux, c'est _____

  _____

- René Lévesque, c'est _____

  _____

- Michel Tremblay, c'est _____

  _____

## 2

**Objectif grammatical**
Les pronoms relatifs simples *qui, que, dont, où*.

**Objectif de communication**
Formuler des devinettes.

# Devinettes

**A.** Complétez les devinettes suivantes avec le pronom relatif approprié (*qui, que, dont, où*). Puis donnez la réponse de chaque devinette.

| Exemple | Quel est l'animal __qui__ a une large queue plate recouverte d'écailles ? |
|---|---|

**1. Quel est l'animal…**

__dont__ les dents sont très acérées ?

__qui__ construit des barrages ?

7. __que__ les chasseurs apprécient pour sa fourrure ?

__qui__ figure sur les pièces de 5 cents ?

Réponse : _____

**2. Quelle est la ville…**

__qui__ a été fondée par Samuel de Champlain en 1608 ?

de ~~où~~ l'arrondissement historique est inscrit sur la liste du patrimoine mondial de l'Unesco ?

__que__ les touristes visitent en grand nombre chaque année ?

__où__ a lieu un célèbre Carnaval d'hiver ?

__où__ se trouve le Château Frontenac ?

Réponse : _____

**3. Quel est le pays…**

__qui__ se trouve en Europe de l'Ouest ?

__que__ on appelle aussi « le plat pays » ?

__où__ est né le chanteur Jacques Brel ?

__dont__ les langues officielles sont le français, le néerlandais et l'allemand ?

__dont__ la capitale est Bruxelles ?

Réponse : _____

**B.** Composez des devinettes à partir des descriptions suivantes en utilisant le pronom relatif approprié (*qui, que, dont, où*). Puis donnez la réponse de chaque devinette.

**1.** On le voit partout au mois de décembre. Les enfants attendent sa venue avec impatience. Son traîneau est tiré par des rennes. Il habite au pôle Nord. Il distribue les cadeaux.

Quel est le personnage…

Exemple

- *qu'on voit partout au mois de décembre ?* _____
- _____
- _____
- _____
- _____

Réponse : _____

**2.** Il a connu une popularité grandissante ces dernières années. Il permet aux gens de communiquer. Les gens le transportent sur eux. On entend souvent sa sonnerie dans les lieux publics. On déteste l'entendre sonner dans les moments romantiques.

Quel est l'appareil…

- _____
- _____
- _____
- _____
- _____

Réponse : _____

**C.** À vous maintenant! Choisissez un animal, une ville, un pays, un personnage ou un appareil et composez des devinettes. Puis, lisez-les à vos camarades de classe et faites-leur trouver les réponses.

**1.** _____
_____
_____
_____
_____
_____

Réponse : _____

**2.** _____

_____

_____

_____

_____

_____

Réponse : _____


**3.** _____

_____

_____

_____

_____

_____

Réponse : _____

**Objectif grammatical**
Les pronoms relatifs simples *qui, que, dont.*

**Objectifs de communication**
Décrire une personne.
Donner des renseignements sur une personne.

# Vernissage

**A.** Le vernissage des œuvres du peintre Anton Vandenberg a lieu à la galerie des Beaux-Arts. Vous avez reçu une invitation, et vous y allez en compagnie d'une personne qui ne connaît aucun des invités. Regardez l'illustration et répondez aux questions de cette personne très curieuse.

*a.* Dans un premier temps, décrivez l'apparence physique ou le comportement des invités afin de les identifier. Utilisez le pronom relatif *qui,* comme dans l'exemple.

*b.* Ensuite, ajoutez des renseignements sur ces personnes. Formulez une phrase contenant un pronom relatif (*qui, que, dont*), comme dans l'exemple.

> Exemple   C'est qui, Anton Vandenberg ?

    *a.* *C'est le grand brun aux cheveux bouclés **qui** a l'air de s'ennuyer.*

    *b.* *C'est celui **que** les critiques considèrent comme le peintre le plus talentueux de sa*

       *génération.*

1. Et le célèbre critique d'art Arthur Jaimerien, il est là ?

   a. Bien sûr, c'est l'homme qui _____

   b. C'est celui que tous les artistes _____

2. Et le propriétaire de la galerie, c'est qui ?

   a. C'est l'homme qui _____

   b. C'est celui qui _____

3. Penses-tu que la ministre de la Culture est venue ?

   a. Oui, c'est la dame qui _____

   b. C'est celle que _____

4. Et le fameux mécène Richard Gold, c'est qui ?

   a. Tu vois, là-bas ? C'est l'homme qui _____

   b. C'est celui dont la femme _____

5. On dit que le célèbre peintre Auguste Lenoir apprécie beaucoup la peinture d'Anton Vandenberg. Est-ce qu'il est ici ?

   a. Oui, _____

   b. Savais-tu que c'est le peintre dont les tableaux _____

6. Et les parents d'Anton Vandenberg, est-ce qu'ils ont été invités ?

   a. Oui, _____

   b. Ce sont eux qui _____

7. Et l'attachée de presse ? Tu m'as dit qu'elle était très jolie…

   a. La voilà, _____

   b. _____

8. Et ton ami Jean-Claude, il est où ?

   a. Là-bas, _____

   b. _____

9. Et ta copine Julie ?

   a. _____

   b. _____

10. Et la directrice du Musée d'art contemporain ?

    a. _____

    b. _____

B. Imaginez que les étudiants de la classe sont présents au vernissage. Travaillez deux à deux et demandez à votre partenaire d'identifier tous les étudiants en posant des questions sur leur apparence physique ou sur leur comportement. Utilisez le pronom relatif *qui*. Ensuite, votre partenaire devra donner des renseignements sur chaque personne en utilisant un pronom relatif (*qui*, *que*, *dont*), comme dans l'exemple.

Exemple     Vous :    – Qui est cette grande blonde qui porte beaucoup de bijoux ?
                        *ou*
                      – Qui est cette grande blonde qui rit tout le temps ?

         Votre partenaire :    – C'est Elena Gorbounova. C'est une jeune femme que tout le monde trouve sympathique.
                        *ou*
                      – C'est la jeune femme dont le mari est informaticien.

**Objectif grammatical**
Les pronoms relatifs simples *qui, que, dont*
précédés du pronom démonstratif *celui, celle,
ceux* ou *celles.*

**Objectif de communication**
Décrire une personne.

# Le chemin

Lisez le texte ci-dessous de l'écrivain québécois Pierre Morency.

En entrant au café Chez Fred cet après-midi-là, vers quatre heures, j'aperçus Trom,
assis à une table, au fond de la pièce, seul. En m'approchant, je vis qu'il était
à griffonner sur le napperon de papier. Il m'invita tout de suite à m'asseoir.
« Ce matin, on m'a téléphoné pour sonder mes opinions sur des sujets sans importance.
Ce qui m'a donné l'idée de préparer ce petit questionnaire. »
Et il me tendit la feuille en me demandant de lire tout haut :

Êtes-vous de ceux qui tuent les araignées dans les maisons ?

Êtes-vous de ces gens qui peuvent s'endormir le soir sans avoir, d'une façon
ou d'une autre, élevé leur esprit ?

Êtes-vous de ces personnes qui pensent à l'argent plus de dix minutes par jour ?

Êtes-vous de ces lecteurs qui acceptent d'adhérer à un écrivain complètement fasciné
par sa propre image ?

Êtes-vous de ceux qui croient que médecine et santé vont de pair ?

Êtes-vous de ceux qui peuvent commencer une journée sans mettre le nez dehors
et surtout sans savoir d'où vient le vent ?

Êtes-vous de ces êtres qui n'ont jamais mis une graine en terre ?

Êtes-vous de ces personnes qui n'ont jamais raconté une histoire à un enfant ?

Êtes-vous de ceux qui croient qu'une guerre c'est comme un orage ?

Êtes-vous de ces gens à qui la décoration d'une banque importe autant que le soin que
l'on met à nourrir sa langue maternelle ?

Êtes-vous de ceux qui pensent que l'attachement d'amour est un frein à la liberté ?

Êtes-vous de ceux qui courbent l'échine devant tant de bruit ?

Êtes-vous de ceux qui professent qu'on peut vivre ensemble sans un minimum
de civilité ?

Êtes-vous de ceux qui mettent toutes leurs espérances dans l'appareil politique ?

Êtes-vous de ceux qui ignorent que le plus beau chef du monde est là pour vendre
ce que vous avez conquis ?

Êtes-vous de ceux qui n'ont jamais pleuré devant une œuvre d'art ?

Si vous avez répondu oui à l'une ou à plusieurs de ces questions, dit Trom,
ne vous en faites pas. Ce n'est pas la réponse qui importe, c'est le chemin qu'emprunte
la question pour arriver jusqu'à vous.

Pierre Morency, *Les paroles qui marchent dans la nuit. Poèmes et proses,*
Montréal, Boréal, 1994, p. 46-48.

**A.** En équipes, tentez d'apporter une réponse à quelques-unes des questions ci-dessus. Ensuite, écrivez cinq traits caractéristiques de votre personne.

Exemple     *Je suis de ceux ou de celles qui...*_____

**1.** _____

**2.** _____

**3.** _____

**4.** _____

**5.** _____

**B.** Dans le dialogue suivant, complétez les blancs à l'aide des expressions *Il est de ceux qui, que, dont...*

Voici des expressions qui pourraient vous y aider.

> Ces personnes-là aiment les commérages.
>
> Ces personnes-là pensent seulement à leurs intérêts.
>
> Nous détestons ces personnes.
>
> Nous nous méfions de ces personnes.

### Dialogue

– Puis, comment ça va, ton nouveau travail à Toronto ?

– Ça va, mais j'ai des problèmes avec un collègue.

– Ah bon ?

– Oui, _____, on dirait qu'il aime prendre les autres en défaut. Il nous en fait voir de toutes les couleurs. Plusieurs en ont marre. _____. Il va sans dire qu'il ne peut pas rendre service aux autres : _____. Si tu lui racontes quelque chose, tu peux être sûr que tout le monde va l'apprendre. _____, car il est souvent dans le bureau du patron. Va savoir ce qu'il lui raconte.

**C.** Charles et Véronique viennent de se marier. Véronique parle avec sa copine Nathalie de sa nouvelle vie. Complétez leur dialogue à l'aide de l'expression *Il est de ceux* + pronom relatif ou *Je suis de celles* + pronom relatif. Inspirez-vous des profils du couple ci-dessous.

| Le profil de Charles | Le profil de Véronique |
|---|---|
| Il se précipite devant l'évier avant même que les invités soient partis. | Elle laisse tout traîner. |
| Son plus grand souci, c'est de faire le ménage tous les samedis matins. | Il faut lui rappeler constamment de ramasser ses affaires. |
| Il ne se couche pas avant que la vaisselle ne soit faite. | On la trouve souvent au lit en train de lire le journal. |
| Il lave les fenêtres quatre fois par année. | Son courrier traîne partout. |
| Ses chemises sont parfaitement repassées. | Ses papiers personnels prennent toute la place. |

**Dialogue (version de Véronique)**

Nathalie : – Puis, comment va la vie des nouveaux mariés ?

Véronique : – Tu parles, vivre ensemble, ce n'est pas facile. Le ménage, toujours le ménage. Je suis de celles qui _____. Mais lui, alors là, il est de ceux qui _____

_____

_____

_____

_____

_____

_____

**D.** Un poème

Complétez les phrases suivantes à l'aide des éléments proposés dans la colonne de droite. Remplacez les parties en caractères tramés par un pronom relatif.

| | |
|---|---|
| Il y a ces pays | Nous ne pouvons pas **les** oublier |
| _____ | **Ils** nous rappellent des moments de bonheur |
| Il y a ces livres | Nous ne pouvons **les** raconter à personne |
| _____ | Nous **les** gardons précieusement |
| Il y a ces rêves | Nous cherchons à **les** écouter |
| _____ | Nous nous **en** souvenons longtemps |
| Il y a ces musiques | **Ils** ou **elles** nous habitent |
| _____ | Nous **les** fredonnons sans nous en rendre compte |
| Il y a ces secrets | Nous ne pouvons pas nous **en** passer |
| _____ | Nous ne voulons pas **les** quitter |
| Il y a ces rues | Nous nous **y** attarderions sans motif évident |
| _____ | Nous aimons nous **y** promener |
| Il y a ces parfums | Nous **y** tenons |
| _____ | Nous **en** rêvons |
| Et puis, il y a toi | **Leurs** paroles nous font pleurer |
| _____ | Nous voudrions **les** oublier |
| | Nous ne nous **en** souvenons plus |
| Que…. | **Ils** éveillent en nous des sensations étranges |
| Qui | **Ils** évoquent l'exotisme |
| À qui | **Ils** inondent nos sens |
| Pour qui | |
| Sur qui | |

**Objectif grammatical**
La mise en relief.
*C'est... qui, que, dont*
*Ce que, ce qui, ce dont... c'est.*

**Objectif de communication**
Faire ressortir certains aspects d'un parcours professionnel.

# Métier : boulangère

Lisez l'article suivant sur Liliane Colpron, fondatrice de la boulangerie Première Moisson.

## Les débuts de la boulangerie Première Moisson

L'élément déclencheur de la carrière d'entrepreneur de Liliane Colpron : son récent statut de monoparentale. Son expérience : la vie. Sa motivation : ses trois enfants, Bernard, Stéphane et Josée, aujourd'hui respectivement reponsable de la production, administrateur et directrice du marketing et des relations publiques pour l'entreprise familiale.

Une fois les enfants autonomes et partis du foyer familial, Liliane Colpron renoncera à la banlieue et élira domicile au cœur du centre-ville. « Les grandes entreprises, la finance, le *business*, le monde, les festivals, la vie…

tout est ici. Tôt le matin, j'aime bien à l'occasion aller prendre mon café chez Second Cup, rue Sainte-Catherine. On y voit toutes sortes de gens. » Les plus beaux atours de Montréal ne peuvent être, selon elle, découverts qu'à pied. Celle que l'on pourrait surnommer la « Christophe Colomb du café au lait » est fière de sa contribution à l'évolution de la gastronomie montréalaise. « À ses débuts, Première Moisson a en quelque sorte initié beaucoup de Montréalais à la culture du croissant. Nous avons été le premier endroit à Montréal à servir du café au lait dans des bols que je ramenais par vingtaines ou trentaines à

la fois de mes fréquents séjours en France. Tous disparaissaient au bout de deux semaines. Les clients partaient avec. »

En affaires depuis 1969, Liliane Colpron souligne bien humblement une autre belle réussite, celle d'avoir concrètement prouvé à la gent professionnelle de Montréal qu'une femme peut faire des affaires. Et pas en vendant n'importe quoi ! « Mon unique objectif est de faire le meilleur pain de la ville, et non pas de pousser les limites du marketing pour mettre sur le marché de la fausse qualité. » ∎

*Montréal centre*, automne 2000.

**A.** Voici les questions que la journaliste a posées à Liliane Colpron lors de l'entrevue. En vous inspirant du texte, répondez-y en faisant ressortir les éléments importants de votre discours à l'aide des procédés de mise en relief suivants :

| | | |
|---|---|---|
| C'est, ce sont… qui<br>C'est, ce sont… que<br>C'est de …. que | Ce qui… c'est<br>Ce que… c'est<br>Ce dont… c'est de | Ceux qui, ceux que… ce sont<br>Celles qui, celles que… ce sont<br>Celui qui, celui que… c'est<br>Celle qui, celle que… c'est |

Exemple

Journaliste : – À quel moment vous êtes-vous lancée en affaires ?

Liliane Colpron : – ***C'est*** *tout juste après mon divorce* ***que*** *ma carrière*

*d'entrepreneure a commencé.*

**1.** Journaliste : – *Quel a été le déclencheur ? Pourquoi avez-vous décidé de vous lancer en affaires ?*

_____

_____

**2.** Journaliste : – *Vous vous occupez de tout : de la production, de l'administration, du marketing ?*

_____

_____

**3.** Journaliste : – *Vous habitez en plein centre-ville de Montréal. Qu'est-ce qui a motivé ce choix ?*

_____

_____

**4.** Journaliste : – *Pourquoi Montréal ?*

_____

_____

**5.** Journaliste : – *Prenez-vous votre déjeuner chez Première Moisson ?*

_____

_____

**6.** Journaliste : – *Quelle est votre plus grande fierté ?*

_____

_____

**7.** Journaliste : – *Et votre plus belle réussite ?*

_____

_____

**B.** L'entretien se poursuit. La journaliste pose d'autres questions. Mettez-vous à la place de Liliane Colpron. Répondez aux questions en mettant en relief l'aspect sur lequel porte la question.

Exemple  – **Qu'est-ce que** vous redoutez le plus, dans votre métier ?
– **Ce que** je redoute le plus, **c'est** la mauvaise qualité des produits que je vends.

**1.** Qu'est-ce qui vous tient le plus à cœur ?

_____

_____

_____

**2.** Qu'est-ce que vous voulez faire dans les années à venir ?

_____

_____

_____

**3.** De quoi êtes-vous déçue ?

_____

_____

_____

**4.** Qu'est-ce que vous détestez le plus en affaires ?

_____

_____

_____

**5.** Qui admirez-vous le plus en affaires ?

_____

_____

_____

**6.** Qu'est-ce qui vous tient en forme ?

_____

_____

_____

**7.** Qu'est-ce que vous aimeriez encore réaliser dans votre vie ?

_____

_____

_____

**8.** Qu'est-ce qui est important pour vous, dans la vie ?

_____

_____

_____

**9.** Qu'attendez-vous de vos enfants ?

_____

_____

_____

**10.** Qu'attendez-vous de vos employés ?

_____

_____

_____

**11.** Qu'est-ce qui vous fait rêver ?

_____

_____

_____

**12.** Qu'est-ce qui vous plaît le plus de Montréal ?

_____

_____

_____

**13.** De quoi n'êtes-vous pas encore tout à fait satisfaite ?

_____

_____

_____

**14.** Que diriez-vous aux jeunes qui rêvent de se lancer en affaires ?

_____

_____

_____

**Objectifs grammaticaux**
Les pronoms relatifs simples *qui, que, dont, où.*
Les pronoms relatifs composés *lequel, auquel, duquel,* etc.

**Objectif de communication**
Décrire un objet.

# Vente de débarras

**A.** Madame Laflamme a organisé une vente pour se débarrasser des objets qui l'encombrent. Complétez la description de chaque objet mis en vente à l'aide des pronoms relatifs appropriés. Observez bien les constructions proposées dans l'encadré : elles pourraient vous être utiles.

| | |
|---|---|
| acheter quelque chose | être attaché à quelque chose |
| collectionner quelque chose | s'habituer à quelque chose |
| commander quelque chose | tenir à quelque chose |
| se procurer quelque chose | |
| rapporter quelque chose | avoir un coup de foudre pour quelque chose |
| | payer une fortune pour quelque chose |
| avoir besoin de quelque chose | |
| entendre parler de quelque chose | à l'aide de quelque chose |
| hériter de quelque chose | grâce à quelque chose |
| se débarrasser de quelque chose | |
| se servir de quelque chose | |

1. C'est un ordinateur _____ je me suis procuré il y a tout juste deux ans et pour _____ j'ai payé une petite fortune. Il est tout à fait démodé maintenant, mais il pourra vous servir si vous avez un enfant _____ veut s'initier à l'informatique. Je vous le laisse pour 50 dollars.

2. C'est la bicyclette d'exercice _____ mon mari a achetée à l'époque _____ il voulait se maintenir en forme et perdre du poids. Mais c'est un appareil _____ il ne se sert plus depuis qu'il s'est acheté une trottinette dernier cri.

3. N'est-ce pas qu'il est magnifique ? C'est un vase en cristal _____ j'ai rapporté de Prague _____ je suis allée en vacances il y a quelques années. Mais comme mon mari ne m'offre jamais de fleurs, c'est un objet _____ je n'ai pas vraiment besoin…

4. C'est un truc _____ j'avais entendu parler dans une info-pub à la télé et _____ je me suis aussitôt empressée de commander par téléphone, mais _____ a fini par ramasser la poussière au fond du placard. J'en demande 10 dollars, parce qu'il fonctionne encore parfaitement.

5. C'est une jarre à biscuits _____ j'ai hérité. C'est un objet _____ ma grand-mère était très attachée, mais _____, malheureusement, jure un peu avec le décor ultramoderne de ma cuisine.

6. Ce sont les cartes de joueurs de hockey _____ mon fils collectionnait il y a quelques années. Ce sont des cartes _____ il tenait beaucoup lorsqu'il était adolescent et _____ valent assez cher aujourd'hui, vous savez.

7. C'est une peinture sur velours pour _____ j'ai eu un véritable coup de foudre lors d'un voyage au Mexique. Mais elle est d'un style _____ mon mari n'a jamais pu s'habituer. C'est le premier objet _____ il a voulu se débarrasser lorsque nous avons organisé cette vente de débarras !

8. C'est un hachoir vraiment fantastique à l'aide _____ vous pouvez hacher, couper ou trancher fruits et légumes. C'est un appareil grâce _____ je pensais économiser beaucoup de temps, mais _____ je me suis peu servie finalement. Regardez, il est comme neuf !

B. À vous maintenant d'organiser votre propre vente de débarras ! En équipes, composez une courte description pour chacun des objets que vous mettrez en vente. Faites des phrases complexes à l'aide de pronoms relatifs simples ou composés. Ensuite, présentez ces objets à la classe.

Voici quelques suggestions d'objets. Vous pouvez bien sûr mettre en vente tout autre objet dont vous souhaitez vous débarrasser !

| | |
|---|---|
| des disques 33 tours d'Elvis Presley | une lampe de chevet |
| une jardinière en macramé | des romans policiers |
| une assiette décorative (souvenir de Floride) | un équipement de ski de fond |
| un jeu de Monopoly (incomplet) | une poupée Barbie et ses vêtements |
| un siège d'auto pour bébé | un répondeur téléphonique |

**Objectif grammatical**
Les pronoms relatifs simples *qui, que, dont, où.*
Les pronoms relatifs composés *auquel, duquel,*
*à qui, de qui,* etc.

**Objectif de communication**
Décrire des objets ou des situations.

# Les aventures de James Bond

**A.** Lisez le fait divers suivant et relevez les gadgets mis au point par les malfaiteurs.

## Émules de James Bond

New York (AFP) Sept braqueurs accusés d'au moins 150 cambriolages dans la région de New York et qui déjouaient les poursuites grâce à des voitures équipées de gadgets à la James Bond ont été inculpés mercredi par un tribunal fédéral de Manhattan, a-t-on appris hier de source judiciaire. Les accusés avaient troqué l'Aston Martin de l'agent 007 pour des BMW, mais les gadgets ressemblaient à ceux du célèbre espion : réservoir d'huile sous les pare-chocs pour faire déraper les voitures de police, ou encore puissants projecteurs nichés derrière la plaque d'immatriculation arrière pour aveugler les poursuivants. Le butin était dissimulé dans des compartiments rétractables, tellement bien caché qu'à plusieurs reprises la police avait fouillé les voitures sans rien y trouver. ∎

_____

_____

_____

**B.** Combinez les phrases à l'aide du pronom relatif approprié, comme dans l'exemple.

### Première partie : Les gadgets de James Bond

Exemple    Les pare-chocs avaient été conçus spécialement pour la BMW. **Sous ces pare-chocs**, des réservoirs d'huile étaient dissimulés.

Les pare-chocs, sous lesquels des réservoirs d'huile étaient dissimulés, avaient été conçus spécialement pour la BMW.

**1.** La plaque d'immatriculation était maquillée. **Derrière la plaque d'immatriculation** étaient nichés de puissants projecteurs.

_____

_____

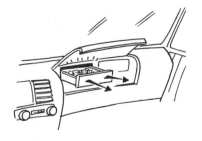

**2.** La police avait fouillé la voiture sans remarquer les compartiments rétractables. Le butin était dissimulé **à l'intérieur de ces compartiments rétractables**.

_____

_____

**3.** James Bond a pu échapper aux coups de feu de ses adversaires en sautant dans sa voiture. La lunette arrière **de cette voiture** était munie d'un panneau pare-balles.

_____

_____

**4.** Comme par hasard, le gadget se trouvait justement dans la poche de sa veste. James Bond avait besoin **de ce gadget** à ce moment précis.

_____

_____

**5.** Les puissants boyaux d'arrosage étaient cachés dans les phares arrière. **Grâce à ces boyaux d'arrosage**, l'agent 007 a réussi à semer ses poursuivants.

_____

_____

**6.** La combinaison a permis à James Bond de s'envoler. **Sur le dos de cette combinaison** se trouvait un propulseur.

_____

_____

**7.** L'espion transportait un compteur Geiger. **À l'aide de ce compteur**, il a pu déterminer si les bombes atomiques se trouvaient à bord du navire ennemi.

_____

_____

**8.** James Bond avait apporté des ventouses. **Avec ces ventouses**, il a pu escalader des parois abruptes.

_____

_____

**9.** Des bouteilles de plongée sous-marine ont permis à l'agent secret de combattre ses adversaires même sous l'eau. Des fusils à harpon se trouvaient **sur ces bouteilles**.

_____

_____

**10.** L'arme miniature était camouflée dans une cigarette. **Sans cette arme,** James Bond n'aurait pas pu vaincre ses adversaires.

_____

_____

### Deuxième partie : Les aventures de James Bond

Muni de ses innombrables gadgets, James Bond part en mission. Pour décrire ses aventures, combinez les phrases suivantes à l'aide du pronom relatif approprié.

**1.** James Bond a reçu des informations ultrasecrètes. Il s'est méfié **de ces informations**.

_____

_____

**2.** La belle jeune fille a entraîné James Bond dans un piège. James Bond avait demandé de l'aide **à cette jeune fille.**

_____

_____

**3.** Le mets exotique était empoisonné. L'agent 007 a refusé de goûter **à ce mets exotique.**

_____

_____

**4.** Ses exploits lui permettent de faire de nombreuses conquêtes féminines. Il est très fier **de ses exploits.**

_____

_____

**5.** La reine d'Angleterre ignore tout des exploits de l'agent 007. James Bond brave tous les dangers **au nom de la reine d'Angleterre.**

_____

_____

**6.** L'homme a été liquidé peu après. James Bond a obtenu les informations ultrasecrètes **grâce à cet homme**.

_____

_____

**7.** James Bond a accepté de remplir cette délicate mission. Les services secrets britanniques peuvent toujours compter **sur lui**.

_____

_____

**8.** Les nombreux obstacles ne l'ont pas empêché de démasquer les criminels. James Bond s'est heurté **à ces obstacles**.

_____

_____

**9.** James Bond est sorti indemne de l'accident, mais l'Aston Martin s'est retrouvée au garage. Il tient beaucoup **à cette voiture**.

_____

_____

**10.** L'embuscade avait été planifiée de longue date. James Bond est tombé **dans cette embuscade**.

_____

_____

**C.** À vous maintenant! Racontez une aventure de l'agent 007. Inspirez-vous d'un film que vous avez déjà vu ou inventez l'histoire de toutes pièces. Complétez les propositions relatives ci-dessous puis, pour la suite de l'histoire, formulez des phrases complexes à l'aide de pronoms relatifs.

La réunion d'information ___*à laquelle Bond a participé ce jour-là*___ n'a duré que quelques minutes. En effet, le temps pressait et il fallait agir avant qu'il soit trop tard. Une importante organisation criminelle, *dont* _____, s'était emparée de deux bombes atomiques et demandait une rançon de plusieurs centaines de millions de dollars, à défaut de quoi elle menaçait de bombarder une grande ville américaine. En examinant le dossier *que* _____, Bond a tout de suite flairé une piste prometteuse du côté de l'Asie centrale. À peine quelques heures plus tard, son avion se posait au Kazakhstan, *où* _____. Une ravissante jeune fille, *avec qui* _____, l'attendait à l'aéroport. Mais elle n'était pas la seule. Une Mercedes noire, *à l'intérieur de laquelle* _____ a pris le taxi de Bond en filature…

# Tableau 1

Complétez librement les descriptions suivantes.

1. Le Canada, c'est un pays qui _____

    que _____ .

2. L'homme idéal, c'est un homme qui *n'est pas un homme* ☺.

    que *mes amis aime.* .

3. La femme idéale, c'est une femme qui *est jolie.*

    que *nous aimons bien* .

4. Une maison de rêve, c'est une maison qui _____

    que _____ .

5. Un ordinateur portatif, c'est un ordinateur qui _____

    que _____ .

6. Un robot culinaire, c'est un appareil qui _____

    que _____ .

7. Une mauvaise voiture, c'est une voiture qui _____

    que _____ .

8. Un bouquet de fleurs, c'est un cadeau qui _____

    que _____ .

9. Une blague de mauvais goût, c'est une blague qui _____

    que _____ .

10. Un message ambigu, c'est un message qui _____

    que _____ .

# Tableau 2

**A.** Pour chacun des dialogues suivants, indiquez si le pronom relatif *où* reprend un complément de lieu (L) ou un complément de temps (T).

**B.** Complétez librement les dialogues.

1. – C'est bien toi, là, sur la photo ? Je te reconnais à peine !

   – Oui, cette photo a été prise à l'époque où… _____

   _____

2. – Connais-tu l'Université Laval ?

   – Bien sûr ! C'est l'université où… _____

   _____

3. – As-tu déjà entendu parler de l'île de La Réunion ?

   – Figure-toi que j'y ai passé un mois l'année dernière ! C'est une île où… _____

   _____

4. – Alors, ton premier rendez-vous avec Bruno s'est bien passé ?

   – Plus ou moins… Tout allait bien jusqu'au moment où… _____

   _____

5. – Tu te rappelles combien on a ri cette fois-là ?

   – Tu parles ! Et toi, te souviens-tu de la fois où… _____

   _____

6. – Qu'est-ce que tu fais samedi soir ?

   – Je vais aller manger à la Trattoria Napoletana avec Rachel. C'est un petit resto où…

7. – Pourquoi as-tu rompu avec Noémi ? Vous aviez l'air si heureux !

   – J'ai décidé de rompre le jour où… _____

8. – Et toi, tes vacances de rêve, tu les passerais où ?

   – Dans un endroit où… _____

9. – On aimerait bien s'acheter une maison dans ce quartier, mais on n'a encore rien trouvé.

   – En effet, c'est un quartier où… _____

10. – Tu ne trouves pas ça difficile de travailler de nuit ?

    – Oh ! tu sais, on s'y habitue, même si au début, c'est étrange d'aller se coucher à l'heure où…

    _____

# Tableau 3

Complétez le tableau en répondant aux questions, comme dans l'exemple.

| Exemple | | |
|---|---|---|
| Il parle souvent de son projet avec la maison de disques ? | *Oui, il **en** parle souvent.* | *Oui, c'est un projet **dont** il parle souvent.* |
| 1. Elle a envie de ce nouveau gadget ? | | |
| 2. Ton patron se plaint constamment de ses problèmes matrimoniaux ? | | |
| 3. Ils s'occupent du dossier Grosboulot ? | | |
| 4. Tu te souviens bien de ce réveillon chez les Dugenou ? | | |
| 5. Il se passe des conseils de son planificateur financier ? | | |
| 6. Elle se vante de sa dernière promotion ? | | |
| 7. Le directeur s'est aperçu de ton absence à la réunion de lundi ? | | |
| 8. Tu as vraiment besoin de cette robe dernier cri ? | | |
| 9. Tu te débarrasses de tes étagères suédoises ? | | |
| 10. Vous allez m'informer de cette décision ? | | |
| 11. Elle est fière de sa médaille olympique ? | | |
| 12. Mais se rend-il compte de cette fâcheuse habitude ? | | |
| 13. Êtes-vous sûr de cette information ? | | |
| 14. A-t-il souffert de l'absence de sa mère ? | | |
| 15. Tu te méfies de ces compliments mielleux ? | | |

# Tableau 4

Complétez les phrases de la colonne de gauche en introduisant des compléments relatifs pour remplacer l'élément qui se répète dans les compléments de la colonne de droite.

Exemple

Finalement, j'ai acheté les meubles

Finalement j'ai acheté les meubles qui me plaisaient.

*Les meubles me plaisaient.*

Finalement, j'ai acheté les meubles que j'ai vus dans le catalogue.

*J'ai vu ces meubles dans le catalogue.*

| | |
|---|---|
| **A.** J'adore le restaurant | ~~dont vous m'avez parlé~~ |
| 1. dont vous m'avez parlé | 1. Vous m'avez parlé **de ce restaurant**. |
| 2. où vous allez | 2. Vous **y** allez souvent. |
| 3. qui se trouve | 3. **Il** se trouve à l'angle des rues Berri et Cherrier. |
| 4. que vous m'avez recommandé | 4. Vous me **l'**avez recommandé. |
| **B.** Nous tenons à vous féliciter pour le prix | |
| 1. qui vous a été décerné | 1. **Il** vous a été décerné. |
| 2. que vous avez gagné | 2. Vous **l'**avez gagné. |
| 3. que vous avez mérité | 3. Vous **l'**avez mérité. |
| **C.** C'est une expérience | |
| 1. dont je me souviendrai | 1. Je m'**en** souviendrai toujours. |
| 2. qui m'a appris des... | 2. **Elle** m'a appris des choses sur moi-même. |
| 3. que je ne l'oublierai | 3. Je ne **l'**oublierai jamais. |
| **D.** C'est un film | |
| 1. où jouent plus de 4000 acteurs | 1. **Dans ce film** jouent plus de 4 000 acteurs. |
| 2. qui évoque | 2. **Il** évoque une époque romantique. |
| 3. dont le scénario | 3. **Son** scénario est d'une grande finesse. |
| 4. que nos spectateurs | 4. Nos spectateurs **l'**adoreront. |
| 5. qui est à l'affiche... | 5. **Il** est à l'affiche depuis deux jours. |
| **E.** Je me sens parfaitement à l'aise dans ce lieu | |
| 1. où mes... | 1. Mes grands-parents avaient l'habitude d'**y** passer leurs vacances. |
| 2. qui me met en... | 2. **Ce lieu** me met en contact avec la nature. |

# Tableau 5

Complétez le tableau en formulant une question ou en répondant à celle-ci à l'aide des pronoms relatifs *ce que* ou *ce qui*, comme dans l'exemple.

| | Je ne sais pas… |
|---|---|
| Exemple *Qu'est-ce qu'il va faire ?* | ***ce qu'**il va faire.* |
| 1. Qu'est-ce qui va se passer ? | Je ne … ce qui va se passer |
| 2. Qu'est-ce qui l'énerve | ce qui l'énerve à ce point. |
| 3. Qu'est-ce qu'elles ont dit ? | … ce qu'elles ont dit |
| 4. Qu'est-ce que tu en penses ? | ce que j'en pense. |
| 5. Qu'est-ce qui risque d'arriver ? | ce qui risque d'arriver |
| 6. Qu'est ce qui … . | ce qui pourrait lui faire plaisir. |
| 7. Qu'est-ce qu'il lui trouve de spécial, à cette fille ? | qu'est-ce qui lui a pris |
| 8. Qu'est-ce qui … | ce qui lui a pris de dire ça. |
| 9. Qu'est-ce qu'il a contre toi ? | ce qu'il a contre moi |
| 10. Qu'est-ce qu'elle lit … | ce qu'elle lit comme bouquins d'habitude. |
| 11. Que ferais-je sans toi ? | ce que tu tu-feras. |
| 12. Qu'est-ce qu'il a … | ce qu'il a offert à sa copine pour son anniversaire. |
| 13. Que lui a-t-il demandé ? | |
| 14. | ce qui me convient. |
| 15. Qu'ont-ils à nous proposer de mieux ? | |
| 16. | ce que l'avenir nous réserve. |
| 17. Qu'a-t-elle répondu ? | |
| 18. | ce qui ne va pas. |
| 19. Qu'ont-ils choisi finalement ? | |
| 20. | ce qui l'empêche de venir. |

# Tableau 6

Répondez aux questions en mettant en relief un des éléments de la question à l'aide des expressions ci-dessous.

Exemple

*Avec qui désirez-vous travailler ? Avec Antoine ou plutôt avec Karl ?*

**C'est** *avec Antoine* **que** *je préfère travailler.*

1. Quand est-ce qu'il arrive ? Lundi ou mardi ? _____
   _____

2. Qui vous a appelé ? Mon fils ou ma fille ? _____
   _____

3. Où est-ce que vous préférez vivre ? À Montréal ou à Vancouver ? _____
   _____

4. De quoi voulez-vous parler ? Des résultats ou du rendement ? _____
   _____

5. Quelles fleurs aimez-vous le plus ? Les roses ou les marguerites ? _____
   _____

6. Pauline arrive à 4 heures ou à 5 heures ? _____
   _____

7. Qu'est-ce que tu vas prendre : du poulet ou du poisson ? _____
   _____

8. À qui voulez-vous parler ? Au directeur ou à sa secrétaire ? _____
   _____

9. À propos de quels voyages désirez-vous avoir des renseignements ? Les tours organisés ou les formules
   chambre et voiture ? _____

10. De quoi as-tu envie ? D'une soirée tranquille à la maison ou d'une sortie au resto ? _____
    _____

11. Pour qui avez-vous acheté cette plante, pour Jasmine ou pour Karla ? _____
    _____

12. Qu'est-ce que tu aimerais boire ? Du chocolat chaud ou du bon café ? _____
    _____

13. On a deux choix. Des vacances à la campagne ou au bord de la mer ? _____
    _____

14. Tu cherches le journal du dimanche ou celui du samedi ? _____
    _____

15. Qu'est-ce que tu préfères ? Le ski de fond ou le ski alpin ? _____
    _____

# Tableau 7

Reliez les éléments de la colonne de droite avec des éléments de la colonne de gauche à l'aide des pronoms relatifs de la colonne du milieu. Plusieurs réponses peuvent être correctes.

**Exemple**    *Le conférencier va parler des nouvelles technologies, **ce qui** intéressera certainement son audience.*

| | CE QUI CE QUE CE DONT | |
|---|---|---|
| 1. Mon garçon ne veut pas manger | | A. tout le monde discute en ce moment. |
| 2. Il ne sait pas | | B. vous détestez le plus. |
| 3. Le fleuve est hautement contaminé | | C. on doit prendre conscience. |
| 4. Les produits contenant des OGM n'ont pas besoin d'être identifiés comme tels | | D. pose problème. |
| 5. Beaucoup de *baby-boomers* vont quitter le marché du travail | | E. augmente le nombre d'accidents de la route. |
| 6. Les taux de pollution atmosphérique dans les grandes villes sont de plus en plus élevés | | F. aggrave les problèmes respiratoires des enfants. |
| 7. Avez-vous déjà pensé à | | G. me rend très heureux. |
| 8. J'ai réalisé le projet qui me tenait à cœur | | H. on se doutait depuis un bon moment. |
| 9. Il y aura une autre conférence internationale sur les nouvelles données économiques | | I. les consommateurs préfèrent acheter. |
| 10. Vous savez déjà | | J. vous avez envie de faire. |
| 11. De plus en plus d'automobilistes utilisent leur téléphone cellulaire en conduisant | | K. vous craignez. |
| 12. Dites-moi | | L. suscite l'enthousiasme des participants. |
| 13. On a mené ce sondage afin de voir | | M. rendra le marché de l'emploi plus dynamique. |
| 14. Le projet a été accepté | | N. suscite beaucoup d'inquiétude chez les consommateurs. |
| 15. Finalement, il n'y aura pas de budget supplémentaire pour les familles | | O. lui déplaît au plus haut point. |
| 16. Les taux de natalité vont continuer à diminuer | | P. elle veut. |
| 17. Elle trouve souvent des dépliants dans sa boîte aux lettres | | Q. posera de graves problèmes démographiques. |

# Tableau 7 *(suite)*

Écrivez les phrases dans les espaces ci-dessous.

| | |
|---|---|
| 1. | |
| 2. | |
| 3. | |
| 4. | |
| 5. | |
| 6. | |
| 7. | |
| 8. | |
| 9. | |
| 10. | |
| 11. | |
| 12. | |
| 13. | |
| 14. | |
| 15. | |
| 16. | |
| 17. | |

# Tableau 8

Répondez affirmativement en mettant en valeur l'objet de la question.

**Exemple**  *Quand tu es fatigué, tu prends un bon bain chaud, n'est-ce pas ? Oui, **c'est ce que** je fais.*

1. Tu veux dire que c'est le temps de partir ?

   _____

2. On t'a affecté à un autre poste et cela te déplaît ?

   _____

3. Vous lui avez expliqué qu'il ne peut pas conduire sans permis ?

   _____

4. Alors, tout le monde ne parle que du mariage de Gertrude ?

   _____

5. Tu as besoin d'un bon manteau chaud, n'est-ce pas ?

   _____

6. Tu fais toujours cela, prévenir quand tu es en retard ?

   _____

7. Ton enfant est mordu de physique ?

   _____

8. Tu ne veux plus te souvenir de cet accident, si je comprends bien ?

   _____

9. Tu te demandes si nous pourrons nous permettre cette voiture ?

   _____

10. Tu as horreur des chats ?

    _____

11. Tu t'es rendu compte de l'erreur ?

    _____

12. Alors, c'est le bruit des voitures qui te dérange le plus ?

    _____

13. Vous ne pouvez pas supporter les grands froids ?

    _____

14. La piètre qualité des émissions de télé vous décourage ?

    _____

15. Vous prenez des vitamines pendant l'hiver ?

**Les pronoms relatifs composés**
Préposition + *lequel, laquelle, lesquels, lesquelles,*
*auquel, à laquelle, auxquels, auxquelles*

# Tableau 9

Dans la colonne de droite, trouvez un complément approprié à chacun des noms de la colonne de gauche.

| Exemple | |
|---|---|
| *Un principe* | *selon lequel tous les hommes sont égaux.* |

**A**

| | |
|---|---|
| 1. Une musique | **A.** avec laquelle on est d'accord. |
| 2. Des amis | **B.** selon lequel tous les hommes sont égaux |
| 3. Un médecin | **C.** à laquelle on s'habitue. |
| 4. Des conseils | **D.** auquel on s'intéresse. |
| 5. Une fenêtre | **E.** à laquelle on croit. |
| 6. Un sujet | **F.** à laquelle on s'identifie. |
| 7. Les allégations | **G.** sur qui on peut compter. |
| 8. Une idée | **H.** à qui on fait confiance. |
| 9. Un monument | **I.** grâce auxquels on s'en tire. |
| 10. Un principe | **J.** près de laquelle on aime s'asseoir. |
| 11. Un médicament | **K.** auxquelles on fait allusion. |
| 12. Une situation | **L.** devant lequel on reste bouche bée. |
| 13. Une vision du monde | **M.** sans lequel on peut mourir. |

**B**

| | |
|---|---|
| 1. Une expérience à travers laquelle | **A.** les scientifiques prennent leurs distances. |
| 2. Un problème auquel | **B.** on développe un concept. |
| 3. Une personne à qui | **C.** on apprend des choses. |
| 4. Une table sur laquelle | **D.** on doit faire face. |
| 5. Un objectif pour lequel | **E.** on se renseigne. |
| 6. Les données à partir desquelles | **F.** on est prêt à travailler. |
| 7. Une opinion sur laquelle | **G.** on trouve une solution. |
| 8. Une situation délicate à laquelle | **H.** on s'adresse. |
| 9. Des questions à propos desquelles | **I.** on dépose nos revues. |
| 10. Une étude vis-à-vis de laquelle | **J.** chacun émet une opinion. |
| 11. Une maladie face à laquelle | **K.** on demeure impuissants. |
| 12. Une journée de colloque durant laquelle | **L.** tout le monde se prononce sur un sujet. |

**Les pronoms relatifs composés**
Préposition + *lequel, laquelle, lesquels, lesquelles,
auquel, à laquelle, auxquels, auxquelles*

# Tableau 10

Dans cet entretien, complétez les réponses à l'aide d'un pronom relatif composé et d'un verbe approprié, s'il y a lieu.

**Exemple**   *Vous **éprouvez** une grande admiration **pour** cet auteur.*
  *Oui, c'est **un auteur pour lequel** j'éprouve une profonde admiration.*

1. Vous dites que vous n'auriez pas **réussi sans votre** incroyable **force de caractère**.

   Je suis convaincue que pour accomplir une œuvre, il faut avoir une certaine **force de caractère**
   _____, moi, personnellement, je n'aurais pas réussi.

2. Vous **vous êtes** inlassablement **battue pour vos idées** sur le féminisme.

   Les idées sur le féminisme ? Ce sont **des idées** _____ je me suis battue.

3. Vous croyez avoir accompli votre œuvre **grâce**, entre autres, **au soutien de votre conjoint.**

   **Le soutien de mon conjoint,** _____ j'ai pu mener à bien mon œuvre, a été déterminant.

4. Vous vous cachez **derrière une image** de femme forte.

   **Cette image** _____ je me cache, est extrêmement importante lorsque l'on se bat dans un monde d'hommes.

5. Mais vous dites, d'autre part, que vous vous sentez à l'aise **dans ce monde d'hommes**.

   Oui, en effet, c'est **un monde** _____ il faut se battre.

6. Entre 1978 et 1985, vous avez vécu des bouleversements. Votre vie a été ébranlée **à cette époque**. Au point où vous avez dû interrompre vos travaux.

   Oui, sans aucun doute, ce fut **une époque** _____ ma vie a été ébranlée.

7. Vous vous opposez aux pessimistes. **Selon eux**, la nature humaine est profondément méchante. D'où les guerres, les massacres… Vous **vous battez contre** cette idée.

   Je m'opposerai toujours **à ces gens** _____ l'homme ne serait pas capable de bonté, de bienveillance.

   C'est **une idée** _____ je continuerai à me battre.

8. Vous ne côtoyez que les optimistes, ceux qui croient en l'homme. Vous **vous situez**, vous-même, **parmi eux**.

   Ce sont sans doute **les optimistes** _____ plus volontiers. En tout cas, je ne me situe pas du tout parmi les pessimistes.

9. Vous **participez à un projet** pour l'élimination de la guerre dans le monde.

   Oui, c'est **un projet** _____ depuis cinq ans.

10. Vous **vous identifiez aux grandes personnalités** du XXᵉ siècle. Mahatma Gandhi, Martin Luther King, Mère Teresa…

    Je les admire profondément, pour ce qu'ils ont apporté à l'humanité. C'est énorme, comme apport.

    Ce sont **des personnalités** _____ je m'identifie.

# 2 Les pronoms personnels compléments

## Table des matières

# Tableau grammatical

## A. Les pronoms personnels COD (compléments d'objet direct) et COI (compléments d'objet indirect)

### 1. Compléments d'objet direct

| Atones | Toniques |
|--------|----------|
| me, m' | moi |
| te, t' | toi |
| le, la, l' | |
| en | |
| se, s' | |
| nous | |
| vous | |
| les | |

### 2. Compléments d'objet indirect

| Atones | Toniques |
|--------|----------|
| me, m' | moi |
| te, t' | toi |
| se, s' | lui |
| nous | |
| vous | |
| leur | |

**Exemples**

On **nous** appelle, la réunion commence.
Aide-**moi**, s'il te plaît.

**Exemples**

Je **lui** envoie le texte par courrier électronique.
Il **se** demande à quelle heure vous viendrez.

**Note** Lorsque le complément d'objet direct est une proposition, on le remplace par le pronom neutre *le*.

**Exemples**

Je lui ai proposé **de sortir**.

Je lui ai expliqué **pourquoi je ne pouvais pas venir**.

Je **le** lui ai proposé.

Je **le** lui ai expliqué.

### 3. L'accord du participe passé

Lorsque le pronom *la*, *l'* (fém.), *les* (masc.) ou *les* (fém.) précède un verbe conjugué au passé composé, le participe passé s'accorde en genre et en nombre avec ce pronom.

| Le pronom COD | L'accord |
|---------------|----------|
| le | auxiliaire avoir + participe passé + ∅ |
| la | auxiliaire avoir + participe passé + e |
| les (masc.) | auxiliaire avoir + participe passé + s |
| les (fém.) | auxiliaire avoir + participe passé + es |

**Exemple** Les papiers, je **les** ai ramassé**s**.

# B. Les pronoms *en* et *y*

## 1. Le pronom *en*

**En** remplace un complément du verbe introduit par la préposition *de*.

> Exemple

On se souvient **de notre voyage à Quito**.

On s'**en** souvient.

### Quelques verbes d'utilisation fréquente suivis d'un complément introduit par la préposition *de*

| | |
|---|---|
| bénéficier de | se débarrasser de |
| entendre parler de | se méfier de |
| faire partie de | se moquer de |
| hériter de | se passer de |
| manquer de | se plaindre de |
| parler de | se réjouir de |
| prendre soin de | se rendre compte de |
| profiter de | se servir de |
| s'apercevoir de | se souvenir de |
| s'occuper de | se vanter de |
| se charger de | témoigner de |
| se contenter de | |

### Quelques locutions avec *avoir* + nom + *de*

| | |
|---|---|
| avoir besoin de | avoir l'impression de |
| avoir conscience de | avoir le droit de |
| avoir envie de | avoir le sentiment de |
| avoir horreur de | avoir peur de |

### Quelques locutions avec *être* + adjectif + *de*

être content de, être contente de
être convaincu de, être convaincue de
être fier de, être fière de
être persuadé de, être persuadée de
être sûr de, être sûre de

## 2. Le pronom *y*

**Y** remplace un complément du verbe introduit par la préposition *à*.

> Exemple

Je songe **à quitter la ville pour aller vivre en banlieue**.

J'**y** songe.

### Quelques verbes d'utilisation fréquente suivis d'un complément introduit par la préposition *à*

| | |
|---|---|
| croire à | s'attendre à |
| encourager à | s'habituer à |
| être prêt à, être prête à | s'inscrire à |
| faire appel à | s'intéresser à |
| faire attention à | s'opposer à |
| jouer à | se fier à |
| participer à | se joindre à |
| penser à | se mettre à |
| réfléchir à | se soumettre à |
| renoncer à | songer à |
| s'adapter à | tenir à |
| s'adresser à | travailler à |

> Note

On utilise les pronoms toniques moi, toi, lui, elle, nous, vous, eux et elles après le verbe lorsque le complément introduit par de ou par à est une personne.

> Exemples

On se méfie **de Gertrude**.　　On se méfie d'**elle**.
Je pense à **Karl**.　　　　　Je pense **à lui**.

## C. L'ordre des doubles pronoms

### 1. Les pronoms *en* et *y*

Les pronoms *en* et *y* se placent toujours après un autre pronom.

> Exemples    Il **m'en** parle.
> Je **l'y** conduis.
> Donne-**m'en** (donne-moi des nouvelles).
> Vous **lui en** envoyez. Envoyez-**lui-en**.

### 2. Pour tous les modes sauf l'impératif

a)
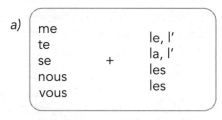

> Exemple    Il **me l'**envoie.

b)
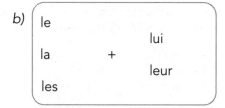

> Exemple    Vous **les leur** transmettrez.

### 3. À l'impératif

a) Forme affirmative

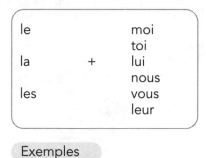

> Exemples
>
> Prête-**la-moi** !
> Achète-**le-leur** !

b) Forme négative

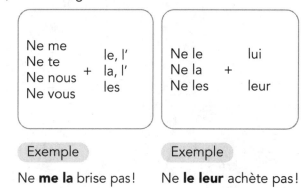

> Exemple
>
> Ne **me la** brise pas !

> Exemple
>
> Ne **le leur** achète pas !

## D. Verbes d'utilisation fréquente pouvant être suivis d'un COD et d'un COI (« quelque chose à quelqu'un »)

| | | | | |
|---|---|---|---|---|
| acheter | demander | expliquer | permettre | remettre |
| apporter | dire | faire comprendre | poster | répéter |
| commander | donner | interdire | prendre | répondre |
| confier | écrire | laisser | prêter | suggérer |
| confisquer | emprunter | lire | proposer | transmettre |
| conseiller | enseigner | montrer | raconter | vendre |
| défendre | envoyer | offrir | rappeler | voler |

# 1
Objectif grammatical
Les pronoms *en* et *y*.
Les pronoms *le, la, les, lui, leur*.

Objectif de communication
Dresser le portrait d'un groupe de personnes.

# Test : Ressemblez-vous au Québécois typique ?

**A.** Le Québécois typique existe-t-il vraiment ? Si oui, lui-ressemblez-vous ? Pour le découvrir, amusez-vous à répondre au questionnaire suivant. Répondez par *Oui* ou *Non* en formulant une phrase complète (n'oubliez pas d'utiliser les pronoms personnels *en* ou *y*). Comptez un point par réponse positive. Qui, dans la classe, arrivera au total le plus élevé ?

| | | | |
|---|---|---|---|
| **1.** Avez-vous l'habitude de faire la bise à vos amis ? | | Oui | Non |
| **2.** Pouvez-vous chanter une chanson en français ? | | Oui | Non |
| **3.** Vous intéressez-vous aux relations Canada-Québec ? | | Oui | Non |
| **4.** Parlez-vous du temps qu'il fait avec vos voisins ? | | Oui | Non |
| **5.** Êtes-vous déjà allé à la cabane à sucre ? | | Oui | Non |
| **6.** Avez-vous déjà lu un roman québécois ? | | Oui | Non |
| **7.** Êtes-vous abonné au journal *La Presse* ? | | Oui | Non |
| **8.** Songez-vous à passer vos hivers en Floride ? | | Oui | Non |

**9.** Avez-vous des amis francophones ?    Oui    Non

**10.** Vous inquiétez-vous des mauvaises performances du club de hockey Canadien de Montréal ?    Oui    Non

**11.** Allez-vous assister au défilé du 24 juin ?    Oui    Non

**12.** Mangez-vous régulièrement du pâté chinois ?    Oui    Non

**13.** Consacrez-vous 26 heures par semaine à regarder la télévision ?    Oui    Non

**14.** Avez-vous déjà goûté à la poutine ?    Oui    Non

**15.** Êtes-vous favorable à l'union libre ?    Oui    Non

**16.** Passez-vous vos étés sur les plages du Maine ?    Oui    Non

**17.** Vous plaignez-vous de l'hiver ?    Oui    Non

**18.** Allez-vous au chalet chaque fin de semaine ?    Oui    Non

**19.** Songez-vous à déménager le 1er juillet de chaque année ?    Oui    Non

**20.** Avez-vous deux enfants ou moins ?    Oui    Non

Total : _____ points

**B.** À votre tour, composez un questionnaire dressant le portrait typique d'une personne habitant votre ville, votre province ou votre pays d'origine. Interrogez ensuite un ou une camarade de classe. Sa réponse devra contenir un pronom (*le, la, les, lui, leur, en, y*, etc.).

Ressemblez-vous au _____ typique ?

**1.** _____

**2.** _____

**3.** _____

**4.** _____

**5.** _____

**6.** _____

**7.** _____

**8.** _____

**9.** _____

**10.** _____

Total : _____ points

**C.** En équipes de trois ou quatre personnes, discutez de ces clichés. Lesquels vous paraissent réalistes, lesquels relèvent plutôt de préjugés ? Est-il vraiment possible de dresser le portrait typique d'un groupe de personnes appartenant à un même groupe ethnique ?

**2**

**Objectif grammatical**
Les pronoms personnels compléments
*y, en, le, la, l', les, lui.*

**Objectif de communication**
Comprendre et expliquer un règlement.

# Le code du skieur

## CODE DU SKIEUR

Les privilèges de votre abonnement sont conditionnels au respect intégral du code de conduite et des règlements ci-dessous.

### Code de conduite des skieurs alpins

Code adopté en vertu de la Loi sur la sécurité dans les sports. Le présent code s'applique aux skieurs alpins et à toute personne qui s'adonne à un sport destiné à être pratiqué sur une piste de ski alpin.

Les skieurs doivent :

1. Respecter la signalisation.

2. Céder la priorité aux skieurs en aval (plus bas) et emprunter une direction qui assure leur sécurité.

3. Céder le passage aux skieurs en amont (plus haut) lorsqu'ils s'engagent dans une piste et aux intersections.

4. Utiliser des skis munis de carres et d'un système de freinage.

5. S'assurer, lorsqu'ils s'arrêtent dans une piste, qu'ils peuvent être vus des skieurs en amont et qu'ils n'obstruent pas la piste.

6. Contrôler en tout temps leur vitesse et leur direction.

7. Être en mesure en tout temps de s'arrêter et d'éviter les autres skieurs de même que les obstacles de toute nature.

8. Emprunter des pistes correspondant à leur habileté et skier en deçà de leurs capacités.

Les skieurs ne doivent pas :

1. Faire de la descente rapide.

2. Faire des sauts.

3. Skier hors piste ou dans une piste condamnée.

4. Skier avec un baladeur.

5. Traverser le tracé d'une remontée mécanique terrestre en opération.

6. Déplacer la signalisation.

7. Quitter les lieux d'un accident dans lequel ils sont impliqués sans s'être identifiés à un secouriste.

8. Skier sous l'influence de l'alcool, des drogues ou de toute substance diminuant leurs facultés.

Toute contravention au code de conduite ou aux règlements ci-dessus entraînera la résiliation des privilèges conférés par la carte d'abonnement de même que sa confiscation pour une période de 24 heures.

Vous avez l'obligation de remettre votre carte d'abonnement à tout préposé qui en fait la demande.

**A.** Dans les énoncés suivants, quel est le référent du pronom en caractères gras ?
Écrivez-le dans la colonne de droite.

Exemple

Les skieurs doivent s'**en** assurer.                    **en** = *qu'ils peuvent être vus des autres skieurs*

**1.** Ils ne doivent pas **l'**obstruer.                    _____

**2.** Les skieurs doivent **la** céder.                    _____

**3.** Les skieurs doivent s'assurer qu'ils peuvent
**les** éviter en tout temps.                    _____

**4.** Les skieurs ne doivent pas **les** quitter
s'il survient un accident.                    _____

**5.** Ils ne doivent pas **en** faire.                    _____

**6.** Ils ne doivent pas **la** déplacer.                    _____

**7.** Ils doivent s'assurer que les autres skieurs
peuvent **les** voir.                    _____

**8.** Ils ne doivent pas **y** skier.                    _____

**9.** Ils doivent **les** contrôler.                    _____

**10.** Ils ne doivent pas **le** faire.                    _____

**11.** Ils peuvent **la** perdre.                    _____

**12.** Si un préposé de la station **la** leur demande,
ils doivent **la** remettre.                    _____

**13.** Ils doivent **le** respecter en tout temps.                    _____

**14.** Toute contravention peut
**en** entraîner la résiliation.                    _____

**B.** Vous allez faire du ski pour la première fois avec votre ado de 12 ans. Vous lui expliquez le règlement de la station. En vous inspirant du texte, complétez les énoncés.

– Prêt pour ta première journée de ski, Marc-Antoine ? Avant de commencer, j'aimerais que tu comprennes quelques petites choses importantes. Voici le règlement de la station.

**1.** Si tu croises un skieur moins habile que toi, tu _____

_____ .

**2.** La vitesse, même si tu maîtrises tes skis, c'est préférable de _____

_____ .

**3.** La signalisation, il faut_____ .

_____ . Si tu ne le fais pas, tu peux perdre ton abonnement.

**4.** Si tu vois un skieur qui tombe, tu dois _____

_____ .

**5.** Certains sentiers sont interdits aux skieurs. Il ne faut pas _____

_____ .

**6.** Si un préposé te demande ton billet, tu _____

_____ .

**C.** Vous êtes Réjean Poltroni, le préposé de la station de ski Chantecler. En fin de semaine, un skieur détenteur d'un abonnement a été impliqué dans un accident qui a causé des blessures mineures à un enfant. Le skieur allait trop vite et n'a pas pu éviter l'enfant qui descendait une piste de débutants.

Vous avez confisqué la carte d'abonnement du skieur. Rédigez une lettre d'explication à l'intention de ce skieur et communiquez-lui la décision du centre de lui retirer sa carte pour une fin de semaine.

Vous pouvez vous inspirer du modèle ci-dessous.

```
                          Le Chantecler
                             Station de ski
                               Piedmont


   Piedmont, le 15 février 200...


   Monsieur,
   Le 7 février dernier...






   Veuillez agréer, Monsieur, l'expression de nos
   sentiments distingués.




   Réjean Poltroni,
   préposé
```

Voici quelques notes qui vous aideront à composer votre lettre.

| L'enfant blessé | La carte d'abonnement |
|---|---|
| Le skieur **lui** a coupé le chemin | La décision de **la lui** retirer pour une fin de semaine |
| Il ne **l'**a pas aidé à se relever | Le skieur **l'**a déjà remise au préposé |
| Il a fallu **le** conduire à l'hôpital | Le préposé **l'**a confisquée jusqu'à ce qu'une décision soit prise par le Centre |
| Le skieur **lui** a causé des blessures à la tête | Le Centre va **la lui** remettre dans une semaine |

**Objectif grammatical**
Les pronoms personnels
*en, y, le, la, les, l', lui, leur.*
Les doubles pronoms.

**Objectif de communication**
Définir les tâches ménagères de chacun.

# Qui fait quoi ?

**A.** Voici une série de tâches ménagères. En équipes, discutez de la répartition de ces tâches chez vous. Qui fait quoi ? Et quand vous étiez jeune, chez vous, qui faisait quoi ?

Voici des expressions qui pourraient vous être utiles.

| | |
|---|---|
| S'occuper de quelque chose | s'en occuper |
| Avoir la responsabilité de quelque chose | en avoir la responsabilité |
| Faire quelque chose | le faire |
| Se charger de quelque chose | s'en charger/se charger de le faire |
| Détester faire quelque chose | détester le faire |
| Hésiter à faire quelque chose | hésiter à le faire |
| Prendre beaucoup de temps à faire quelque chose | prendre beaucoup de temps à le faire |
| Consacrer du temps à faire quelque chose | consacrer du temps à le faire |

## TÂCHES

1. Faire les courses
2. Acheter de la nourriture
3. Préparer le souper
4. Débarrasser la table
5. Nettoyer la salle de bains
6. Nettoyer la cuisine
7. Faire le ménage en général
8. S'occuper de l'entretien de la voiture
9. Faire le plein
10. Faire les comptes
11. Payer les factures
12. Noter les messages du répondeur
13. Plier le linge
14. Trier les ordures à recycler
15. Repasser
16. Passer l'aspirateur
17. Laver et cirer les planchers
18. Assigner des tâches aux enfants
19. Soigner les enfants quand ils sont malades
20. Demander des petits services aux enfants
21. Réparer les appareils ménagers
22. Organiser les loisirs
23. Faire le ménage des armoires
24. Préparer la maison pour recevoir des invités
25. Amener les enfants à l'école
26. Donner le bain aux enfants
27. Faire faire les devoirs aux enfants
28. Acheter des cadeaux aux enfants
29. Raconter des histoires aux enfants avant qu'ils s'endorment
30. Acheter des vêtements aux enfants
31. Aller chercher les enfants à l'école
32. Assister aux fêtes de l'école
33. Assister aux réunions de parents d'élèves
34. Consoler les enfants
35. Punir les enfants
36. Amener les enfants chez le pédiatre
37. Préparer les repas des enfants
38. S'occuper du chien ou du chat
39. Faire les achats importants (voiture, par exemple)
40. Faire les déclarations d'impôt

Adapté de John M. Gottman et Nan Silver, *Les couples heureux ont leurs secrets*, Paris, © Jean-Claude Lattès, 1999.

**B.** Répondez aux questions suivantes en remplaçant la partie soulignée par un pronom.

### Chez vous…

**1.** Qui donne à manger <u>au chat</u> ? _____

**2.** Qui amène <u>les enfants à l'école</u> ? _____

**3.** Qui a la responsabilité <u>du ménage</u> ? _____

**4.** Qui se charge <u>de sortir la poubelle</u> ? _____

**5.** Qui met <u>la table</u> ? _____

**6.** Qui déblaie <u>l'entrée</u> ? _____

**7.** Qui range <u>le linge repassé</u> ? _____

**8.** Qui achète <u>des gâteries aux enfants</u> ? _____

**9.** Qui achète <u>des vêtements aux enfants</u> ? _____

**10.** Qui téléphone <u>aux amis</u> ? _____

**11.** Qui assiste <u>aux réunions de parents</u> ? _____

**12.** Qui cire <u>les souliers</u> ? _____

**13.** Qui fait <u>des promesses aux enfants</u> ? _____

**14.** Qui prend <u>le courrier</u> ? _____

**15.** Qui paie <u>les comptes</u> ? _____

**C.** Madame Lachance est en voyage d'affaires. Elle téléphone à la maison pour savoir si tout va bien. Elle parle à son fils Frédéric âgé de 11 ans.

**Madame Lachance :** Allô Frédéric ? Comment ça se passe à la maison ?

**1.** Qui s'est occupé de Médor cette semaine ?

Frédéric : _____

**2.** Qui a ramassé le courrier ?

Frédéric : _____

**3.** Est-ce que papa a préparé vos collations ?

Frédéric : _____

**4.** Est-ce qu'il a répondu aux courriels ?

Frédéric : _____

**5.** As-tu fait le ménage de ta chambre ?

Frédéric : _____

**6.** Est-ce que Papa s'est occupé de l'épicerie ?

Frédéric : _____

**7.** Est-ce qu'il a assisté à la réunion de parents, jeudi ?

Frédéric : _____

**8.** Est-ce qu'il a reçu des appels au sujet de son contrat ?

Frédéric : _____

**9.** Avez-vous passé l'aspirateur au moins une fois ?

Frédéric : _____

**10.** Quelqu'un a nettoyé l'entrée ?

Frédéric : _____

**11.** Qui a lavé le linge ?

Frédéric : _____

**12.** Est-ce que papa vous a conduits à l'école ? Ou vous avez pris l'autobus ?

Frédéric : _____

**13.** Est-ce qu'il vous a aidés à faire vos devoirs ?

Frédéric : _____

**14.** Est-ce qu'il vous a acheté des gâteries ?

Frédéric : _____

**15.** As-tu promené Médor au moins une fois par jour ?

Frédéric : _____

**Madame Lachance :** Très bien mon amour, je serai de retour dans deux jours. Dis à papa et à ton frère que je vous aime beaucoup. Salut !

---

**4**

**Objectif grammatical**
Les doubles pronoms.

**Objectif de communication**
Échanger des opinions sur la façon d'interagir
avec des enfants adolescents.

# Les joies de la vie familiale

**A.** Lisez les extraits d'entretien suivants.

Quelles attitudes ces parents adoptent-ils face à leurs enfants adolescents ? Se montrent-ils patients,
tolérants, amicaux ou stricts ? Discutez-en en équipes.

**Nous avons interrogé trois parents. Trois parents, trois façons de composer
avec les problèmes des adolescents.**

Éric,
père d'Éric junior, 14 ans

Jeanne, mère de Nicolas et
Stéphanie, 14 et 15 ans.

Jean-Sébastien,
père de Roxanne, 16 ans.

**1. Permettez-vous à votre ado de coucher chez des amis ?**

Jean-Sébastien : Je le lui interdis formellement. Je n'aime pas que ma fille couche ailleurs que chez
nous.

Jeanne : Je le leur permets à certaines conditions. Ils doivent le mériter. Je crois que c'est
important de leur inculquer la notion de mérite.

Éric : C'est important que les ados deviennent autonomes, qu'ils apprennent à se
débrouiller dans différentes situations. Quant au mien, je le laisse faire.

**…** **Et permettez-vous que la petite amie ou le petit ami de votre ado vienne coucher à la maison, avec elle ou avec lui ?**

Jean-Sébastien : Il n'en est pas question. Roxanne est encore trop jeune pour ces choses-là.

Jeanne : C'est une question délicate. Je ne sais pas si je le leur permettrais. Il faudrait que je consulte mon conjoint. Je ne sais pas ce qu'il en penserait.

Éric : Je crois que c'est mieux de le lui permettre. On a été jeunes, nous autres aussi.

**2. Permettriez-vous à votre ado de se faire percer des parties du corps et d'y faire poser un anneau ?**

Jean-Sébastien : J'essaie de l'en dissuader. Trouvez-vous ça beau, vous, les ados qui laissent voir la petite boule argentée sur leur langue chaque fois qu'ils bâillent ? Moi, je trouve ça déprimant. Je pourrais aller jusqu'à le lui interdire si elle ne veut pas comprendre.

Éric : Je ne vois pas comment je pourrais le lui interdire, moi-même je porte parfois un anneau au nez. C'est à la mode. Ça sert à rien d'aller contre le courant.

Jeanne : Je le leur défends. Je les mets en garde de poser un tel geste, car ils devront en supporter les conséquences toute leur vie. Surtout dans le cas des tatouages. Sincèrement, je doute que mes ados souhaitent en avoir, mais on ne sait jamais…

**3. Confiez-vous vos problèmes personnels à vos ados ?**

Jean-Sébastien : Je ne les lui confie sous aucun prétexte. Ma vie personnelle ne la concerne pas. Ce que je vis avec sa mère non plus. Pourquoi la laisser se mêler de nos affaires ?

Éric : En principe, je ne les lui confie pas. Mais ça peut arriver qu'on en parle. Des fois, les enfants peuvent nous faire voir les choses différemment. C'est enrichissant, la relation parent-enfant.

Jeanne : C'est délicat. Je ne crois pas que ce soit bon de le faire. Notre vie personnelle ne les concerne pas. Pourquoi les encombrer avec nos difficultés ? Ils en ont, eux aussi, des difficultés. Ils nous en parlent s'ils le veulent bien mais… Je crois qu'il doit exister une forme de respect. Les respecter, c'est important. Je n'ai pas l'intention de les embêter avec mes problèmes.

**4. Posez-vous des questions à votre ado sur sa vie privée ?**

Jean-Sébastien : Pour moi, c'est important, même capital de savoir ce qui se passe dans la vie de Roxanne. Elle est encore une enfant. Alors, des questions sur sa vie, je lui en pose. Les parents sont là pour aider les enfants, les écouter, les faire cheminer, leur faire comprendre les choses de la vie.

Jeanne : Je ne leur en pose jamais. Je n'ai aucune intention de me mêler de leurs affaires. S'ils veulent m'en parler, je les écoute, mais je ne leur pose pas de questions. J'essaie de respecter leur intimité.

Éric : Je lui donne souvent des conseils, sur la façon d'aborder une fille par exemple, quoi faire, quoi dire. Des questions, je lui en pose et lui m'en pose aussi. Mon garçon et moi, on est copain copain.

**5. Prêtez-vous vos objets personnels (maquillage, vêtements, souliers) à votre ado ?**

Jean-Sébastien : Je ne les lui prête pas. J'aimerais qu'elle s'habitue à respecter les affaires personnelles de chacun. Roxanne suit un cours de conduite automobile présentement alors, parfois, elle me demande la voiture. Mais je ne la lui prête pas, pas avant qu'elle obtienne son permis.

Jeanne : Ma fille a tendance à me demander mes choses ou à carrément les prendre. Même si je l'ai mise en garde, elle continue de le faire. Mon garçon, alors là, c'est quand même différent.

Éric : Je les lui prête à l'occasion. La voiture, par exemple, il me la prend souvent. Moi aussi, je lui demande ses disques compacts et il me les passe quand il n'en a pas besoin. Idem pour les vêtements. Je les lui prends, il me les emprunte.

**6. Achetez-vous des vêtements à votre ado?**

Jean-Sébastien : Sa mère va souvent magasiner avec elle. Mais en principe c'est Roxanne qui les choisit. Notre fonction est de la conseiller, de la laisser décider, et de passer à la caisse ensuite.

Jeanne : Jamais. Je ne leur en achète jamais. C'est eux qui les achètent avec l'argent de leur budget. Ma mère adore les robes habillées et elle en achète souvent à Stéphanie, quoique Stéphanie ne les mette que rarement.

Éric : Non, ce n'est pas moi qui lui en achète. En général, il s'en achète tout seul. Il va au centre commercial avec sa *gang*. Comme je lui ai donné une carte de crédit, il n'a pas besoin de me demander de l'argent pour s'acheter du linge. Il le fait quand il en a besoin. Ou quand il veut un nouveau truc à la mode.

**7. Prêtez-vous votre ordinateur personnel à votre ado?**

Jean-Sébastien : Non, je ne le lui prête pas, elle a le sien.

Jeanne : Je le leur prête seulement pour faire leurs travaux scolaires. Mais ils en ont un à l'école. Ils peuvent s'en servir autant qu'ils le désirent.

Éric : Pourquoi je le lui prêterais? Chez nous, chacun a son ordinateur. Éric, lui, en a deux, un à la maison et un portable.

**8. Donnez-vous de l'argent à vos ados?**

Jean-Sébastien : Je lui en donne quand elle en a besoin. J'essaie de la limiter un peu.

Jeanne : Je leur en donne. Ils ont un montant d'argent mensuel. Ils ne peuvent pas le dépasser. S'ils le font, ils n'en ont plus jusqu'au mois suivant.

Éric : Je lui en donne. Comme je vous l'ai dit, Éric a sa carte de crédit. Il s'en sert quand il en a besoin. Il a aussi un petit compte d'épargne avec un fond de roulement, de l'argent de poche. Il gère ses finances.

**9. Achèteriez-vous un chien à votre ado s'il vous le demandait?**

Jean-Sébastien : Je ne lui en achèterais certainement pas. Qui s'en occuperait? Les animaux domestiques sont bien beaux. Mais encore faut-il s'en occuper.

Jeanne : Je leur en achèterais un seulement s'ils s'engageaient à s'en occuper à 100 %.

Éric : Pourquoi pas? Je lui en achèterais un. D'ailleurs, on aime les animaux chez nous. On a déjà une tortue, des poissons. Un chien? On y pense.

**10. Laisseriez-vous votre maison à votre ado toute une fin de semaine pour qu'il y fasse une fête?**

Jean-Sébastien : Il n'est pas question que Roxanne organise des partys en notre absence. Si elle veut faire un *party*, elle n'a qu'à le faire quand on est là.

Jeanne : Je la leur laisserais, je crois, car je peux leur faire confiance. Ce sont deux enfants bien raisonnables.

Éric : Je la lui laisse régulièrement. Éric fait des partys chez nous quand ma femme et moi allons au chalet, par exemple.

**B.** Repérez les énoncés où apparaissent des doubles pronoms. En équipes, discutez de l'ordre des doubles pronoms et de leur place par rapport au verbe.

**C.** Dites si les affirmations suivantes sont vraies ou fausses. Remplacez les mots en caractères gras par les pronoms personnels (simples ou doubles) qui conviennent. Corrigez l'affirmation s'il y a lieu.

| | V | F | Exemple |
|---|---|---|---|
| **1.** Jean-Sébastien donne **beaucoup d'argent de poche à sa fille**. | | ✓ | **1.** *Il ne **lui en** donne pas beaucoup.* |
| **2.** Éric n'achète pas **de vêtements à son ado**. | | ✓ | **2.** Éric ne lui en achète |
| **3.** Éric prête **sa voiture à son enfant**. | ✓ | | **3.** Éric la lui prête |
| **4.** À l'occasion, Jean-Sébastien prête **son ordinateur personnel à sa fille**. | | ✓ | **4.** Il en a une |
| **5.** L'enfant d'Éric a **une carte de crédit**. | | | **5.** Il en a une |
| **6.** Roxanne choisit **ses vêtements**. | | | **6.** Elle les choisit |
| **7.** La fille de Jeanne touche rarement **aux affaires personnelles de sa mère**. | | | **7.** Non, elle y touchent souvent |
| **8.** Éric prête **ses vêtements à son fils adolescent**. | | | **8.** Oui il les lui prête |
| **9.** Jean-Sébastien achèterait **un animal domestique à sa fille**. | | | **9.** Il ne lui en achèterait pas un |
| **10.** Jeanne confie **ses problèmes à ses enfants**. | | | **10.** Elle ne les leur confie pas |
| **11.** Jean-Sébastien pose **des questions personnelles à sa fille Roxanne**. | | | **11.** Il lui en pose. |
| **12.** Éric laisse souvent **la maison à son fils Éric**, pour qu'il fasse des fêtes, par exemple. | | | **12.** Il la lui laisse souvent |
| **13.** Jeanne pose **des questions personnelles à ses ados**. | | | **13.** " même " |
| **14.** Roxanne organise **des partys à la maison** en l'absence de ses parents. | | | **14.** Non, elle n'y en organise pas |
| **15.** Jean-Sébastien permet **à Roxanne de coucher chez des amis**. | | | **15.** Il ne le |

**D.** Les parents font souvent appel aux groupes de discussion sur Internet pour poser des questions qui les tracassent au sujet de leurs ados. Lisez les questions suivantes et tentez d'y apporter des éléments de réponse. Une fois vos réponses élaborées, comparez-les avec celles du pédopsychiatre.

a) Puis-je tout laisser lire à ma fille?

_____

_____

_____

b) Mon enfant veut partir en vacances seul avec ses copains. Que dois-je en penser?

_____

_____

_____

c) Mon enfant veut sortir le soir. À partir de quel âge et jusqu'à quelle heure lui en accorder la permission?

_____

_____

_____

d) Comment conserver son autorité quand on vit seul avec son ado?

_____

_____

_____

a) Que voulez-vous lui interdire? Si certains des ouvrages qui ornent votre bibliothèque ne vous semblent pas devoir tomber entre toutes les mains, pourquoi ne pas les placer sur les rayons d'en haut? Le jour où elle sera suffisamment grande, en taille, pour les atteindre, elle sera certainement suffisamment grande, en âge, pour les lire.

b) Je suis tout à fait d'accord. C'est un excellent signe : il devient autonome. Il est normal qu'il aille camper. Il peut même en profiter pour redécouvrir des lieux où il a passé avec vous des vacances familiales, afin de se les approprier. Les vacances en famille appartiennent à la petite enfance, alors qu'à l'adolescence, c'est la conquête du temps des vacances et de la liberté.

c) Cela dépend d'où, de quand, de comment et d'avec qui. On peut dire que l'été est le moment des permissions. Je crois qu'à partir de 16 ans (même à 14 ou 15 ans, selon sa taille, sa maturité, son caractère et son niveau de socialisation), il peut sortir avec des amis. Le samedi soir, inutile de fixer une heure pour rentrer à la maison, il la dépassera toujours. Si vous lui dites de rentrer à une heure convenable, vous constaterez que, de toute façon, il n'en tiendra pas compte.

d) Si votre famille est monoparentale, il est indispensable que votre ado se confronte à deux autorités. Le partage de l'autorité entre ses parents lui propose deux modèles d'opposition. Il pourra ainsi progresser en vivant les conflits et les identifications propres à l'adolescence.

**Objectif grammatical**
Les pronoms personnels *me, te, se, le, la, les l', lui, leur.*
L'accord du participe passé.

**Objectif de communication**
Comprendre un texte littéraire de type épistolaire.

# Lettres chinoises

**A.** Les textes suivants sont des extraits des *Lettres chinoises*, roman épistolaire de Ying Chen, écrivaine québécoise d'origine chinoise (*Les lettres chinoises*, Montréal, © Leméac, 1993).

Complétez le texte avec les pronoms qui conviennent en tenant compte du contexte.

Indiquez le référent au-dessous du pronom.

Exemple    Je **te** cherche partout dans les rues familières.
$\underline{\hspace{1cm}}$
Yuan

**Courrier échangé entre Yuan, un étudiant chinois immigré à Montréal, et Sassa, sa copine restée en Chine.**

Je **te** cherche partout dans les rues familières. Mais il n'y a qu'une odeur de sang et le silence des pas qui ____ attendent. Quand nous ____ promenions tous les deux dans la rue, tu ____ amusais à ____ lâcher soudain la main pour aller ____ cacher parmi la foule. Mais je ____ apercevais tout de suite à travers d'innombrables têtes. Tu revenais alors auprès de ____ avec le sourire las d'un prisonnier heureux.

Sassa, page 43.

J'ai déménagé dans un appartement non loin de chez tante Louise. C'est un appartement de deux chambres, l'une d'elles étant réservée pour ____. Tante Louise propose de ____ faire venir avec un visa d'études. Alors, si tout va bien, tu seras ici avant Noël. Es-tu d'accord? Dis oui, chérie, je ____ ____ prie. Nous serons enfin ensemble. Penses-____. Rien n'importe de plus pour ____ que d'être ensemble, n'est-ce pas? Je ____ attends.

Yuan, page 44.

J'ai reçu les documents que tu ____ as envoyés. Je commence à ____ remplir, très lentement. Ils ____ semblent nombreux et compliqués. Il n'est pas plus facile de quitter son pays que d'____ rester.

Sassa, page 51.

**DaLi, étudiante à Montréal, est l'amie de Sassa et de Yuan. Voici le courrier que s'échangent DaLi et Sassa.**

Je dois absolument _____ écrire, Sassa. Il est deux heures du matin, et je n'ai pas sommeil. Tu devines peut-être déjà ce qui se passe. Quand nous étions ensemble au collège, nous n'avions jamais besoin de faire une phrase complète pour _____ comprendre. Nous _____ croyions âmes sœurs. Je ne sais pas si cet écho qui a existé entre _____ a encore son effet malgré l'océan qui _____ sépare. Et bien voici l'histoire : je suis amoureuse. Comme il habite près de chez moi, je tremble à l'idée de devoir _____ rencontrer de temps à autre. Est-ce que je _____ dérange en _____ parlant de tout cela ? Tu sais, le meilleur moyen de chasser une peur, c'est peut-être d'_____ parler.

DaLi, page 70.

Il _____ semble qu'il est moins pénible de vivre comme étranger à Montréal qu'à Shangaï. Là-bas, tu n'as pas, je crois, à payer deux fois plus cher ton billet de transport ni le logement, les repas ou les achats parce que tu n'es pas citoyenne ou résidente permanente. Les étrangers à Shangaï ne sont pas aussi chanceux que _____. Une amie française qui travaillait dans notre ville depuis déjà quinze mois se plaignait beaucoup de ce qu'on _____ traitait différemment et _____ mettait systématiquement dans un ghetto. On _____ souriait comme à une princesse mais on montait les prix partout où elle allait parce qu'on _____ croyait riche et obligée de contribuer à la prospérité du peuple chinois. Il ne _____ fallait surtout pas marchander.

Sassa, page 60.

Marguerite est retournée à Paris voir ses parents. Nicolas est allé avec _____. Je _____ sens soudain très seule. Quand ils étaient ici nous _____ rencontrions chaque semaine. C'était devenu une habitude. Et je ne _____ rendais pas compte que j'étais si attachée à _____. Ils _____ ont envoyé une carte. Moi, j'ai envie de _____ écrire une longue lettre pour parler de n'importe quoi. À vrai dire, j'ai plus besoin d'_____ qu'ils n'ont besoin de _____.

DaLi, page 125.

**Courrier que Yuan adresse à son père.**

Hier, Nicolas ———— a demandé d'aller prendre un café avec ————. Ce soir, il ———— a prévenu qu'il y avait un bon film au cinéma. Comme il n'a pas réussi à ———— faire quitter mon pupitre, il est devenu inquiet.

Évidemment, les examens ne sont pas d'une grande importance pour ————. Je ———— demande s'il ———— reste encore, à part son travail au bureau, des choses qui ———— importent. Depuis les quelques mois que je ———— connais, il a changé deux fois d'amie de fille. Ou bien il a été délaissé et pris deux fois. Ce qui ———— intrigue dans sa personnalité, c'est qu'il n'a jamais l'air déprimé.

Yuan, page 55.

**B.** Complétez les blancs à l'aide d'un pronom personnel. Faites les élisions nécessaires. Dites si l'affirmation est vraie ou fausse.

Quels sentiments Yuan, le narrateur, exprime-t-il par rapport à Sassa ?   **VRAI**   **FAUX**

**1.** Il est amoureux d'_____ .

**2.** Il s'ennuie d'_____ .

**3.** Il ne _____ connaît pas très bien.

**4.** Il _____ écrit de temps en temps.

**5.** Il _____ attend.

**6.** Il n'a pas vraiment le temps de penser à_____

**7.** Il _____ considère comme une bonne amie.

**8.** Elle _____ manque terriblement.

Quel rapport Yuan entretient-il avec son père ?   **VRAI**   **FAUX**

**1.** Il _____ raconte ses expériences.

**2.** Il _____ fait parvenir ses résultats scolaires.

**3.** Il _____ confie ses impressions sur son copain Nicolas.

**4.** Il _____ dit qu'il_____ attend à Montréal.

Quelles réflexions le narrateur, Yuan, se fait-il par rapport à Nicolas ? **VRAI** **FAUX**

**1.** Il _____ connaît depuis longtemps.

**2.** La personnalité de Nicolas _____ intrigue un peu.

**3.** Il _____ trouve superficiel.

**4.** Il sort parfois avec_____ .

**5.** En ce qui concerne les travaux scolaires,

Nicolas _____ consacre beaucoup de temps.

DaLi écrit une lettre à Sassa. Que lui raconte-t-elle ? **VRAI** **FAUX**

**1.** Que Marguerite et Nicolas sont partis à Paris voir leurs parents.

**2.** Qu'elle s'ennuie d' _____ .

**3.** Qu'elle a envie de_____ écrire une carte postale.

**4.** Qu'elle n'est pas vraiment attachée à _____ .

**5.** Qu'ils _____ ont envoyé une carte postale.

**C.** Dans les quatre extraits suivants, justifiez la terminaison des participes passés en caractères gras.

  *a)* Reliez les verbes (les auxiliaires et les participes passés, en caractères gras dans le texte) à leurs compléments.

  *b)* Analysez ces compléments et déterminez s'il s'agit d'un COD ou d'un COI.

  *c)* Vérifiez la place du COD (avant ou après le verbe).

Tu as une bonne mémoire, DaLi. Un jour, il y a quelques années, tu as rencontré Yuan sur la pelouse devant notre dortoir. Je vous ai **aperçus** par la fenêtre. J'ai remarqué que tu avais un peu trop à lui dire. Et tu avais des rires que je n'aimais pas. J'ai jugé ton comportement léger. Je t'ai **dit** en te fixant dans les yeux: Je déteste ceux qui volent l'amour aux autres. Tu m'as très bien **comprise**, puisque ton regard me fuyait. Et depuis, tu ne riais plus en présence de Yuan.

Sassa, page 141.

Merci pour ta généreuse lettre, Sassa. Tu m'as beaucoup **étonnée** avec ta remarquable compréhension des idées nouvelles. Ce qui se passe en Amérique du Nord serait peut-être hors de ton imagination. Tranquillement les familles s'écroulent. Sur leurs ruines, des milliers et des milliers d'enfants sans parents, de parents sans enfants, de maris sans femme, de femmes sans mari, d'individus seuls avec chien ou chat. On voulait la liberté. On l'a presque **obtenue**. Moi-même je n'ose pas m'élancer dans cette liberté dont la porte m'est enfin ouverte. J'en ai pourtant tellement **rêvé**.

DaLi, page 143.

> J'attends ta réponse, Sassa. Tante Louise t'a **envoyé** les nouveaux papiers. Les as-tu **reçus** et **remis** tout de suite au bureau des passeports?
>
> Yuan, page 145.

> Un de mes oncles occupe un poste au bureau des passeports. Quand *je* me préparais à partir, il m'a **nettoyé** un peu le chemin. Je lui ai **écrit** pour qu'il prenne soin de ton dossier.
>
> DaLi, page 143.

**Exemple**  Aperçu**s**
Le participe passé s'accorde avec le COD (*vous*) qui précède le verbe conjugué au passé composé.

**1.** dit _____

**2.** comprise _____

**3.** étonnée _____

**4.** obtenue _____

**5.** rêvé _____

**6.** envoyé _____

**7.** reçus _____

**8.** remis _____

**9.** nettoyé _____

**10.** écrit _____

**D.** Rédigez un poème d'amour. Reprenez les groupes nominaux en caractères gras en les remplaçant par un verbe conjugué au passé composé.

Voici des verbes qui pourraient vous être utiles:

> oublier – cacher – admirer – garder – rêver – imaginer – fuir – conserver – encadrer

**Exemple**  **Toutes ces fleurs** que tu m'as offertes, je les ai conservées.

**1.** Tous ces sourires de printemps que _____,
je _____ .

**2.** Tous ces mots d'amour que _____,
je _____ .

**3.** Toutes ces douces paroles que _____,
je _____ .

**4.** Toutes ces lettres d'amour que _____,
je _____ .

**5.** Tous ces moments de bonheur que _____,
je _____ .

**6.** Tous ces baisers que _____,
je _____ .

**7.** Tous ces regards que _____,
je _____ .

*Les pronoms personnels compléments*

**E.** Une jeune fille a rompu avec son amoureux. Qu'a-t-elle fait des objets suivants?

Complétez les phrases en remplaçant les noms par des pronoms personnels. Utilisez le passé composé.

Voici des verbes qui pourraient vous être utiles:

balancer – oublier – jeter – donner – offrir – mettre à la poubelle – déchirer – brûler – cacher

Exemple    Ta collection de vidéos, je l'ai offerte à des amis.
Les lettres d'amour, je les ai brûlées.

**1.** Les cadeaux, je _____

**2.** Les photos, je _____

**3.** Ta collection de vases chinois, je_____

**4.** Tes bijoux, je _____

**5.** Ton équipement sportif, je _____

**6.** Ton téléphone cellulaire, je _____

**7.** Les vêtements que tu as oubliés chez moi, je _____

**8.** Tes vieux livres de poèmes, je _____

**9.** Tes vieux souliers, je _____

**10.** Tes cartes de la Saint-Valentin, je _____

**11.** Tes chaussettes, je _____

**12.** Tes disques compacts, je _____

**13.** Tes revues de voile, je _____

**14.** Ton adresse électronique, je _____

**F.** Écrivez une lettre à un ancien amoureux ou à une ancienne amoureuse pour lui annoncer que vous désirez rompre. Expliquez-lui les raisons de votre geste.

_____

_____

_____

_____

_____

_____

_____

_____

_____

_____

_____

# Entretien avec un artiste

**A.** Lisez l'entretien avec Wajdi Mouawad.

# Wajdi Mouawad
# En quête de sens

Le metteur en scène a fait ses classes. Si on regarde sa feuille de route, on s'aperçoit que, depuis sa sortie de l'École nationale de théâtre du Canada en 1991, il n'a pas chômé. De la mise en scène à l'adaptation, de l'écriture à la direction artistique, en passant par la chorégraphie, il a touché à tout ce qui concerne de près ou de loin le théâtre, relevant chaque fois de nouveaux défis. Ses spectacles, jamais faciles, toujours dérangeants, ne passent pas inaperçus.

**Q. Tu entames ta première saison à la direction artistique du *Théâtre de Quat'Sous*. Comment envisages-tu de relever ce nouveau défi?**

**R.** Comme un jeu. Je pense que la notion de jeu est très importante dans notre métier.

On applique l'expérience que l'on a de l'amour, de la vie, de la douleur, de la mort, à un jeu d'enfant. Et si on est prêt en tant qu'adulte raisonnable et intelligent à continuer à faire du théâtre, c'est que ça répond à quelque chose de vital, à une recherche de sens. Ce n'est pas par hasard si le théâtre existe depuis 2 500 ans.

Endosser le rôle de directeur artistique, c'est participer à ce grand jeu mais dans un lieu réservé à cette activité. Quand on y pense, c'est énorme! Il faut choisir vers où on va, dans quoi on va jouer et avec quoi. Le défi, c'est d'abord de donner un sens qui me ressemble aux pièces que nous allons présenter, un sens qui soit authentique, qui ne soit pas faussé par ce qui peut nous détourner de nous-mêmes, c'est-à-dire le succès, le prestige.

**Q. Penses-tu que la conviction avec laquelle tu t'exprimes, cette intransigeance, dérange les gens?**

**R.** Je n'ai pas du tout l'impression que je dérange. Je ressens même une forme de culpabilité à cette idée. Quand je parle, j'essaie simplement de dire ce que je pense. Peut-être que ce que je pense est faux. C'est très difficile de dire quelque chose de juste. Aussitôt qu'on prend la parole, on se soumet au très grand risque d'être humilié, car on peut se tromper. On pose un geste très courageux.

Mais personne ne me dit que ce que j'affirme est faux. On me dit plutôt: « T'as pas le droit de parler comme ça. ». Pourtant, j'essaie d'être le plus authentique possible.

**Q. Crois-tu aux maîtres?**

**R.** Ni aux maîtres ni aux gourous. Je crois plutôt aux gens qui étaient là avant nous, qui se sont interrogés, ont réfléchi, ont accompli des choses. Ce qui fait qu'aujourd'hui nous ne partons pas de rien. Je crois au passé, à la mémoire, à l'histoire. Nous faisons partie d'une vague qui s'est soulevée il y a déjà très longtemps, une vague qui était là avant nous et qui y sera après nous. Nous sommes à l'intérieur de cette vague, nous participons à son mouvement. Après notre passage, si elle continue, c'est que chacun y aura joué un rôle.

**Q. Tu as déjà affirmé qu'au Québec on n'accordait pas suffisamment de place aux intellectuels. Selon toi, d'où vient cette attitude?**

**R.** De l'arrachement géographique que l'on ressent par rapport au reste de la planète.

On a l'impression qu'on vit en banlieue du monde, que les événements tragiques se déroulent partout sauf ici. Au Québec, au Canada, on a le sentiment qu'il ne se passera jamais rien de grave, qu'il n'y aura jamais de guerre, par exemple. Alors pourquoi s'interroger? Pourquoi réfléchir? Faire du théâtre? Écrire? Si le monde dans lequel on vit est sans difficultés, pourquoi créer? On écrit une pièce pour montrer ce qui est difficile dans nos vies. Pas pour dire à quel point on va bien! On écrit parce qu'on a peur de la mort, qu'on ne sait pas aimer, qu'on vit des difficultés. Et pour y réfléchir ensemble.

Celui qui crée s'oppose au monde qui lui dit que tout va bien, que la mort n'existe pas. L'artiste est fondamentalement un résistant, sinon il perd le sens de son travail.

Quand tu possèdes une culture solide, tu réfléchis à toi-même, tu te donnes à penser. À ce moment-là, tu peux mieux parler aux autres, parce que tu sais où tu te situes. Certains metteurs en scène demandent même aux jeunes acteurs de mettre leur intelligence de côté, de moins réfléchir. Cela favorise le développement d'une culture ponctuelle plutôt que d'une culture intelligente qui rend les gens capables de tisser leurs propres liens, de créer leur propre vision du monde.

Tu n'es plus en état de dépendance. Tu es indépendant d'esprit. Malheureusement, on ne nous encourage pas suffisamment à ça.

**Q. Y a-t-il un sens, selon toi, à l'expérience humaine?**

R. Je pense que, même si on a parfois le sentiment que le sens de l'expérience humaine est perdu, cela ne veut pas dire qu'il n'existe plus. Sentir que le sens est perdu est au fond un grand bonheur puisque cela nous confirme qu'il y en a un quelque part. Comme une clé qu'on aurait égarée. Que tu la trouves ou pas, tu sais au moins qu'elle existe! Toutes nos explications, nos interprétations, nos croyances parlent de la nécessité de l'existence d'un sens. Cette errance collective témoigne d'une chose: de notre intuition que le sens existe, même si nous ne savons pas le définir, l'expliquer ou le concrétiser.

**Q. Pourquoi choisis-tu aujourd'hui de vivre et de travailler au Québec?**

R. J'avais 16 ans quand je suis arrivé au Québec. J'ai suivi mes parents pour la deuxième fois. La première, c'était à l'âge de huit ans, quand ma famille a quitté le Liban pour fuir la guerre. Je n'ai pas choisi de venir ici. Maintenant, si j'habite ici, c'est simplement parce que c'est ici que j'ai appris à faire du théâtre, à écrire, à travailler. C'est ce monde-là que je connais. Je ne sais pas si je resterai au Québec toute ma vie. Est-ce que j'ai envie d'avoir froid tous les ans pendant huit mois, moi qui viens d'un pays chaud? À la longue, ça finit par peser. Mais il y a aussi le fait que je n'ai jamais véritablement choisi d'être où je suis. Je ressens parfois la nécessité de partir et d'aller là où j'ai envie d'être. Comme un besoin de me réapproprier une forme d'exil, de me réconcilier avec l'exil. ∎

*Magazine Guide Ressources,* novembre 2000. Entretien réalisé par Pierre-Étienne Rouillard.

**B.** Dites si les affirmations suivantes sont vraies ou fausses et remplacez la partie soulignée par le pronom *y* ou *en.* Corrigez l'affirmation s'il y a lieu.

Exemple

|  | VRAI | FAUX |  |
|---|---|---|---|
| Wajdi Mouawad a l'impression **de déranger les gens.** | ☐ | ✓ | *Il n'**en** a pas l'impression.* |
| **1.** D'après Wajdi Mouawad, celui qui crée s'oppose **au monde.** | ☐ | ☐ | _____ |
| **2.** Il ne croit pas **aux gourous.** | ☐ | ☐ | _____ |
| **3.** Il songe à **réorienter sa carrière en tant que cinéaste.** | ☐ | ☐ | _____ |
| **4.** Il croit à **la mémoire.** | ☐ | ☐ | _____ |
| **5.** Selon lui, parfois, on a le sentiment **que le sens de l'expérience humaine est perdu.** | ☐ | ☐ | _____ |

**6.** Il croit **au passé.** ☐ ☐ _____

**7.** Wajdi Mouawad réfléchit **aux choses sérieuses telles que l'amour, la liberté.** ☐ ☐ _____

**8.** On lui dit : Tu as le droit **de parler comme ça.** ☐ ☐ _____

**9.** Dans ses pièces, Wajdi Mouawad parle **de questions difficiles.** ☐ ☐ _____

**10.** Wajdi Mouawad a peur **de déplaire.** ☐ ☐ _____

**11.** Il n'accorde pas beaucoup d'importance **à la culture.** ☐ ☐ _____

**12.** Le réalisateur pense parfois **à quitter le Québec un jour.** ☐ ☐ _____

**13.** Wajdi Mouawad a appris à faire du théâtre **dans son pays d'origine.** ☐ ☐ _____

**14.** Le théâtre de Wajdi Mouawad s'intéresse surtout **à des questions éthiques.** ☐ ☐ _____

**15.** Selon Wajdi Mouawad, on nous encourage **à être critiques.** ☐ ☐ _____

**C.** Dans un dictionnaire, trouvez les prépositions qui accompagnent les verbes suivants. Écrivez la préposition dans la colonne de gauche. Puis dans la colonne du centre, rédigez une phrase avec un complément. Réécrivez la phrase dans la colonne de droite en rèmplaçant le complément par un pronom.

### À ou DE

Exemple

| Être fier | _de_ | Je suis fier de mes résultats. | J'**en** suis fier. |
|---|---|---|---|
| **1.** Se fier | _____ | _____ | _____ |
| **2.** Se méfier | _____ | _____ | _____ |
| **3.** Se plaindre | _____ | _____ | _____ |
| **4.** S'habituer | _____ | _____ | _____ |
| **5.** Manquer | _____ | _____ | _____ |
| **6.** S'occuper | _____ | _____ | _____ |
| **7.** Jouer | _____ | _____ | _____ |
| **8.** Prendre soin | _____ | _____ | _____ |
| **9.** S'inscrire | _____ | _____ | _____ |
| **10.** S'adapter | _____ | _____ | _____ |

**11.** Se mettre _____ _____ _____

**12.** Avoir hâte _____ _____ _____

**13.** Se souvenir _____ _____ _____

**14.** Se moquer _____ _____ _____

**15.** Faire partie _____ _____ _____

**D.** Préparez un entretien avec une personnalité artistique de votre choix. Avec un ou une partenaire, élaborez 10 questions en utilisant les verbes ci-dessous. Votre partenaire doit répondre à vos questions en utilisant les pronoms *en* et *y*.

| À | DE |
|---|---|
| Songer à | Avoir peur de |
| S'intéresser à | Être fier, être fière de |
| Penser à | Être sûr, être sûre de |
| Tenir à | Être capable de |
| Être prêt, être prête à | Avoir besoin de |
| Réfléchir à | Avoir envie de |
| Consacrer du temps à | Faire partie de |

_____

_____

_____

_____

_____

_____

_____

_____

_____

_____

_____

_____

_____

**E.** En équipes, discutez des questions proposées ci-dessous. Lors de la discussion, essayez d'utiliser les verbes suivants et remplacez les compléments par les pronoms qui conviennent, si nécessaire.

avoir besoin – croire – s'opposer – penser – tenir – réfléchir – avoir peur – parler – se rendre compte

• Prendre la parole implique prendre des risques. Quand un artiste s'exprime, il s'expose aux critiques.

• L'exil est une expérience éprouvante. Beaucoup d'êtres humains éprouvent le besoin d'appartenir à une communauté. Souvent, les personnes exilées pensent à retourner dans leur pays d'origine.

• Un artiste doit se donner pour objectif de parler des choses qui dérangent.

• Faire du théâtre professionnel peut être amusant et surtout, payant.

# Tableau 1

Mettez les compléments d'objet direct et les compléments d'objet indirect des énoncés à la troisième personne du singulier ou du pluriel, selon le cas.

| | |
|---|---|
| **Exemple**   *Il **me** parle souvent de ses projets.* | *Il **lui** parle souvent de ses projets.* |
| *Il **nous** parle souvent de ses projets.* | *Il **leur** parle souvent de ses projets.* |
| 1. Il ne **nous** écoute pas assez. | ✓ Il ne les écoute pas assez. |
| 2. Elle **m'**invite souvent au cinéma. | *quoi*   !3rd sing!   Elle ~~nous~~ l'invite souvent... .nat à ! |
| 3. Ils **nous** attendent à la gare, à notre arrivée. | ✗ Ils ~~leur~~ *les* attendent à la gare, à ~~notre arrivée~~. |
| 4. Il **me** confie souvent ses problèmes. | ✓ Il ~~nous~~ *lui* confie souvent... |
| 5. Mon patron ne **m'**appelle pas souvent. | ✓ Mon patron ~~ne~~ *ne* nous ~~l'~~appelle pas souvent. |
| 6. Il ne **nous** salue pas. | ✗ Il ne les salue pas |
| 7. Mon copain **m'**offre souvent des fleurs. | ✗ Mon copain *lui* ~~offre~~ souvent ~~des fleurs~~ |
| 8. Elle **me** téléphone au moins une fois par semaine. | Elle ~~nous~~ *lui* téléphone au moins une fois... |
| 9. Il **nous** envoie de longues lettres. | Il ~~nous~~ |
| 10. Elle **nous** reçoit avec tous les honneurs. | ✗ |
| 11. Ils **nous** écrivent souvent. | |
| 12. Il **me** laisse souvent les enfants. | |
| 13. Il ne **me** donne pas le choix. | |
| 14. Ils **nous** proposent toujours des projets intéressants. | |
| 15. Ils ne **nous** aident pas suffisamment. | |

# Tableau 2

Complétez le tableau, comme dans l'exemple.

| Exemple | *Il nous envoie souvent des cartes postales. Tiens, justement le mois passé, il nous **en** a envoyé.* | *Il nous **en** envoie souvent.* |
|---|---|---|
| | **1.** Il nous montre les bons côtés de l'affaire.<br>•<br>• | **11.** Elle nous fait comprendre ce qui est plus avantageux pour nous.<br>•<br>• |
| | **2.** Elle me donne souvent de ses nouvelles.<br>•<br>• | **12.** Il nous fait part de ses impressions.<br>•<br>• |
| | **3.** Il nous explique le problème.<br>•<br>• | **13.** Elle me prête souvent ses outils.<br>•<br>• |
| | **4.** Ils me transmettent les messages.<br>•<br>• | **14.** Il me demande souvent des renseignements.<br>•<br>• |
| | **5.** Elle nous offre des prix avantageux.<br>•<br>• | **15.** Elle me prend souvent la main.<br>•<br>• |
| | **6.** Il ne nous fait jamais de promesses.<br>•<br>• | |
| | **7.** Elle nous propose des produits intéressants.<br>•<br>• | |
| | **8.** Il nous demande notre avis.<br>•<br>• | |
| | **9.** Elle nous rappelle les dates importantes.<br>•<br>• | |
| | **10.** Il m'emprunte souvent mes outils.<br>•<br>• | |

# Tableau 3

**A.** Complétez le tableau, comme dans l'exemple.

Exemple

*des/des → en*     *le/er/la → ø /en veux un/le /les*

| *Votre demande,* | *vous pouvez **me la** poster.* | *Postez-**la-moi.*** |
|---|---|---|
| 1. Vos attestations de scolarité, | vous pouvez me les envoyer. | *envoyez-les-moi* |
| 2. Votre réclamation, | *nous la / nous pouvez ~~la~~ faire ~~ici~~ par écrit* | Faites-la-nous par écrit. |
| 3. Les clés, | vous pouvez nous les envoyer. | *envoyez-les-nous* |
| 4. Une surprise, | tu peux m'en faire une. | *fais-m'en une / ~~fais-la-moi~~ / ~~fais m'en une~~* |
| 5. Ta carte de visite, | *tu peux ~~me la~~ ~~montrer~~ ~~apporter~~* | Montre-la-moi. |
| 6. Le journal, | vous pouvez me le laisser devant la porte d'entrée. | *laisser-le-~~moi~~ moi* |
| 7. Des nouvelles, | tu peux nous en donner de temps en temps. | *donne-en-nous / ~~donné tes notes~~* |
| 8. Le problème, | vous pouvez nous l'expliquer. | *expliquer-le-nous* |
| 9. Ta voiture, | *Tu peux la prêter / ~~vous pouvez la prêter à Noël~~* | Prête-la-moi. |
| 10. Le café, | *nous pouvez le préparer.* | Préparez-le-lui. |

# Tableau 3 (suite)

**B.** Complétez le tableau, comme dans l'exemple.

Exemple

| | | |
|---|---|---|
| *Les candidates,* | *présentez-les-lui.* | *ne les lui présentez pas.* |
| *Des candidates,* | *présentez-lui-en.* | *ne lui en présentez pas.* |

| | | |
|---|---|---|
| 1. a) Les bonbons, | a) offre-les moi. | a) *ne me les offre pas* |
| b) *Des bonbons* | b) *offre-m'en* | b) ne m'en offre pas. |
| 2. a) *Les fleurs* | a) donnez-les-leur. | a) |
| b) Des fleurs, | b) *ne les leur donner pas* | b) *d* |
| 3. a) Ce livre, | a) montre-le-nous. | a) *ne nous le montre pas* |
| b) *Des livres* | b) *montre-nous-en* | b) *un livre, montre nous en un* |
| 4. a) Le cadeau, | a) | a) |
| b) | b) | b) |
| 5. a) | a) | a) |
| b) Une revue de mode, | b) apporte-lui-en une. | b) |
| 6. a) | a) | a) ne me les achète pas. |
| b) Des bijoux, | b) | b) |
| 7. a) Le chandail, | a) prête-le-moi. | a) |
| b) | b) | b) |
| 8. a) | a) | a) |
| b) Un service, | b) rends-lui-en un. | b) |
| 9. a) L'argent, | a) | a) ne le lui prêtez pas. |
| b) | b) | b) |
| 10. a) | a) | a) |
| b) Une soupe bien chaude, | b) | b) ne m'en sers pas. |

# Tableau 4

Complétez le tableau, comme dans l'exemple.

Exemple

| *Le problème,* | *explique-**le-nous**.* | *ne **nous** l'explique pas.* |
|---|---|---|
| 1. | donne-nous-en. | |
| 2. | | ne lui parle pas. |
| 3. | | ne me les faites pas parvenir. |
| 4. | achète-lui-en une. | |
| 5. | | ne me les fais pas. |
| 6. | laisse-les-lui. | |
| 7. | | ne me les apportez pas. |
| 8. | écoutez-les ! | |
| 9. | | ne la leur prêtez pas. |
| 10. | demande-le-moi. | |
| 11. | | ne les aidez pas. |
| 12. Le gâteau, | | |
| 13. Les enfants, | | |
| 14. Des outils, | | |
| 15. La soupe, | | |
| 16. Des vêtements, | | |

# Tableau 5

Répondez aux questions et accordez le participe passé, si nécessaire.

Exemples

*As-tu déjà appelé Claire ? **Claire** ? Bien sûr, je **l'**ai déjà appelée.*
*Avez-vous déjà invité **des gens** à la maison ? Non, je n'**en** ai pas encore invité.*

1. Avez-vous déjà contacté les étudiants ? Les étudiants ? _____ .

2. As-tu vu les candidates ? Oui, les candidates, _____ .

3. As-tu mangé de la viande de singe ? _____ .

4. As-tu fait les courses pour la fin de semaine ? Les courses, non, _____ .

5. Le jour du vol, avez-vous vu des personnes inconnues près de la maison ? Je ne pourrais pas vous dire
   si _____ .

6. As-tu reçu les copies ? Les copies ? Non, _____ .

7. As-tu déjà visité cette ville ? Genève ? Non, _____ .

8. Avez-vous déjà acheté les billets ? Les billets ? Bien sûr, _____ .

9. Avez-vous déjà vu des OVNIS ? _____ .

10. Avez-vous déjà reçu des ordres ? Des ordres ? _____ .

11. As-tu compris l'affaire ? Oui, cette affaire, _____ .

12. As-tu pris des notes ? Des notes ? Non, je regrette, _____ .

13. Avez-vous finalement vendu votre auto ? Oui, finalement, _____ .

14. Avez-vous eu de la visite en fin de semaine ? Non, _____ .

15. As-tu enfin réalisé ton projet ? Oui, enfin, _____ .

# Tableau 6

Substituez les compléments en caractères gras par les pronoms qui conviennent.

Exemples

*Je me méfie **de cette personne**. Je me méfie **d'elle**.*
*Je me méfie **de cette compagnie**. Je m'**en** méfie.*

| | |
|---|---|
| 1. On est fiers **de notre fille Nathalie**. | One est fiers d'elle |
| 2. On est fiers **de nos réalisations**. | *On en est fiers* |
| 3. Nous nous habituons petit à petit **à notre quartier**. | Nous nous y habituons petit à petit ... |
| 4. Nous nous habituons **à nos nouveaux voisins**. | Nous nous habituons à eux |
| 5. Nicolas pense souvent **à ses amis lointains**. | Nico pense souvent à eux |
| 6. Nicolas pense souvent **à son avenir**. | en |
| 7. Vous vous occupez **de vos enfants**. | d'eux |
| 8. Vous vous occupez **de la maison**. | en |
| 9. Je m'adresse **au directeur de l'établissement**. | lui |
| 10. Je m'adresse **au bureau des réclamations**. | eux → personnes dans ... eux |
| 11. On prend soin **de nos parents âgés**. | d'eux |
| 12. On prend soin **de nos plantes d'intérieur**. | On en |
| 13. Les parents ont besoin **des enfants**. | d'eux |
| 14. Les parents ont besoin **de temps libre**. | On en |
| 15. Je tiens beaucoup **à mes amis**. | à eux |
| 16. Je tiens beaucoup **à mon dernier film**. | y |
| 17. Les politiciens profitent **des électeurs**. | d'eux |
| 18. Les politiciens profitent **de leur situation privilégiée**. | en |
| 19. On se plaint souvent **des problèmes de circulation**. | en |
| 20. On se plaint souvent **des conducteurs imprudents**. | d'eux |

# Tableau 7

Observez l'emploi des doubles pronoms. Classez les phrases en trois groupes, selon l'ordre des pronoms personnels.

   1. Je lui en parlerai demain au plus tard.

   2. On les leur a envoyés cette semaine.

   3. Il me les faut au plus tard vendredi.

   4. On va le lui expliquer en long et en large avant le départ.

   5. Il nous en donne souvent un ou deux.

   6. La compagnie va vous les expédier par la poste.

   7. Je peux te le prêter si tu veux.

   8. Je vous en enverrai une dès que j'aurai les originaux.

   9. Allez, c'est à ton tour, je te le lance.

 10. On nous l'a répété au moins une dizaine de fois.

 11. Pourrais-tu m'en acheter une ?

 12. Cette question, je la lui poserai bientôt.

 13. Je le lui ferai savoir.

 14. Il me l'emprunte souvent.

 15. Je vous en envoie un sans faute cette semaine.

|  |  |  |
|---|---|---|
|  |  |  |
|  |  |  |
|  |  |  |
|  |  |  |
|  |  |  |

# Tableau 8

Remplacez le ou les compléments par les pronoms qui conviennent, comme dans l'exemple.

Exemple

Être fier **d'un ami.**                    Être fier **de lui.**

| | |
|---|---|
| 1. Être fière d'un travail | Être fière de le |
| 2. Penser à un travail important | y-penser ~~Le-penser~~ |
| 3. Se perdre dans le bois | ~~se le perdre dans~~ s'en perdre dans |
| 4. Parler à des amis | Les-parler |
| 5. Comprendre le problème | ~~le comprendre~~ la-comprendre? |
| 6. Saluer ses collègues | Les - saluer |
| 7. Permettre à son enfant de sortir | Lui permettre à de sortir |
| 8. Croire aux valeurs essentielles | Les croire |
| 9. Envoyer une lettre à son conjoint | Envoyer une lettre à lui |
| 10. Donner des nouvelles à ses parents | à eux |
| 11. Se méfier des gens hypocrites ✗ | |
| 12. S'habituer à un rythme de travail | S'hab y-à |
| 13. Aider les voisins | Les-aider |
| 14. Expliquer le problème à son enfant | L'expliquer le problème |
| 15. Se rendre compte de la situation | Se le rendre compte de te |
| 16. Tenir à un projet | ~~y-tenir~~ Tenir y-à |
| 17. Tenir à une personne chère | Tenir à elle |
| 18. Avoir peur de perdre | |
| 19. Reconnaître la source d'une difficulté | |
| 20. Avoir peur de son patron | |
| 21. Prêter de l'argent à ses amis | |
| 22. Songer à déménager | |
| 23. Promettre à son copain de faire un voyage | |
| 24. Dissuader un ami de faire quelque chose | |
| 25. Encourager un ami à faire quelque chose | |

# Tableau 9

Répondez aux questions en remplaçant les propositions en gras par le pronom approprié (*le, en, y*), comme dans l'exemple.

**Exemple**

| *Tes parents tiennent **à ce que tu rentres avant minuit** ?* | *Oui, ils **y** tiennent.* |
|---|---|
| 1. Est-ce qu'elle se souvient **d'avoir fait cette promesse** ? | |
| 2. Tu sais **pourquoi il a éclaté en sanglots** ? | |
| 3. Le patron vous a proposé **d'aller faire un stage aux États-Unis** ? | |
| 4. Il va se charger **de faire toutes les réservations nécessaires** ? | |
| 5. Tu as vraiment renoncé **à te faire opérer** ? | |
| 6. Tu te demandes sûrement **si une telle occasion se représentera** ? | |
| 7. Il va se mettre à **chercher du boulot** un de ces jours ? | |
| 8. Vous m'assurez **que je pourrai me faire rembourser** ? | |
| 9. Avez-vous songé **à demander conseil à un avocat** ? | |
| 10. Les enfants se sont habitués **à se faire garder par leur père un week-end sur deux** ? | |
| 11. Nadia t'a expliqué **comment faire** ? | |
| 12. Il s'est aperçu **qu'un pickpocket l'avait détroussé dans le métro** ? | |
| 13. As-tu parfois envie **de refaire ta vie avec quelqu'un d'autre** ? | |
| 14. On t'a dit **à quelle heure commençait la réunion** ? | |
| 15. Elle croit vraiment **que cette crème antirides est efficace** ? | |

# 3 Le subjonctif

## Table des matières

# Tableau grammatical

## A. Formation

### 1. Le subjonctif présent

**a)** On forme le subjonctif présent à partir de la 3e personne du pluriel de l'indicatif présent.

Exemple

| Présent de l'indicatif | | Subjonctif présent |
|---|---|---|
| ils **pens**ent | ► | que je **pens**e |
| ils **finiss**ent | ► | que je **finiss**e |
| ils **attend**ent | ► | que j'**attend**e |

**b)** Pour les 1re et 2e personnes du pluriel, la conjugaison est la même qu'à l'imparfait.

Exemple

| Imparfait de l'indicatif | | Subjonctif présent |
|---|---|---|
| nous prenions | ► | que nous prenions |
| vous buviez | ► | que vous buviez |

**c)** Les terminaisons du subjonctif présent

| je | **-e** | nous | **-ions** |
|---|---|---|---|
| tu | **-es** | vous | **-iez** |
| il, elle, on | **-e** | ils, elles | **-ent** |

**d)** Verbes irréguliers

| Aller | Avoir | Être |
|---|---|---|
| que j'aille | que j'aie | que je sois |
| que tu ailles | que tu aies | que tu sois |
| qu'il, qu'elle, qu'on aille | qu'il, qu'elle, qu'on ait | qu'il, qu'elle, qu'on soit |
| que nous allions | que nous ayons | que nous soyons |
| que vous alliez | que vous ayez | que vous soyez |
| qu'ils, qu'elles aillent | qu'ils, qu'elles aient | qu'ils, qu'elles soient |

| Faire | Pouvoir | Savoir |
|---|---|---|
| que je fasse | que je puisse | que je sache |
| que tu fasses | que tu puisses | que tu saches |
| qu'il, qu'elle, qu'on fasse | qu'il, qu'elle, qu'on puisse | qu'il, qu'elle, qu'on sache |
| que nous fassions | que nous puissions | que nous sachions |
| que vous fassiez | que vous puissiez | que vous sachiez |
| qu'ils, qu'elles fassent | qu'ils, qu'elles puissent | qu'ils, qu'elles sachent |

| **Valoir** | **Vouloir** | **Falloir** |
|---|---|---|
| que je vaille | que je veuille | qu'il faille |
| que tu vailles | que tu veuilles | |
| qu'il, qu'elle, qu'on vaille | qu'il, qu'elle, qu'on veuille | |
| que nous valions | que nous voulions | |
| que vous valiez | que vous vouliez | |
| qu'ils, qu'elles vaillent | qu'ils, qu'elles veuillent | |

### 2. Le subjonctif passé

On forme le subjonctif passé avec l'auxiliaire *avoir* ou *être* au subjonctif présent, suivi du participe passé du verbe.

> Exemples

Il est dommage **que** tu **aies raté** ce spectacle.
Ça me surprend **qu'**il ne **soit** pas **venu**.

## B.   Emploi du subjonctif

### 1.  Quelques expressions fréquentes introduisant le subjonctif

| **Nécessité / Obligation** | **Volonté / Souhait** | |
|---|---|---|
| Il faut que | Je veux que | J'ai envie que |
| Il faudrait que | Je voudrais que | J'ai besoin que |
| Il, c'est nécessaire que | J'aimerais que | Je demande que |
| Il, c'est indispensable que | J'apprécierais que | J'exige que |
| Il, c'est obligatoire que | Je souhaite que | Je refuse que |
| Il suffit que | Je désire que | J'accepte que |

| **Sentiment** | **Jugement / Opinion** | |
|---|---|---|
| Je suis content, contente que | Il, c'est bien que | Il vaut mieux que |
| Je suis désolé, désolée que | Il, c'est important que | Ce serait bien que |
| Je suis triste que | Il, c'est normal que | Ce serait opportun que |
| Je suis déçu, déçue que | Il, c'est souhaitable que | C'est une bonne |
| Je suis fâché, fâchée que | Il, c'est préférable que | idée que |
| Je suis surpris, surprise... que | Il, c'est absurde que | |
| J'ai peur que | Il, c'est regrettable que | |
| Je crains que | Il, c'est ridicule que | |
| Je regrette que | Il, c'est dommage que | |
| Ça me dérange que | Il, c'est injuste que | |
| Ça m'est égal que | Il, c'est inadmissible que | |
| Ça me révolte que | Il, c'est incompréhensible que | |
| Ça m'étonne que | Il, c'est incroyable que | |
| Ça me surprend que | Il, c'est étonnant que | |
| Ça m'énerve que | | |

| **Doute / Incertitude** | **Possibilité / Éventualité** |
|---|---|
| Je doute que | Il, c'est possible que |
| Je ne suis pas sûr, sûre que | Il se peut que |
| Je ne suis pas certain, certaine que | Il, c'est peu probable que |
| Je ne crois pas que | Il, c'est rare que |
| Je ne pense pas que | Il, c'est impossible que |

**Attention**! Lorsque le sujet de la première proposition est le même que celui de la deuxième proposition, on emploie l'infinitif au lieu du subjonctif pour le deuxième verbe.

> Exemple    Je voudrais tant que tu reviennes!    (= deux sujets différents)
>
> ► Je regrette ~~que je sois en retard~~. (= même sujet)
>
> ► Je regrette d'être en retard.

## 2. Subjonctif ou indicatif?

Les expressions suivantes sont suivies de l'indicatif.

| | | |
|---|---|---|
| Je constate que | Je crois que | Il, c'est certain que |
| J'observe que | Je pense que | Il, c'est sûr que |
| Je remarque | Je trouve que | Il, c'est évident que |
| Je vois que | Je suppose que | Il, c'est clair que |
| Je sais que | J'imagine que | Il, c'est vrai que |
| Il paraît que | J'ai l'impression que | |
| | J'espère que | |

| | |
|---|---|
| J'affirme que | Je suis sûr, sûre que |
| Je déclare que | Je suis convaincu, convaincue que |
| Je dis que | Je suis certain, certaine que |

## 3. Quelques conjonctions fréquentes introduisant le subjonctif (colonne de gauche) et les prépositions correspondantes (colonne de droite)

| Conjonctions (+ subjonctif) | Prépositions (+ infinitif) |
|---|---|
| à condition que | à condition de |
| à moins que | à moins de |
| afin que | afin de |
| avant que | avant de |
| bien que | |
| de crainte que | de crainte de |
| de peur que | de peur de |
| de façon que | de façon à |
| de manière que | de manière à |
| de sorte que | |
| en attendant que | en attendant de |
| jusqu'à ce que | jusqu'à |
| malgré que | |
| pour que | pour |
| pourvu que | |
| où que | |
| qui que | |
| quoi que | |
| quoique | |
| sans que | sans |

**Attention** ! Lorsque le sujet des deux verbes de la phrase est le même, on remplace la conjonction par la préposition correspondante (colonne de droite du tableau), suivie de l'infinitif.

Exemples

**Le médecin** lui a prescrit des antibiotiques pour qu'**elle** guérisse rapidement.

(deux sujets différents)

**Elle** a pris des antibiotiques ~~pour qu'~~**elle** ~~guérisse rapidement~~.

(même sujet)

**Elle** a pris des antibiotiques pour guérir rapidement.

S'il n'y a pas de préposition correspondante, on peut utiliser la conjonction suivie du subjonctif même si les deux sujets sont identiques.

Exemple     **Je** vais y aller **bien que je n'en aie pas** vraiment envie.

## 4. Emploi du subjonctif passé

Le verbe au subjonctif passé indique que l'action de la proposition subordonnée est **antérieure** à celle de la proposition principale.

Exemples

Ça m'est égal qu'il fasse si froid.

(= Ça m'est égal [en ce moment] qu'il fasse si froid [en ce moment].)
► subjonctif présent

Ça m'est égal qu'il ait fait si froid.

(= Ça m'est égal [en ce moment] qu'il ait fait si froid [avant].)
► subjonctif passé

**Objectif grammatical**
Le subjonctif présent.

**Objectifs de communication**
Donner un conseil.
Exprimer une opinion.
Exprimer des préférences.

# Futurs parents

**A.** Marco et Valérie attendent leur premier enfant. Comme ce sont de bons amis, vous leur prodiguez des conseils. Rédigez vos recommandations en conjuguant les verbes suggérés au subjonctif présent. Vous pouvez aussi imaginer d'autres conseils et les ajouter à la liste. Classez-les ensuite dans la colonne appropriée.

### Conseils aux deux parents

- Lire beaucoup de livres sur l'éducation des enfants.
- Choisir un prénom à la mode.
- Donner à l'enfant le nom de famille du père*.
- Réserver une place en garderie avant même la naissance de l'enfant.
- Décorer la chambre du bébé avant la naissance.
- Réagir dès que le bébé se met à pleurer.
- Utiliser des couches de coton plutôt que des couches jetables.
- Laisser le bébé dormir dans le lit de ses parents.
- _____
- _____

| Il faut que vous…<br>Il faudrait que vous… | Il ne faut pas que vous…<br>Il n'est pas nécessaire que vous… |
| --- | --- |
| | |

---

\*     Au Québec, on peut choisir le nom de famille de son enfant : on lui donne le nom du père, celui de la mère ou les deux noms.

## Conseils à la mère

- Boire du café pendant la grossesse.
- Faire du sport pendant la grossesse.
- Se faire suivre par une sage-femme (plutôt que par un médecin).
- Allaiter le bébé.
- Reprendre le travail six mois après la naissance du bébé.
- _____
- _____
- _____

| Il faut que tu…<br>Il faudrait que tu… | Il ne faut pas que tu…<br>Il n'est pas nécessaire que tu… |
|---|---|
| _____ | _____ |
| _____ | _____ |
| _____ | _____ |
| _____ | _____ |
| _____ | _____ |
| _____ | _____ |
| _____ | _____ |
| _____ | _____ |
| _____ | _____ |

## Conseils au père

- Suivre les cours prénatals avec la mère.
- Être présent lors de l'accouchement.
- Prendre un congé parental de plusieurs semaines pour s'occuper du bébé.
- Se lever la nuit pour prendre soin du bébé.
- Faire la majorité des travaux ménagers.
- _____
- _____
- _____
- _____
- _____

| Il faut que tu… | Il ne faut pas que tu… |
| Il faudrait que tu… | Il n'est pas nécessaire que tu… |
| _____ | _____ |
| _____ | _____ |
| _____ | _____ |
| _____ | _____ |
| _____ | _____ |
| _____ | _____ |
| _____ | _____ |
| _____ | _____ |
| _____ | _____ |
| _____ | _____ |
| _____ | _____ |

**B.** Avec un ou une partenaire, comparez vos réponses et discutez de vos choix.

**C.** Marco et Valérie imaginent leur futur bébé. Comment sera-t-il ? À qui ressemblera-t-il ?

Comment se comportera-t-il ? Quels seront ses goûts, ses aptitudes, ses qualités ?

Exprimez les souhaits des futurs parents en utilisant un verbe au subjonctif, comme dans l'exemple.

Exemple   Je voudrais **qu'il soit** en bonne santé.

**1.** J'aimerais qu'il soit _____ comme sa mère.

**2.** J'aimerais qu'il ait _____ comme son père.

**3.** Je voudrais qu'il fasse _____

**4.** Je voudrais qu'il apprenne _____

**5.** Je souhaiterais qu'il _____

**6.** Je souhaiterais qu'il _____

**7.** J'aimerais mieux qu'il _____

**8.** J'aimerais mieux qu'il _____

**9.** Je ne voudrais pas qu'il _____

**10.** Je ne voudrais pas qu'il _____

# La vie cachée du Père Noël

**A.** Lisez le texte suivant, puis répondez aux questions.

Les grands événements ne durent jamais longtemps. Ils sont attendus, ils arrivent, puis, le temps d'une soirée, d'un spectacle, au mieux de quelques jours, tout est terminé. On est demain. Mais ceux qui ont la responsabilité d'organiser ces grands événements savent pourtant qu'ils exigent des mois, parfois des années de préparation.

Moi, par exemple. La plupart des gens savent que j'apparais dès que les marchands remisent les citrouilles et les horribles chats noirs. J'arrive au moment où l'orange et le noir cèdent la place au rouge et au vert. Alors, pendant six ou sept semaines, je deviens visible, très présent, incontournable même : on me voit partout. Puis, subitement, le lendemain de Noël, je disparais.

Cet emploi du temps assez particulier doit laisser à certains l'impression que, le reste de l'année, je ne fais rien. Or, quiconque voudrait connaître (ou apprendre) mon métier doit comprendre au préalable que la distribution planétaire de jouets et de cadeaux est une entreprise colossale dont la réussite repose sur une planification rigoureuse. Chaque année, vers la mi-mars, je mets en branle une énorme machine dont les multiples rouages n'auront de repos qu'à la fin du mois de décembre.

Mon équipe et moi devons mettre à jour les données démographiques de l'année précédente, retracer nos itinéraires et améliorer nos stratégies de livraison rapide, suivre l'évolution de la mode des cravates, des pantoufles et des parfums, veiller à ce que les rennes soient en bonne condition physique, organiser un séminaire en éthique autour de la notion « d'enfant sage » et négocier le renouvellement du contrat de la Fée des étoiles. Et ce, parmi bien d'autres tâches encore. Bref, c'est le travail d'une vaste équipe qui besogne dans l'ombre et sans relâche.

À l'approche du temps des fêtes, il nous faut presser la cadence : répondre au courrier abondant, visiter cent mille centres commerciaux, avoir bonne mine sur toutes les photos et savoir rire gras comme il se doit. Tout cela fait beaucoup d'ouvrage.

Santa,
dit Père Noël

Bernard Arcand, *Abolissons l'hiver!*, Montréal, Boréal, 1999, p. 9-10.

**1.** Lequel des énoncés suivants résume le mieux le texte?

❏ Contrairement à ce que la majorité des gens pensent, le Père Noël travaille douze mois par année.

❏ La distribution des cadeaux de Noël exige beaucoup de préparatifs.

❏ À l'approche du temps des fêtes, le Père Noël et son équipe sont très occupés.

❏ Le Père Noël fait un travail ingrat.

**2.** Le Père Noël a de nombreuses tâches
à accomplir. Laquelle nécessite
des connaissances…

a) en philosophie ?

_____

_____

b) en statistique ?

_____

_____

_____

c) en théâtre ?

_____

_____

_____

d) en droit du travail ?

_____

e) en géographie ?

_____

**3.** Faites la liste de toutes les tâches que doivent accomplir le Père Noël et son équipe. Remplacez
les structures employées dans le texte par une des structures proposées dans l'encadré, comme
dans l'exemple.

> Il faut (vraiment) que
> Il est (tout à fait) essentiel que
> Il est (absolument) nécessaire que        +        subjonctif
> Il est (très) important que
> Il est indispensable que

Exemple    **Il est indispensable que nous mettions à jour** les données démographiques

de l'année précédente. _____

- _____
- _____
- _____
- _____
- _____
- _____

- _____
- _____
- _____
- _____
- _____

**B.** Choisissez l'une des personnes suivantes. Imaginez les tâches qu'elle doit accomplir dans le cadre de ses fonctions. Composez un court texte pour décrire son emploi du temps en utilisant les structures proposées.

Une politicienne en campagne électorale
Un champion olympique
Un jeune qui veut se lancer en affaires

Il faut (vraiment) que
Il est (tout à fait) essentiel que
Il est (absolument) nécessaire que          +          subjonctif
Il est (très) important que
Il est indispensable que

_____
_____
_____
_____
_____
_____
_____
_____
_____
_____
_____
_____
_____
_____
_____

**Objectifs grammaticaux**
Le subjonctif présent.
Les expressions introduisant le subjonctif.

**Objectifs de communication**
Planifier une fin de semaine.
Faire des recommandations.

# La petite gardienne

Vous voulez partir à la campagne passer une fin de semaine romantique avec votre conjoint ou votre conjointe. Vous avez vraiment besoin de vous détendre, loin du travail, des enfants et des soucis quotidiens.

**A.** Vous discutez avec votre conjoint ou votre conjointe qui n'a pas vraiment le goût de partir en laissant vos deux enfants adorés et votre belle grande maison aux soins d'une petite gardienne de 15 ans. D'après vous, tout se passera très bien. Deux à deux, composez un dialogue entre les conjoints, puis jouez-le devant la classe. Utilisez les structures suivantes qui introduisent le subjonctif.

| Un des conjoints souffre de fatigue | Un des conjoints s'inquiète |
| --- | --- |
| Je veux que… | J'ai peur que… |
| Je voudrais que… | J'aime mieux que… |
| Il suffit que… | Je préfère que… |
| Il est important que… | Il faut que… |
| Il vaut mieux que… | Il faudrait que… |
| Il est normal que… | Je doute que… |
| Il est peu probable que… | Il suffit que… |
| Il est rare que… | Je refuse que… |
| Je ne pense pas que… | Il est possible que… |
| | Il serait regrettable que… |

Exemple

– Mon amour, tu sais ce qui nous ferait du bien ? Une fin de semaine en amoureux dans une auberge à la campagne ! Avec le travail, les enfants et tous les soucis quotidiens, **il est tellement rare que nous ayons le temps** de nous reposer tous les deux…

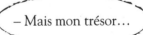

– Mais mon trésor…

**B.** Avant votre départ, vous faites les recommandations d'usage à la gardienne et aux enfants. Deux à deux, formulez vos recommandations en utilisant les structures proposées, comme dans l'exemple.

| | |
| --- | --- |
| Il faut que… | Il est nécessaire |
| Il faudrait que… | Il est indispensable que… |
| Il est important… | Il ne faut pas que… |
| Il est essentiel… | Il ne faudrait pas que… |

## Recommandations à la gardienne

***Il est essentiel que*** *les enfants soient au lit à 20 heures.*

- _____
- _____
- _____
- _____
- _____
- _____
- _____
- _____
- _____
- _____

## Recommandations aux enfants

- _____
- _____
- _____
- _____
- _____
- _____
- _____
- _____
- _____
- _____

**Objectif grammatical**
Le subjonctif présent.

**Objectif de communication**
Exprimer une plainte.

# À l'eau ! Tel

**A.** Regardez la bande dessinée.

*Les gens sont méchants, Quino, © Éditions Glénat.*

**1.** En vous inspirant de la BD, mettez-vous à la place du client et complétez les énoncés suivants à l'aide de verbes au subjonctif.
Imaginez différentes demandes du client insatisfait de sa chambre d'hôtel.

Exemple — *Je veux que l'eau **se remette** à couler immédiatement de la pomme de douche.*

J'exige que… l'hôtel ~~me~~ redonne mon argent.

Je veux que… l'eau sois chaude.

Je demande que… lq'un vienne pour remettre l'eau chaude.

J'aimerais bien que… _____

Il faut que… _____

Il vaut mieux que… _____

Je souhaiterais que… _____

Ce serait bien que… _____

Ce serait apprécié que… _____

Ce serait souhaitable… _____

C'est important que… _____

Il est temps que… _____

**2.** Le client exprime son mécontentement. Complétez les énoncés en utilisant des verbes au subjonctif.

C'est inadmissible que… _____

C'est franchement inacceptable que… _____

Je n'apprécie pas du tout que… _____

Je ne peux pas supporter que… _____

Il est ridicule que… _____

Il est absurde que… _____

C'est absolument déplorable que… _____

C'est insensé que… _____

Trouvez-vous ça normal d'un hôtel cinq étoiles que… _____

Est-il acceptable que… _____

Comment se fait-il que… _____

Est-il possible que… _____

**3.** Mettez-vous à la place du concierge et imaginez les réponses qu'il fournit aux clients. Complétez les énoncés à l'aide de verbes au subjonctif

Je regrette que… _____

Je crains que… _____

Je suis désolé que… _____

C'est dommage que… _____

C'est regrettable que… _____

Je ne suis pas certain que… _____

Je doute que… _____

J'ai peur que… _____

Je ne crois pas que… _____

Il est peu probable que… _____

Je comprends que vous… _____

Il est tout à fait compréhensible que… _____

**B.** Regardez les images.

Écrivez le dialogue entre le concierge et le client. Utilisez le subjonctif pour exprimer la demande, les émotions, le doute et le regret. Regardez les expressions idiomatiques consignées dans la capsule lexicale; utilisez-les pour exprimer la frustration du client.

### Dialogue

— _____

— _____

— _____

— _____

— _____

— _____

— _____

— _____

— _____

— _____

— _____

— _____

— _____

— _____

**CAPSULE LEXICALE**

Expressions idiomatiques d'utilisation fréquente, qui expriment la frustration

- Je m'en fous
- J'en ai assez
- J'en ai marre
- Voyons donc!
- C'est le comble
- Vous me prenez pour un imbécile
- Vous vous moquez de moi
- Vous racontez n'importe quoi
- Ça va faire!
- C'est de la bouillie pour les chats
- Ça n'a pas de bon sens
- Ça n'a pas d'allure
- C'est de la foutaise
- C'est du jamais vu!

**5**

**Objectif grammatical**
Le subjonctif présent.

**Objectif de communication**
Argumenter en exprimant une réaction, une opposition, un sentiment.

# Fourrure et écologie

**A.** Lisez la lettre d'opinion suivante.

## Fourrure et écologie

■ À M. André Daveluy qui, dans une lettre publiée sous cette rubrique le 19 février, protestait contre le commerce de la fourrure animale, je réponds que la nature est au service de l'homme depuis le début des temps. Les premiers habitants de cette planète se sont abrités et vêtus de peaux de bêtes et se sont nourris de leur chair, se sont déplacés à dos d'âne et de cheval. En ce temps-là, pas de menace pour notre planète. Puis vint l'évolution, le progrès !

Quelques âmes bien intentionnées — du moins donnons-leur le bénéfice du doute — décidèrent de protéger les animaux. Ils fondèrent avec amour la Société protectrice des animaux — où il se tue plus d'animaux que pour le commerce de la fourrure.

Nous pourrions tous être végétariens, nous vêtir de polyester et renoncer à la chasse et à la pêche, que ceci ne réglerait en rien le principal problème de notre terre : la pollution. Au rythme où nous polluons, nos enfants seront en danger sur notre planète et vous ne pourrez plus déplorer que telle ou telle espèce animale soit en voie de disparition puisque la race humaine n'aura pas eu son André Daveluy pour la sauver.

Comme vous, Monsieur, je suis contre les massacres et toutes les formes de tortures. Mais sachez que présentement la plupart des animaux à fourrure sont des animaux d'élevage. Sachez que ces animaux sont euthanasiés. Sachez que les fourreurs ne sont pas des monstres, qu'ils sont des artisans qui véhiculent les mêmes valeurs que leurs ancêtres, qu'ils doivent se battre non seulement contre la récession mais aussi contre des gens comme vous et leur ignorance de l'homme et de la nature.

Si nous arrêtons de consommer de la viande et de nous vêtir de fourrures, de cuir, de suède, demandez-vous une seule seconde quelle serait la raison d'être des animaux sur notre planète ? Et, si vous êtes capable d'une autre seconde de réflexion, demandez-vous ce qu'il adviendrait de la surpopulation animale. Pouvez-vous nier qu'il y aurait surpopulation ? Devrions-nous fonder une autre florissante Société protectrice des animaux pour euthanasier, avec votre bénédiction, les animaux sauvages ? Est-ce là votre géniale solution ? Peut-être qu'à force d'aduler béatement les bêtes on finit par leur ressembler.

**Diane DAMBRINE**
Dambrine Fourrures inc.
Iberville

Lettre parue dans *La Presse*, le 6 mars 1991.

**B.** Relevez, dans la lettre, les arguments en faveur du port de la fourrure. Puis élaborez des contre-arguments.

| Les arguments de la lettre | Vos contre-arguments |
|---|---|
| La nature est au service de l'homme depuis le début des temps. | Ce n'est pas une raison pour la détruire. |
| | |
| | |
| | |
| | |

| Les arguments de la lettre | Vos contre-arguments |
|---|---|
|  |  |
|  |  |
|  |  |
|  |  |
|  |  |

**C.** Rédigez une lettre où vous vous opposez aux propos de l'auteure.

Voici des expressions qui, suivies du subjonctif, pourraient vous permettre de mieux exprimer vos sentiments à ce sujet. Vous pouvez également vous servir du modèle de lettre ci-dessous.

| | |
|---|---|
| Il est carrément inacceptable que… | Il serait grand temps que… |
| Nous ne pouvons tolérer que… | Cela me révolte que… |
| Il est difficile de comprendre que… | Cela me met en colère que… |
| Il est nécessaire que… | Cela m'étonne que… |
| Il est déplorable que… | Ce n'est pas surprenant que… |

À Madame Dambrine

Dans votre lettre du..., vous soutenez que...

_____

_____

_____

Pour ma part...

_____

_____

_____

_____

_____

_____

_____

_____

Signature

_____

# Réactions et sentiments

**A.** Dans les dialogues suivants, quels sentiments les personnes expriment-elles ?

Complétez les blancs à l'aide d'un verbe au subjonctif présent ou passé, selon le cas, et cochez la bonne réponse.

**1.**

> **Anthony, le père :** C'est incroyable. Je t'avais pourtant prévenue. Tu sais ce que ça veut dire, ça, se faire prendre dans un bar quand on n'a pas 18 ans ? Ça pourrait vouloir dire un casier judiciaire. Bravo !
>
> **Béatrice, la fille :** N'exagère pas, quand même ! Je ne suis pas morte, non ?
>
> **Anthony, le père :** Tais-toi, veux-tu ? T'es pas morte. Mais moi, j'suis pas content. Me faire appeler à 1 heure du matin pour aller chercher mademoiselle au poste… Il ne manquait plus que ça ! Pourtant, tu le sais, il faut avoir 18 ans pour aller dans les bars. T'en as que 16.

a) ❏ Le père est honteux que sa fille (aller) _____ _____ dans un bar.

b) ❏ Le père est fâché que sa fille (faire preuve) _____ _____ d'irresponsabilité.

c) ❏ Le père est fier que sa fille l'(appeler) _____ à 1 heure du matin.

**2.**

> **Annie :** Le réchauffement de la planète s'accélère et le gouvernement ne fait rien pour résoudre le problème. C'est dommage.
>
> **Claire :** T'as raison. Les pays n'arrivent pas à se mettre d'accord. En fin de compte, ce sont les générations futures, nos enfants, qui vont payer la note.
>
> **Annie :** Ça n'a pas d'allure !

a) ❏ Pour Annie, il est tout à fait intolérable que le gouvernement (ne rien faire) _____ en vue de réduire les émanations de dioxyde de carbone.

b) ❏ Pour Claire, il est temps que les gouvernements (se mettre) _____ d'accord sur ce dossier.

c) ❏ Pour les deux amies, c'est dommage que le gouvernement (faire preuve)_____ de laxisme dans le dossier du réchauffement de la planète.

**3.**

| | |
|---|---|
| **Grand-maman Mathilde :** | Alors, Jonathan, l'école, ça va ? |
| **Léo, le père :** | Il a toujours de bons résultats. C'est toute une fierté. |
| **Camille, la mère :** | Moi parfois, ça me désespère. C'est bien d'avoir de bons résultats à l'école, mais Jonathan est assez renfermé. Il n'a pas beaucoup d'amis, il est toujours collé à son écran d'ordinateur. |
| **Grand-maman Mathilde :** | Mon dieu, ce garçon travaille tellement fort ! J'espère que cet été il aura le temps de venir passer du temps chez nous, à Saint-Tite. |
| **Camille :** | Ça lui ferait certainement plaisir. |

a) ❏ Le père s'inquiète que Jonathan (obtenir) _____ de bons résultats scolaires.

b) ❏ Le père est fier que son fils (avoir) _____ de bonnes notes à l'école.

c) ❏ La mère est rassurée que son fils (être) _____ un excellent élève.

**4.**

| | |
|---|---|
| **Stéphan :** | Je voulais te dire que je ne pourrai pas être là samedi, au party. |
| **Véronique :** | Mais tu m'avais promis que tu serais libre ! Comment ça se fait que ça ne marche plus ? |
| **Stéphan :** | Un engagement de dernière minute. Tu sais, ce sont des choses qu'on ne peut pas prévoir. Le boulot, c'est le boulot. |
| **Véronique :** | Ça me déçoit. |

a) ❏ Véronique est outrée que son ami (ne pas venir) _____ _____ au *party*.

b) ❏ Véronique est déçue que son ami (avoir) _____ des engagements qui l'empêchent de venir au *party*.

c) ❏ Ça arrange bien Véronique que son ami (ne pas pouvoir) _____ venir au *party*.

**5.**

| | |
|---|---|
| **Antoine :** | Dominique et Gertrude ont vendu leur chalet du lac Simon. |
| **Séréna :** | Quoi ? Leur chalet ? Mais ce n'est pas possible ! Pas le chalet du lac Simon ! |
| **Antoine :** | Oui, ils l'ont vendu il y a déjà trois mois. Dominique en avait assez. Ça faisait vingt ans qu'ils y allaient. Maintenant, ils veulent s'acheter un condo en ville. |
| **Séréna :** | C'est quand même surprenant. Ils ont toujours dit qu'ils vivraient au chalet, à leur retraite. |

a) ❏ Séréna est surprise que ses amis (vendre) _____ leur chalet.

b) ❏ Séréna pense qu'il était temps que ses amis (se débarrasser) _____ _____ de leur chalet.

c) ❏ Séréna est déçue que leurs amis (ne pas choisir) _____ leur chalet pour leur retraite.

**B.** En équipes, exprimez oralement trois ou quatre sentiments vis-à-vis des sujets suivants. Voici des expressions qui pourraient vous aider à exprimer vos sentiments.

| | | |
|---|---|---|
| Il est surprenant que | Il est compréhensible que | Je trouve ça normal que |
| Il est logique que | Cela me surprend que | Je comprends parfaitement que |
| Il est incroyable que | Cela me semble logique que | On arrive à comprendre que |
| Il est normal que | Je peux à peine croire que | Je trouve ça pitoyable que |

### 1. Ville ou campagne ?

Un Québécois sur cinq vit à la campagne. Préférerait-il la ville ? Surtout pas ! Quant aux citadins, ils sont aussi assez contents de leur sort.

Vous qui habitez la ville, préféreriez-vous la campagne ?

| | |
|---|---|
| OUI | 35,6 % |
| NON | 64,4 % |

Vous qui habitez la campagne, préféreriez-vous la ville ?

| | |
|---|---|
| OUI | 2,7 % |
| NON | 97,3 % |

Tiré et adapté de *L'actualité*, février 1998, p. 12.

### 2. Les jeunes : vues libérales sur le mariage

L'immense majorité des jeunes Canadiens croient que, dans 25 ans, les mariages entre personnes du même sexe seront reconnus par la loi. En outre, parmi ceux qui se sont exprimés sur le sujet, environ sept sur dix estiment que cela serait souhaitable.

Tiré et adapté d'un sondage mené par le gouvernement du Canada en décembre 2000.

**Objectif grammatical**
Le subjonctif passé.
Les expressions introduisant le subjonctif.

**Objectifs de communication**
Tester sa connaissance de l'histoire du Québec.
Exprimer son opinion sur des événements
historiques.

# La Révolution tranquille

**A.** Au cours des années 1960, le Québec a connu une période d'effervescence sans précédent qu'on appelle la Révolution tranquille. Afin de bien situer cette période dans son contexte historique, lisez le texte ci-dessous. Remplissez ensuite le tableau à l'aide des éléments suggérés.

C'était le 22 juin 1960. Pour la première fois depuis seize ans, le Québec boudait l'Union nationale pour porter au pouvoir le Parti libéral. «C'est le temps que ça change!», clamait le slogan libéral. Le parti tiendra sa promesse, même si ses membres ignorent toute l'ampleur de la réforme qu'ils entreprendront. Quelques semaines seulement après l'élection, un journaliste torontois parlera de *Quiet Revolution* pour qualifier les changements apportés par le gouvernement de Jean Lesage. Le nom restera: Révolution tranquille. Fini la «grande noirceur» et le laisser-faire de l'époque duplessiste. Québec sépare l'État du clergé et s'investit davantage dans le fonctionnement de la société québécoise. En quelques années, des bouleversements profonds se succèdent rapidement: réforme du système d'éducation, instauration de l'assurance-hospitalisation, recrutement d'une fonction publique nombreuse, mise sur pied de divers leviers économiques, nationalisation du réseau d'électricité, ouverture sur le monde... Sous la gouverne de «l'équipe du tonnerre», la société québécoise s'affirme et se donne les outils pour entrer dans la modernité.

Introduction à un dossier sur la Révolution tranquille présenté sur le site Internet de Radio-Canada (http://radio-canada.ca).

Conservatisme politique et social – Parti libéral – Maurice Duplessis – Révolution tranquille – Jean Lesage – Union nationale – Entrée dans la modernité – Grande Noirceur

| Années | 1944-1959 | 1960-1966 |
|---|---|---|
| Premier ministre | | |
| Parti politique | | |
| Nom donné à cette période | | |
| Principale caractéristique de cette période | | |

**B.** Vous trouverez ci-dessous quinze énoncés se rapportant à la Révolution tranquille. Pour chacun des énoncés :

a) choisissez la bonne réponse;

b) vérifiez vos réponses à l'aide du corrigé placé à la fin de l'exercice;

c) exprimez votre opinion à l'aide des expressions de l'encadré suivies du subjonctif passé, comme dans l'exemple.

| | | |
|---|---|---|
| Il est appréciable que<br>Il est bon que<br>Il est important que<br>Il est juste que<br>Il est heureux que<br>Il est naturel que<br>Il est normal que | Il est déplorable que<br>Il est désolant que<br>Il est dommage que<br>Il est injuste que<br>Il est malheureux que<br>Il est regrettable que<br>Il est triste que | Il est étonnant que<br>Il est incroyable que<br>Il est surprenant que |

**Exemple**

a) ☐ On a aboli le régime d'assurance-hospitalisation.

b) ☒ On a instauré le régime d'assurance-hospitalisation.

**Il est bon qu'**on ait instauré le régime d'assurance-hospitalisation.

**1.** Les valeurs traditionnelles

a) ☐ ont été remises en question.

b) ☐ ont été valorisées par le gouvernement.

_____

**2.** Les Québécois

a) ☐ ont pris conscience de leur spécificité linguistique et culturelle.

b) ☐ ont rejeté leur spécificité linguistique et culturelle.

_____

**3.** Les Québécois

a) ☐ ont délaissé la pratique religieuse.

b) ☐ ont intensifié leur pratique religieuse.

_____

**4.** Le taux de natalité

a) ☐ a augmenté.

b) ☐ a chuté.

_____

**5.** La présence des Canadiens français dans la vie économique

a) ☐ a diminué.

b) ☐ s'est accrue.

_____

**6.** Les femmes

a) ☐ ont joué leurs rôles traditionnels de mères et d'épouses.

b) ☐ se sont émancipées.

_____

**7.** Les relations entre Québec et Ottawa

a) ❑ se sont améliorées.

b) ❑ se sont envenimées.

**8.** L'idée de l'indépendance du Québec

a) ❑ a fait de moins en moins d'adeptes.

b) ❑ a pris de l'ampleur.

**9.** a) ❑ On a augmenté les taxes et les impôts.

b) ❑ On a diminué les taxes et les impôts.

**10.** a) ❑ Des scandales de corruption ont secoué la province.

b) ❑ Les premières flambées de violence du Front de Libération du Québec ont commencé.

**11.** On a connu une

a) ❑ plus grande liberté sexuelle.

b) ❑ moins grande liberté sexuelle.

**12.** Le clergé

a) ❑ a été largement écarté des institutions publiques.

b) ❑ a été appelé à jouer un rôle plus important dans les institutions publiques.

**13.** Le syndicalisme

a) ❑ s'est essoufflé.

b) ❑ a connu un essor important.

**14.** L'État

a) ❑ a pris en charge le développement économique de la province.

b) ❑ a confié le développement économique de la province à l'entreprise privée.

**15.** On a démocratisé l'accès à l'éducation

a) ❑ en abolissant les examens d'admission.

b) ❑ en rendant l'école gratuite.

Réponses : **1.** a. **2.** a. **3.** a. **4.** b. **5.** b. **6.** b. **7.** b. **8.** b. **9.** a. **10.** b. **11.** a. **12.** a. **13.** b. **14.** a. **15.** b.

**D.** En équipes de trois ou quatre, comparez les opinions que vous avez émises et discutez-en.

## Pour en savoir plus...

### L'héritage de la Révolution tranquille

Si la Révolution tranquille n'est pas sortie du néant, pas plus qu'elle n'a scellé une fois pour toutes l'ensemble des problèmes, elle a toutefois marqué une véritable coupure par rapport au passé, en bouleversant en profondeur la société québécoise. Dans les années qui ont suivi cette période, d'autres mesures se succéderont, mais à un rythme beaucoup moins rapide : sous les gouvernements subséquents, on verra entre autres la création des cégeps, l'instauration de l'assurance-maladie, de l'aide juridique, l'établissement de la Charte des droits et libertés de la personne, du Protecteur du citoyen et de la Charte de la langue française. Beaucoup d'eau a coulé sous les ponts québécois depuis l'arrivée au pouvoir de l'« équipe du tonnerre », en 1960, et la génération qui suit celle des *baby-boomers* a parfois l'impression d'avoir de la difficulté à faire sa place. Dans un contexte de coupures budgétaires et de mondialisation des marchés, le débat sur l'avenir de la société québécoise est amorcé.

Si les politiciens québécois s'entendent pour dire « c'est le temps que ça change », ils divergent d'opinion sur la direction à donner à ce changement. Pour les uns, la Révolution tranquille ne sera achevée que lorsqu'ils auront atteint l'objectif de la souveraineté. Ils ne désirent pas remettre en cause les acquis de cette période, et il n'est donc pas question d'alléger l'appareil de l'État et de se désengager de l'économie. Pour les autres, cette époque est terminée, et il faut maintenant revoir le « modèle québécois » pour l'adapter à la mondialisation. Décentralisation, un interventionnisme réduit, une plus grande place aux individus sont les idées clés de leur credo. Quarante ans après le début d'une période qui a transformé le Québec, le peuple québécois doit maintenant décider ce qu'il fera de cet héritage.

« La Révolution tranquille », texte de Sophie-Hélène Lebeuf, journaliste, Société Radio-Canada (http://www.radio-canada.ca).

**Tableau d'entraînement**

Le subjonctif présent
Les verbes réguliers,
la forme affirmative

# Tableau 1

Complétez le tableau en conjuguant les verbes à la 3ᵉ personne du pluriel au présent de l'indicatif, puis au subjonctif présent à la personne indiquée, comme dans l'exemple.

| Infinitif | Présent de l'indicatif | Subjonctif présent |
|---|---|---|
| Exemple | | |
| *partir* | *ils partent* | *que vous partiez* |
| 1. écrire | elles | que tu |
| 2. descendre | ils | qu'ils |
| 3. surveiller | elles | que nous |
| 4. étudier | ils | que vous |
| 5. finir | elles | qu'elle |
| 6. attendre | ils | que j' |
| 7. vieillir | elles | qu'on |
| 8. connaître | ils | que nous |
| 9. dormir | elles | qu'elles |
| 10. rêver | ils | que tu |
| 11. traduire | elles | que vous |
| 12. vivre | ils | qu'ils |
| 13. exiger | elles | que j' |
| 14. suivre | ils | que nous |
| 15. lire | elles | qu'elle |
| 16. ouvrir | ils | qu'il |
| 17. réfléchir | elles | que vous |
| 18. maigrir | ils | qu'elles |
| 19. dire | elles | que tu |
| 20. profiter | ils | qu'on |
| 21. deviner | elles | que je |
| 22. permettre | ils | que nous |
| 23. vendre | elles | qu'elle |
| 24. sortir | ils | qu'il |
| 25. courir | elles | que vous |

**Le subjonctif présent**
**Les verbes réguliers,**
**la forme affirmative**

# Tableau 2

Complétez le tableau en conjuguant les verbes aux personnes demandées au présent de l'indicatif et au subjonctif présent, comme dans l'exemple.

| Présent de l'indicatif | Subjonctif présent | Présent de l'indicatif | Subjonctif présent |
|---|---|---|---|
| Exemple | | | |
| *ils boivent* | *qu'ils boivent* | *nous buvons* | *que nous buvions* |
| 1. ils viennent | qu'elle | vous | que vous |
| 2. elles | que je doive | nous | que nous |
| 3. ils | que tu | vous appelez | que vous |
| 4. elles | qu'il | nous | que nous achetions |
| 5. ils enlèvent | qu'elles | vous | que vous |
| 6. elles | qu'ils meurent | nous | que nous |
| 7. ils | que tu | vous tenez | que vous |
| 8. elles | que je | nous | que nous prenions |
| 9. ils voient | qu'il | vous | que vous |
| 10. elles | qu'elle reçoive | nous | que nous |
| 11. ils | qu'ils | vous comprenez | que vous |
| 12. elles | que j' | nous | que nous envoyions |
| 13. ils jettent | qu'elles | vous | que vous |
| 14. elles | qu'ils espèrent | nous | que nous |
| 15. ils | que tu | vous vous souvenez | que vous |
| 16. elles | que je | nous | que nous revenions |
| 17. ils s'assoient | qu'elles | vous | que vous |
| 18. elles | qu'elle prévoie | nous | que nous |
| 19. ils | que je | vous vous levez | que vous |
| 20. elles | que tu | nous | que nous apprenions |
| 21. ils croient | qu'ils | vous | que vous |
| 22. elles | qu'il entretienne | nous | que nous |
| 23. ils | qu'elle | vous vous apercevez | que vous |
| 24. elles | que je | nous | que nous préférions |
| 25. ils s'ennuient | que tu | nous | que nous |

Tableau d'entraînement

Le subjonctif présent
Les verbes réguliers et irréguliers
*Il faut que* + subjonctif

# Tableau 3

Complétez le tableau en transformant la structure *devoir* + infinitif par l'expression *il faut que* + subjonctif présent, comme dans l'exemple.

| *Devoir* + infinitif | *Il faut que* + subjonctif présent |
|---|---|
| Exemple  *Tu dois faire confiance aux gens.* | *Il faut que tu fasses confiance aux gens.* |
| 1. Ils doivent changer leurs habitudes. | Il faut qu'ils ~~doivent~~ changent ... |
| 2. Nous devons partir avant la nuit. | Il faut que nous ~~devions~~ partions ... |
| 3. Je dois me battre pour gagner. | Il faut que je me ~~doive~~ batte ... |
| 4. Elle doit dire ce qu'elle en pense. | Il Faut qu'elle disse |
| 5. Vous devez avoir du courage. | Il faut que vous deviez |
| 6. On doit être patient. | Il faut qu'on ~~doivent~~ soivent ... |
| 7. Il doit perdre quelques kilos. | Il faut qu'il perde |
| 8. Elles doivent y aller à pied. | Il faut qu'elles aillent |
| 9. Tu dois conduire moins vite. | Il faut que tu conduises ... |
| 10. Nous devons finir avant 17 heures. | Il faut que nous ~~finnis~~ finissions |
| 11. Vous devez maîtriser les conjugaisons. | maîtrisiez |
| 12. Elle doit prendre rendez-vous. | prenne |
| 13. On doit vendre la maison. | ~~de~~ vende ~~nt~~ |
| 14. Je dois savoir nager. | sache |
| 15. Ils doivent consulter un spécialiste. | consultent |
| 16. Nous devons choisir le bon moment. | choisissions |
| 17. Tu dois revenir nous voir. | revienne |
| 18. Il doit concevoir une page Web. | conçoive |
| 19. Vous devez traduire ce document. | traduissiez |
| 20. On doit connaître l'informatique. | connaîtrisse |
| 21. Elles doivent faire des compromis. | fasse |
| 22. Je dois déneiger l'entrée. | déneige |
| 23. Elle doit répondre à ce courriel. | réponde |
| 24. Nous devons suivre les indications. | suivions |
| 25. Ils doivent se mettre au régime. | mettent |

Le subjonctif présent
L'expression de la nécessité
**C'est nécessaire, indispensable, important, etc.**
**+ subjonctif**

# Tableau 4

Répondez aux questions à l'aide d'expressions introduisant le subjonctif, comme dans l'exemple.

| Exemple *Alors, je suis obligée de faire ce travail ?* | *Oui, **il faut** absolument **que** tu le fasses.* |
|---|---|
| **1.** Alors, je dois aller voir Marie-Thérèse ? | Oui, |
| **2.** Alors, ils doivent avoir une carte d'étudiant ? | Oui, |
| **3.** Alors, tu me conseilles de voir ce film ? | Oui, |
| **4.** Alors, je prends ce médicament ? | Oui, |
| **5.** Alors, nous sommes obligés de nous présenter au bureau ? | Oui, |
| **6.** Alors, on part vers midi ? | Oui, |
| **7.** Alors, c'est mieux d'être là avant tout le monde ? | Oui, |
| **8.** Alors, je dois remplir ce formulaire ? | Oui, |
| **9.** Alors, je dois faire attention à ce dossier-là ? | Oui, |
| **10.** Alors, on y va tout seuls ? | Oui, |
| **11.** Alors, vous me recommandez ce restaurant ? | Oui, |
| **12.** Alors, je dois absolument être là avant 11 heures ? | Oui, |
| **13.** Alors, on reprend cette scène ? | Oui, |
| **14.** Alors, on fait une réservation pour dimanche ? | Oui, |
| **15.** Alors, on part demain matin ? | Oui, |

# Tableau 5

Réagissez aux énoncés en exprimant le doute, le souhait et la certitude, comme dans l'exemple.

| Exemple *Il vient dimanche ?* | Doute *Je doute qu'il vienne.* | Souhait *J'aimerais qu'il vienne.* | Certitude *Je suis certain qu'il viendra.* |
|---|---|---|---|
| 1. On annonce du beau temps pour la fin de semaine ? | Je doute qu'il annonce | J'aimerais qu'il annonce | Je suis certain qu'il ~~annonce~~ fasse |
| 2. Éric va être candidat aux élections. | Je doute qu'il soit ~~au~~ | J'aimerais qu'il soit | Je suis certain qu'il ~~soit.~~ sera. |
| 3. Elle s'attend à avoir de bons résultats. | Je doute qu'elle ~~aille~~ ait | J'aimerais qu'elle ~~aille~~ ait | Je suis certain qu'elle ~~ait~~ ait |
| 4. Je crois comprendre parfaitement la situation. | comprenne | comprenne | comprendrai |
| 5. Vancouver serait un bon choix pour nous, en ce moment. | ~~sera~~ soit | ~~sera~~ soit | ~~ser~~ sera |
| 6. Nous faisons notre possible pour retrouver le dossier. | fassent | fassent | ~~feerons~~ feront |
| 7. Avec un peu d'effort, nous pouvons y arriver. | peux | peux | |
| 8. Nous croyons savoir de quoi il s'agit. | | | |
| 9. Je suis capable de conduire dans ces conditions-là. | | | |
| 10. Il faut finir avant lundi matin. | | | |
| 11. Je viens la semaine prochaine. | | | |
| 12. Je crois que la nouvelle Toyota vaut 16 000 dollars. | | | |
| 13. Nous recevons toujours son courrier. | | | |
| 14. Tomas et Carole vendent leurs parts. | | | |
| 15. Nathalie est honnête. | | | |

# Tableau 6

Réagissez aux énoncés en exprimant un sentiment. Référez-vous au tableau grammatical en début de chapitre.

Exemple    *Vous venez de passer une heure à attendre un de vos amis.*
*Sentiment :* **C'est incroyable** *que tu me fasses attendre aussi longtemps !*

1. Votre amoureux vous apporte un bouquet de fleurs.
   C'est gentille qu'il apporte un bouquet

2. On ne vous invite pas à une fête.
   C'est méchant qu'ils ne m'invite pas a

3. Les gens sont antipathiques à votre égard.
   C'est compatissant qu'ils sont antipathiques

4. L'avion décolle avec deux heures de retard.
   C'est chanceux que l'avion décollera

5. Votre enfant ne vous dit pas la vérité.
   C'est décevant qu'il ne di~~t~~ vous dise~~nt~~ pas...    ≠ subis
                                                              il enfant

6. Votre belle-mère vous appelle pour vous souhaiter bon anniversaire.

7. L'autobus que vous prenez le matin pour vous rendre au travail est souvent en retard.

8. Lorsque vous appelez ce bureau, vous tombez toujours sur une boîte vocale.

9. Un ami vous annonce qu'il ne pourra pas vous rendre visite cet été comme prévu.

10. Vos voisins d'en haut font un bruit infernal.

11. Votre fils ne peut pas assister à son bal de fin d'année.

12. Plusieurs pays possèdent encore des armes nucléaires.

13. Les légumes génétiquement modifiés représentent un risque potentiel pour la santé.

14. Votre conjoint est favorable à la peine de mort.

15. Le Canada est un pays qui exige de ses contribuables des impôts très élevés.

# Tableau 7

Complétez le tableau en conjuguant les verbes à la personne indiquée au subjonctif présent ou passé, selon le cas, comme dans l'exemple.

| Subjonctif présent<br>*Il est dommage…* | Subjonctif passé<br>*Il est dommage…* |
|---|---|
| Exemple  *qu'il ne vienne pas.* | *qu'il ne **soit** pas venu.* |
| 1. qu'ils ne puissent pas vous aider. | |
| 2. arriviez | que vous soyez <u>arrivée</u> en retard. |
| 3. que tu ne connaisses pas la réponse. | |
| 4. gaspignions gaspillions | que nous ayons gaspillé tout cet argent. |
| 5. qu'elle doive partir immédiatement. | ait dû parti |
| 6. | que j'y sois allé sans vous. |
| 7. que vous receviez tant de plaintes. | |
| 8. | que les citoyens se soient si peu impliqués dans la vie de leur quartier. |
| 9. qu'il fasse cavalier seul. | |
| 10. | qu'elle ait dit tant de méchancetés à votre sujet. |
| 11. que tu prennes tes distances. | |
| 12. | que j'aie coupé les liens avec ma famille. |
| 13. que nous n'ayons pas le même point de vue. | |
| 14. | que vous ayez découvert ce problème trois mois trop tard. |
| 15. qu'ils craignent d'exprimer leur opinion. | |
| 16. | qu'il ait fallu en arriver là. |
| 17. qu'il pleuve tous les jours pendant les vacances. | |
| 18. | que tu n'aies pas réussi. |
| 19. que vous ne vous mettiez pas d'accord. | |
| 20. | qu'elle ait menti. |

# Tableau 8

Réagissez aux énoncés suivants en utilisant le subjonctif passé et les expressions appropriées.

**Exemple**  *Mes amis ne sont pas venus me rendre visite cette année.*
*Réaction :* **C'est dommage qu***'ils ne soient pas venus.*

1. Nicolas a finalement vendu son chalet.

   C'est chanceux qu'il ait vendu son chalet

2. Les convives sont partis avant la fin de la soirée.

3. Ce chansonnier québécois a remporté un prix au Festival de la chanson.

4. Marie et Christian ont fait appel à une styliste pour décorer leur maison.

   Ils ont

5. Les agriculteurs se sont enfin organisés pour lutter contre les mesures gouvernementales.

6. Le transporteur aérien a finalement été vendu au groupe américain.

7. Un groupe de touristes a fait fuir les baleines.

8. Le nombre des naissances a encore diminué l'année passée.

9. L'entreprise spécialisée en télécommunications a fait des profits record.

10. Quelques millions de Canadiens se sont abstenus de voter.

11. Cette usine s'est encore opposée au projet de syndicalisation de ses employés.

12. Les colis ne sont parvenus à destination qu'après quelques semaines.

13. Des pluies torrentielles se sont encore abattues sur le sud du pays.

14. Stéphanie a gagné un voyage dans un concours radiophonique.

15. La vedette du club de hockey Canadien est passée chez les Bruins.

# 4 Le passé

## Table des matières

# Tableau grammatical

## A.  Les temps du passé

### 1. Le passé composé

| Formation | Emploi | Marqueurs de temps fréquemment utilisés |
|---|---|---|
| Auxiliaire *être* ou *avoir* (au présent) + participe passé | Faits ponctuels ayant eu lieu une seule fois dans le passé. | Ce matin<br>Ce jour-là<br>Hier<br>En 19…<br>Le x mai 20…<br>La semaine dernière |
| **Exemples**<br>Nous **sommes arrivés** ce matin.<br><br>Tu **as trouvé** les renseignements. | Série de faits en ordre chronologique. | D'abord<br>Ensuite<br>Puis |
| **L'accord du participe passé**<br>Les participes passés des verbes conjugués avec l'auxiliaire *être* s'accordent en genre et en nombre avec le sujet.<br>**Exemple**<br>Ils **sont arrivés** les premiers. | Dans un récit au passé : faits principaux | Alors<br>Finalement<br>Mais<br>À un moment…<br>Il y a x (temps)…<br>Tout à coup… |

### 2. L'imparfait

| Formation | Emploi | Marqueurs de temps fréquemment utilisés |
|---|---|---|
| Verbe conjugué à la 1<sup>re</sup> personne du pluriel au présent de l'indicatif auquel on enlève la terminaison + les terminaisons de l'imparfait.<br>–AIS<br>–AIS<br>–AIT<br>–IONS<br>–IEZ<br>–AIENT<br><br>**Exception**<br>Le verbe *être* | Description<br>Habitude<br>Faits ayant eu lieu plusieurs fois dans le passé.<br><br>Dans un récit au passé : faits secondaires faits décrivant la toile de fond. | Tous les matins<br>Toujours<br>Souvent<br>De temps en temps<br>Jamais<br><br>D'habitude<br>Avant<br>Autrefois<br>À cette époque-là<br>Pendant que… |

## 3. Le plus-que-parfait

| Formation | Emploi | Marqueurs de temps fréquemment utilisés |
|---|---|---|
| Auxiliaire *être* ou *avoir* (à l'imparfait) + participe passé | Fait ponctuel ayant eu lieu avant un autre fait passé. | Auparavant<br>La semaine précédente<br>La semaine précédant + nom<br>x années auparavant<br>x années plus tôt<br>x jours avant cela<br>Déjà<br>D'abord<br>La veille<br>Au préalable |

**Exemple**

Il a finalement retourné le vase qu'il **avait acheté** une semaine auparavant.

## 4. Le passé simple

| Formation | Emploi | Marqueurs de temps fréquemment utilisés |
|---|---|---|
| **Terminaisons**<br>(3e personne du singulier et du pluriel seulement) | Temps du récit historique, utilisé surtout à l'écrit. | Les mêmes que ceux qu'on utilise avec le passé composé. |
| **Verbes en -er**<br>–A<br>–ÈRENT<br>Alla, allèrent<br>Chercha, cherchèrent | Décrit des actions coupées du présent.<br>Exprime un fait passé à un moment précis. | |
| **Verbes en -oir, -oire, -aître, -oître, -aire, -ure**<br>–UT<br>–URENT<br>But, burent<br>Fut, furent | À l'oral, le passé simple est souvent remplacé par le passé composé. | |

**Exceptions**

Voir (vit, virent)
Asseoir (assit, assirent)

**Verbes en -ir, -ire, -uire, -dre, -tre, -cre**
–IT
–IRENT
Finit, finirent
Prit, prirent

**Exceptions**

Mourir (mourut, moururent)
Venir (vint, vinrent)
Tenir (tint, tinrent)
Lire (lut, lurent)

## B. L'expression de l'antériorité au passé

| Présent | Présent | Passé composé |
|---|---|---|
| Elle dispose les fleurs dans le vase… | … qui se trouve sur la table. | L'année passée, Hugo lui a fait cadeau de ce vase à son retour de Chine. |

| Passé composé | Imparfait | Plus-que-parfait |
|---|---|---|
| Elle a disposé les fleurs dans le vase… | … qui se trouvait sur la table. | Hugo lui en avait fait cadeau l'année précédente, à son retour de Chine. |

## C. Le passif

La voix passive est souvent utilisée lorsque le locuteur ou la locutrice veut mettre en évidence l'objet d'une action.

### 1. Formation

**Voix active**

| Sujet | Verbe | COD |
|---|---|---|
| Les flammes | ont détruit | l'entrepôt. |

**Voix passive**

| Sujet | Verbe *être* + participe passé | Complément d'agent |
|---|---|---|
| L'entrepôt | a été détruit | par les flammes. |

> Note   Le participe passé qui suit le verbe *être* s'accorde en genre et en nombre avec le sujet passif.

> Exemple   Les suspects **ont été interrogés** par le policier.

### 2. Voix passives incomplètes

Il arrive qu'un ou plusieurs éléments soient absents des structures passives.

| | Exemples |
|---|---|
| Absence du sujet et du verbe *être* | Rescapés par un garde forestier |
| Absence du complément d'agent | Les blessés ont été hospitalisés. |
| Absence du sujet, du verbe *être* et du complément d'agent | Enfin retrouvés ! |

### 3. Le passif au présent et au passé

| VOIX ACTIVE | VOIX PASSIVE |
|---|---|
| VERBE AU PRÉSENT | |
| Le directeur **invite** tous les employés à une réunion. | Tous les employés **sont invités** à une réunion (par le directeur). |
| Le directeur **vient** d'inviter tous les employés à une réunion. | Tous les employés **viennent d'être invités** à une réunion (par le directeur). |

| | |
|---|---|
| Le directeur **va** inviter tous les employés à une réunion. | Tous les employés **vont être invités** à une réunion (par le directeur). |

VERBE AU PASSÉ

| | |
|---|---|
| Le directeur **a invité** tous les employés à une réunion. | Tous les employés **ont été invités** à une réunion (par le directeur). |
| Le directeur **invitait** tous les employés à une réunion. | Tous les employés **étaient invités** à une réunion (par le directeur). |
| Le directeur **avait invité** tous les employés à une réunion. | Tous les employés **avaient été invités** à une réunion (par le directeur). |

# D.  Les marqueurs de temps

**1. Passé composé**

Hier

Ce jour-là

Le mois dernier/passé

En 20__

Il y a x (temps)

À x heures

Un jour

**Plus-que-parfait**

La veille

La semaine précédente

Le jour d'avant

L'année précédant + nom

x (temps) auparavant

x (temps) plus tôt

Déjà

D'abord

Ce jour-là

Avant cela

**2. Quelques marqueurs de temps qui servent de liens entre deux propositions**

| Expression | Exemples |
|---|---|
| Après *avoir* ou *être* + participe passé | **Après les avoir informés** de leurs droits, les policiers ont interrogé les suspects. |
| Après + nom | **Après** l'interrogatoire, les suspects ont pu utiliser le téléphone. |
| Au moment où | **Au moment où** il sortait de chez lui, Jean-Claude a été témoin de l'accident qui a coûté la vie à une dame de 75 ans. |
| Aussitôt que | **Aussitôt que** les manifestants ont fait du grabuge, les forces de l'ordre sont intervenues. |
| Avant de + infinitif | **Avant de sortir**, j'ai bien fermé les portes et les fenêtres, car on annonce de la neige pour ce soir. |
| Avant que + subjonctif | Pourrais-tu nettoyer ta chambre **avant que** ta mère arrive ? |
| Chaque fois que | **Chaque fois que** j'appelle Brigitte, je tombe sur son répondeur. |
| Dès que | **Dès qu'**elle m'a vu, Denise s'est approchée de moi. |

| | |
|---|---|
| En + verbe en -*ant* | **En ouvrant** la porte de notre appartement, nous avons compris que nous avions été cambriolés. |
| Jusqu'à ce que | Les spectateurs restent debout **jusqu'à ce que** le chanteur revienne sur scène. |
| Lorsque | **Lorsqu**'il passait ses vacances au chalet, il avait l'habitude d'organiser des parties de pêche à la mouche. |
| Par la suite | Patricia Gagnon a fini ses études en gestion en 1990. **Par la suite**, elle a fait une maîtrise en administration des affaires. |
| Pendant que | Je mets la table **pendant que** Jean-Marie prépare les hors-d'œuvre et les vins. |
| Puis (ensuite) | Le voleur s'est approché de la caissière, **puis** il lui a demandé tout l'argent de la caisse. |
| Quand, alors que | **Quand** il s'en est aperçu, il était trop tard. Quelqu'un s'était emparé de son ordinateur portable, **alors qu'**il attendait près du carroussel à bagages. |
| Tant et aussi longtemps que | Les investisseurs seront nerveux **tant et aussi longtemps que** les titres boursiers seront à la baisse. |
| Une fois que | **Une fois que** vous incorporez les œufs à la pâte, vous devez attendre cinq minutes. |
| x (heures, jours, années) plus tard | En 1999, Arnold et Natalia ont acheté leur première maison. **Quelques années plus tard**, ils la revendaient à profit pour s'acheter un condo au centre-ville. |

**Objectif grammatical**
Les temps du passé : le passé composé,
l'imparfait et le plus-que-parfait.

**Objectif de communication**
Relater les circonstances entourant un
événement inattendu.

# Comment cela a-t-il pu se produire ?

Relatez les circonstances qui ont précédé chacun des événements inattendus ci-dessous en utilisant le plus-que-parfait. Puis formulez une explication en choisissant le temps du passé qui convient, comme dans l'exemple.

**Exemple**

Elle a refusé de l'épouser !

**Et pourtant...**

l'inviter dans un grand restaurant  *il l'avait invitée dans un grand restaurant.*

commander du champagne  *il avait commandé du champagne.*

se mettre à genoux  *il s'était mis à genoux.*

**Mais...**

*il avait passé la soirée à lui parler de son ex-femme.*

*OU il était ivre au moment de formuler sa demande.*

*OU il s'est mis à chanter atrocement faux dans le restaurant.*

**1.** Javier a échoué à son examen !

**Et pourtant...**

assister à tous les cours _____

engager un professeur privé _____

passer des nuits blanches à réviser _____

**Mais...**

_____

**2.** Le film a connu un succès planétaire !

**Et pourtant...**

en confier la réalisation à un cinéaste débutant _____

engager des acteurs inconnus _____

négliger les effets spéciaux _____

**Cependant...**

_____

**3.** Le souper d'anniversaire que j'avais organisé pour mon copain a été une catastrophe !

**Et pourtant...**

décorer l'appartement _____

inviter toute sa bande d'amis _____

cuisiner ses petits plats préférés _____

**Mais...**

_____

**4.** Jean-Marc a perdu son emploi !

**Et pourtant...**

doubler la productivité de son équipe
en six mois _____

suivre des séminaires de perfectionnement _____

apprendre le japonais afin de conquérir
les marchés asiatiques _____

**Cependant...**

_____

**5.** Julien et Camille se sont séparés !

**Et pourtant...**

se marier l'année dernière _____

acheter une maison il y a trois mois _____

entreprendre des rénovations majeures tout
de suite après _____

_____

**6.** Sabine a tout quitté sur un coup de tête pour partir faire le tour du monde !

Et pourtant…

décrocher un emploi prestigieux                            _____

obtenir une promotion deux mois plus tard        _____

être nommée « Femme d'affaires de l'année »    _____

Cependant…

_____

## 2

**Objectif grammatical**
Les temps du passé : le passé composé,
l'imparfait et le plus-que-parfait.

**Objectif de communication**
Raconter une anecdote.

# Anecdote

**A.** Lisez d'abord l'anecdote.

### Histoire suisse

La scène se déroule à Berne.

Dans un restaurant de style buffet, une dame de 75 ans choisit un bol de soupe et va s'installer à une table.

« Flûte ! se dit-elle, j'ai oublié le morceau de pain. »

Elle se lève, prend son pain, retourne à sa place… et trouve un Noir attablé devant le bol de soupe.

Il est même en train de la manger.

« Alors ça, se dit-elle, c'est la meilleure ! Mais c'est sans aucun doute un pauvre homme. Je ne lui ferai pas de remarque, mais, tout de même, je ne vais pas me laisser complètement faire. »

Elle s'empare d'une cuillère, s'assied en face du Noir et, sans dire un mot, mange aussi la soupe.

Et l'homme et la femme soupent ensemble, en silence.

Puis le Noir se lève.

Il va chercher une assiette de spaghettis à la bolognaise et la dépose devant la gentille dame, avec deux fourchettes !

Et ils mangent tous les deux, toujours en silence. Enfin, ils se quittent.

« Au revoir », dit la dame paisiblement.

« Au revoir », répond le Noir, avec une douce lueur dans les yeux. Il donne l'impression d'un homme qui est heureux d'avoir aidé son prochain…

Il s'en va, et la dame le suit des yeux.

Du même coup, elle voit sur la table d'à côté… un bol de soupe qui semble avoir été oublié.

Tiré de Louise Lafortune et Édithe Gaudet, *Une pédagogie interculturelle. Pour une éducation à la citoyenneté*, Montréal, ERPI, 2000, p. 137.

**B.** Vous avez été témoin de cette scène. Racontez-la à quelqu'un, oralement.

**C.** Racontez l'anecdote par écrit au passé. Évitez le discours indirect.

L'autre jour, j'étais assis ou j'étais assise dans un restaurant quand j'ai assisté à une scène incroyable…

**Objectif grammatical**
La concordance des temps : le passé composé,
l'imparfait et le plus-que-parfait.
L'accord du participe passé.

**Objectif de communication**
Raconter une histoire.

# L'écrivain idéal

**A.** Mettez le texte suivant au passé. Pour chaque verbe numéroté dans le texte, écrivez la forme du verbe au passé qui convient dans la colonne de droite.

Un beau soir, l'écrivain idéal est[1] assis au bar Sainte-Angèle, dans la salle du fond, lorsque l'idée d'un roman lui vient[2] tout à coup. Il n'a pas écrit[3] de roman depuis deux ans peut-être et ce soir-là, pendant qu'il sirote[4] un verre de Tia-Maria avec des amis dans un bar du Vieux-Québec, voilà que cette idée lui arrive[5] à l'improviste.

C'est[6] une idée globale et pourtant elle est[7] précise, avec deux personnages très distincts, l'intrigue et le ton… et même la première phrase !

Il dit[8] excusez-moi et il se dirige[9] vers le comptoir. Il emprunte[10] un stylo à la barmaid. Il écrit[11] la première phrase sur une serviette en papier. Mais il lui vient[12] immédiatement une deuxième phrase, alors il l'écrit[13] sur l'autre côté de la serviette. Elle est[14] plus longue que la première, mais elle est[15] toute préparée à l'avance, elle aussi, et il n'a[16] pas de mal à l'écrire ; et elle est[17] exactement dans le ton qui convient[18].

Au moment où l'écrivain se dispose[19] à rejoindre ses amis, une troisième phrase arrive[20], mais il ne reste[21] plus de place sur la serviette. Il a[22] peur de l'oublier et il la répète[23] plusieurs fois dans sa tête. Il sent[24] qu'elle s'en va[25]… il n'a[26] aucune mémoire. Il fouille[27] dans ses poches, il cherche[28] un bout de papier mais il ne trouve[29] rien et finalement il écrit[30] la phrase en abrégé sur une

1. _____
2. _____
3. _____
4. _____
5. _____
6. _____
7. _____
8. _____
9. _____
10. _____
11. _____
12. _____
13. _____
14. _____
15. _____
16. _____
17. _____
18. _____
19. _____
20. _____
21. _____
22. _____
23. _____
24. _____
25. _____
26. _____
27. _____
28. _____
29. _____
30. _____

pochette d'allumettes qui traîne[31] sur le comptoir.

Il quitte[32] le bar Sainte-Angèle en faisant un vague signe d'adieu à ses amis. L'un d'eux le rejoint[33] dans la rue.

– Ça ne va pas ? Tu es malade ?

L'écrivain secoue[34] la tête.

– Tu veux que je te ramène chez toi ? demande[35] l'ami.

Il fait[36] signe que oui.

L'ami le fait[37] monter dans son auto et le ramène[38] chez lui.

Il lui demande[39] s'il a[40] besoin de quelque chose.

– Cinq tablettes à écrire.

– *Cinq* tablettes ?

– Mais oui ! dit-il[41] avec impatience.

– Lignées ou pas lignées ?

Cette question lui semble[42] être la chose la plus stupide qu'il ait jamais entendue. Il jette[43] un regard noir à son ami et celui-ci n'insiste[44] pas : il sort[45] immédiatement.

L'écrivain se met[46] au travail.

Il commence[47] par transcrire les trois premières phrases sur une vieille tablette et elles tiennent[48] le coup toutes les trois, elles sont[49] bien faites et, au bout de la troisième, il en vient[50] une autre et encore une autre. Les idées se bousculent[51] dans sa tête, elles arrivent[52] de plus en plus vite et il se demande[53] s'il sera[54] capable de suivre le rythme. Alors il prend[55] une feuille et il note[56], à mesure qu'elles viennent[57], les idées qui ne serviront[58] que plus tard. Et il se remet[59] à écrire. C'est[60] agréable et réconfortant d'avoir des idées en réserve. Il écrit[61] avec une sorte de plaisir fébrile. Les mots et les phrases arrivent[62] facilement et la source paraît[63] inépuisable. Il a[64] l'impression qu'on lui dicte[65] ce qu'il faut[66] écrire. Il se sent[67] très bien. Il écrit[68] à toute allure et il vit[69] intensément…

Jacques Poulin, *Volkswagen Blues*, Montréal, © Leméac/Actes Sud, 1988 (Babel), p. 48-50.

31. _____
32. _____
33. _____
34. _____
35. _____
36. _____
37. _____
38. _____
39. _____
40. _____
41. _____
42. _____
43. _____
44. _____
45. _____
46. _____
47. _____
48. _____
49. _____
50. _____
51. _____
52. _____
53. _____
54. _____
55. _____
56. _____
57. _____
58. _____
59. _____
60. _____
61. _____
62. _____
63. _____
64. _____
65. _____
66. _____
67. _____
68. _____
69. _____

**B.** Poursuivez le récit au passé.

**C.** À vous maintenant! Imaginez la journée d'un écrivain ou d'une écrivaine en panne d'inspiration et racontez-la au passé.

**Objectif grammatical**
La concordance des temps : le présent, le passé composé, l'imparfait, le plus-que-parfait et le passé simple.

**Objectif de communication**
Raconter une histoire.

# Rue des boutiques obscures

Les textes suivants sont des extraits de *Rue des boutiques obscures*, roman de Patrick Modiano, écrivain français (Paris, © Éditions Gallimard, 1978).

Le narrateur de ce roman policier est à la recherche de son identité. Dans les passages qui suivent, le narrateur et sa compagne, Denise, préparent leur départ de Paris où ils semblent être persécutés pour des raisons politiques obscures.

**A.** Lisez les extraits suivants, puis identifiez les temps verbaux et remplissez le tableau ci-dessous.

---

### Extrait 1 (page 151)

Nous étions partis très tôt, ce matin-là, dans la voiture décapotable de Denise et je crois que nous sommes passés par la porte de Saint-Cloud. Il y avait du soleil car Denise était coiffée d'un grand chapeau de paille. […] Elle est revenue avec une fillette d'une dizaine d'années dont les cheveux étaient blonds et qui portait une jupe grise. Nous sommes montés tous les trois dans la voiture, la fillette à l'arrière et moi à côté de Denise qui conduisait. Je ne me souviens plus où nous avons déjeuné. […]

Je revois la grande avenue déserte au crépuscule et Denise et la fillette dans une auto-tamponneuse mauve qui laissait un sillage d'étincelles. Elles riaient et la fillette faisait un signe du bras. Qui était-elle ?

### Extrait 2 (page 210)

Dehors, tandis que je marchais vers la station de métro Courcelles, j'ai pensé à ce jeune homme qui était venu dans notre chambre de l'hôtel Castille, quelques mois auparavant. Il avait vendu très vite le clip et les deux bracelets de diamants, et me proposait gentiment de partager le bénéfice. Un homme de cœur. Je m'étais un peu confié à lui en lui parlant de mes projets de départ et même de cette peur qui m'empêchait quelquefois de sortir. Il m'avait dit que nous vivions une drôle d'époque.

---

| | PRÉSENT (Présent) | PASSÉ (Passé composé, imparfait) | PASSÉ du passé (Plus-que-parfait, imparfait) |
|---|---|---|---|
| **Extrait 1** | | | Exemple *Étions partis* |

| PRÉSENT (Présent) | PASSÉ (Passé composé, imparfait) | PASSÉ du passé (Plus-que-parfait, imparfait) |
|---|---|---|
| **Extrait 2** | | |

**B.** Dans l'extrait suivant, justifiez l'emploi du passé composé, de l'imparfait et du plus-que-parfait.

### Page 210

Plus tard, je **suis allé** chercher Denise, square Édouard-VII, dans l'appartement où Van Allen, son ami hollandais, **avait installé** une maison de couture : elle **se trouvait** au premier étage d'un immeuble, juste au-dessus du Cintra. Je m'en souviens, parce que nous **fréquentions** ce bar, Denise et moi, à cause de la salle en sous-sol d'où l'on **pouvait** s'esquiver par une autre porte que l'entrée principale. Je crois que je **connaissais** tous les endroits publics, tous les immeubles de Paris qui **possédaient** de doubles issues.

[…]

Nous **nous sommes frayé** un passage, Denise et moi, jusqu'au vestibule. Van Allen nous **accompagnait**. Je revois ses yeux bleus très clairs et son sourire quand il **a glissé** la tête dans l'entrebâillement de la porte et nous **a envoyé** un baiser, de la main, en nous souhaitant bonne chance.

Suis allé — *action principale* _____

Avait installé _____

Se trouvait _____

Fréquentions _____

Pouvait _____

Connaissais _____

Possédaient _____

Nous sommes frayé _____

Accompagnait _____

A glissé _____

A envoyé _____

**C.** Complétez les blancs à l'aide des verbes de la colonne de droite conjugués au passé composé, à l'imparfait ou au plus-que-parfait.

**Page 211**

Exemples

Nous _sommes passés_ une dernière fois rue Cambacérès,
Denise et moi. Nous ~~sommes fait~~ déjà _____
nos bagages, une valise et deux sacs de cuir qui
_____ devant la grande table, au bout du salon.
Denise _____ les volets et _____
les rideaux. Elle _____ la machine à coudre de
son coffret et _____ le tissu de toile blanche qui
_____ épinglé au buste du mannequin.
Je _____ aux soirées que nous _____
ici. Elle _____ d'après des patrons que lui
_____ Van Allen, ou elle _____ et moi,
allongé sur le canapé, je _____ quelque livre de
Mémoires ou l'un de ces romans policiers de la collection du
Masque, qu'elle _____ tant.
Ces soirées _____ les seuls moments de répit que je
_____, les seuls moments où je _____
avoir l'illusion que nous _____ une vie sans histoires
dans un monde paisible.

Je_____ la valise et _____ les
liasses de billets de banque qui _____ mes poches
à l'intérieur des chandails et des chemises et au fond d'une
paire de chaussures. Denise _____ le contenu d'un
des sacs de voyage pour voir si elle _____ rien
_____. Je _____ le couloir jusqu'à la
chambre. Je _____ la lumière et je
_____ à la fenêtre. La neige _____
toujours. L'agent de police en faction, sur le trottoir d'en face,
_____ à l'intérieur d'une guérite qu'on
_____ là, quelques jours auparavant, à cause de
l'hiver. [...] Denise _____.

| Colonne de droite |
|---|
| **Passer** |
| **Faire** |
| |
| **Attendre** |
| **Fermer, tirer,** |
| **Recouvrir** |
| **Enlever** |
| **Être** |
| **Penser, vivre** |
| **Travailler** |
| **Donner, coudre** |
| **Lire** |
| |
| **Aimer** |
| **Être** |
| **Connaître, pouvoir** |
| **Mener** |
| |
| **Ouvrir, glisser** |
| **Gonfler** |
| |
| **Vérifier** |
| **Oublier (nég.)** |
| **Suivre** |
| **Allumer (nég.)** |
| **Se poster, tomber** |
| |
| **Se tenir** |
| **Disposer** |
| **Entrer** |

**D.** Poursuivez le récit en introduisant les expressions de temps suivantes : *quelques heures plus tard, puis, quelques jours auparavant, déjà, comme d'habitude, jamais, maintenant,* et des verbes au présent, au passé composé, à l'imparfait et au plus-que-parfait.

Denise est entrée …

_____

_____

_____

_____

_____

_____

_____

_____

_____

_____

**E.** Dans le passage suivant, l'auteur utilise le passé simple qui est le temps du récit. Relevez les verbes conjugués au passé simple et conjuguez-les au passé composé. Réécrivez le texte.

**Page 38**

Il n'était pas très difficile de le suivre : il conduisait lentement. Porte Maillot, il brûla un feu rouge et le chauffeur de taxi n'osa pas l'imiter. Mais nous le rattrapâmes boulevard Maurice-Barrès. Nos deux voitures se retrouvèrent côte à côte devant un passage clouté. Il me jeta un regard distrait comme le font les automobilistes qui sont flanc contre flanc dans un embouteillage.

Il gara sa voiture boulevard Richard-Wallace, devant les derniers immeubles proches du pont de Puteaux et de la Seine. Il s'engagea dans le boulevard Julien-Potin et je réglai le taxi.

–Bonne chance, monsieur, me dit le chauffeur. Soyez prudent…

*Il n'était pas difficile de le suivre : il conduisait lentement. Porte Maillot, il **a brûlé** un feu rouge et…*

_____

_____

_____

_____

_____

_____

_____

_____

_____

_____

**Objectifs grammaticaux**
Les temps du passé: le passé composé, l'imparfait et le plus-que-parfait.

**Objectif de communication**
Relater des faits biographiques.

**5**

# Le roi des malchanceux

**A.** Lisez le fait divers, puis répondez aux questions par vrai ou faux.

New York (Reuters) - Lawrence Hanratty a obtenu vendredi une distinction dont il aurait préféré se passer : il a été désigné l'homme le plus malchanceux de New York par le quotidien *Daily News*.

Aujourd'hui âgé de 38 ans, il a accumulé à peu près tous les malheurs possibles. Il y a 11 ans, il a failli mourir électrocuté sur un chantier et a passé des semaines dans le coma.

À son réveil, il a perdu le procès qu'il avait intenté pour obtenir des dommages et intérêts, et pour cause. De ses quatre avocats, l'un a été chassé du barreau, deux autres sont morts et le quatrième est parti avec son épouse. Hanratty, qui a passé des années cloué sur des lits d'hôpitaux pour des problèmes de cœur et de foie, a eu un accident de voiture l'an dernier. Mais avec lui, rien n'est simple.

Le véhicule a été entièrement détruit. Une fois le constat terminé, la police a quitté le lieu de l'accident et Hanratty a été attaqué par des malfaiteurs qui l'ont complètement dépouillé.

Aujourd'hui, sa compagnie d'assurances menace de lui couper les vivres et son propriétaire l'a mis en demeure de quitter son appartement.

Lawrence Hanratty souffre de dépression et d'agoraphobie et absorbe quotidiennement 42 médicaments différents pour ses problèmes de cœur et de foie. Mais il ne s'avoue pas vaincu. «Il y a toujours de l'espoir», a-t-il confié au *Daily News*. ∎

*Tiré et adapté de Le Devoir, le 18 mars 1995.*
© *Reuters Limited 1995.*

|  | VRAI | FAUX |
|---|---|---|
| **1.** Lawrence Hanratty était fier de recevoir une distinction du *Daily News*. | ☐ | ☐ |
| **2.** Ses malheurs ont commencé lorsqu'il était enfant. | ☐ | ☐ |
| **3.** Il a frôlé la mort lors d'un accident de travail. | ☐ | ☐ |
| **4.** Un de ses avocats a perdu son permis d'exercer sa profession. | ☐ | ☐ |
| **5.** Hanratty s'est retrouvé à l'hôpital après avoir eu un accident de voiture. | ☐ | ☐ |
| **6.** Sa compagnie d'assurances a augmenté ses primes. | ☐ | ☐ |
| **7.** Il est en mauvais termes avec son propriétaire. | ☐ | ☐ |
| **8.** Il a malgré tout confiance en l'avenir. | ☐ | ☐ |

**B.** Voici des expressions idiomatiques et des proverbes français. À l'aide d'un dictionnaire, assurez-vous de bien en comprendre le sens, puis voyez s'ils s'appliquent ou non à l'histoire de Lawrence Hanratty.

| | S'applique | Ne s'applique pas |
|---|---|---|
| À quelque chose malheur est bon. | ❑ | ❑ |
| Faire contre mauvaise fortune bon cœur. | ❑ | ❑ |
| Heureux au jeu, malheureux en amour. | ❑ | ❑ |
| Le malheur des uns fait le bonheur des autres. | ❑ | ❑ |
| Un malheur ne vient jamais seul. | ❑ | ❑ |

**C.** Imaginez les malheurs de la «reine des malchanceuses» et racontez-les dans un court article. Insérez dans votre texte au moins six des phrases suivantes afin d'expliquer comment et pourquoi ces malheurs se sont produits.

Exemple   ***Comme elle ne s'était pas informée avant d'investir,*** *elle a englouti toutes ses économies dans une entreprise qui a fait faillite.*

Elle n'avait pas écouté sa mère…
Son mari avait oublié de lui dire que…
Elle n'avait pas vu que…
Elle ne s'était pas informée avant de…
Elle ne s'était pas rendu compte que…

Elle n'avait pas pris ses précautions avant de…
Elle n'avait pas fait attention lorsque…
Elle n'avait pas imaginé que…
Elle s'était lancée dans cette aventure sans…
On ne l'avait pas prévenue que…

**La reine des malchanceuses**

_____
_____
_____
_____
_____
_____
_____
_____
_____
_____
_____
_____
_____
_____
_____
_____
_____
_____

**CAPSULE LEXICALE**

Expressions d'utilisation fréquente, qui expriment la malchance
- être malchanceux, malchanceuse
- avoir de la malchance
- jouer de malchance
- avoir des ennuis (d'argent, par exemple)
- avoir des pépins (familier)
- éprouver des difficultés
- connaître une série de mésaventures
- connaître des déboires
- traverser des moments difficiles
- subir de dures épreuves
- en voir de toutes les couleurs (familier)
- une catastrophe arrive à quelqu'un
- le mauvais sort s'acharne sur quelqu'un
- une malédiction pèse sur quelqu'un

6

**Objectif grammatical**
Les marqueurs de temps et les temps du passé.

**Objectif de communication**
Raconter un événement.

# Où est passé H. de Heutz ?

**A.** Lisez le texte.

Je presse l'accélérateur à fond. Je connais un endroit tranquille près du château de Coppet. J'y serai dans quelques minutes. J'ai déjà perdu trop de temps. Aussitôt que j'en aurai fini avec mon passager, j'abandonnerai l'Opel près de la gare de Coppet, je prendrai le train omnibus pour Genève où je reprendrai possession de ma Volvo que je lancerai cette fois sur l'autoroute pour aller rejoindre K à
5 la terrasse de l'Hôtel d'Angleterre à six heures et demie. Mieux encore : je me rendrai à Lausanne par le train et je prendrai un taxi au débarcadère. En trois ou quatre minutes, je serai devant l'Hôtel d'Angleterre. La Volvo, j'y renonce d'emblée et de gaieté de cœur : je rapporterai l'incident au bureau ; simple formalité. Je ne vais quand même pas circuler dans une auto déjà repérée. Me voici à Coppet. J'ai une faim de loup (il est déjà plus de midi et demi), mais je mangerai quand tout sera
10 fini. Il me presse d'ailleurs d'en finir avec H. de Heutz et toute cette histoire. Avant de prendre le train qui me ramènera tout à l'heure à Lausanne, je disposerai sûrement de quelques minutes pour aller prendre une croûte zurichoise au buffet de la gare et quelques décilitres de vin blanc du Valais. En attendant et pendant que je manœuvre dans Coppet en direction du château, je concentre mon esprit sur le problème von Ryndt-de Heutz. Aussitôt le coffre ouvert, je le ferai sortir à la pointe du
15 revolver et je l'entraînerai dans la forêt. Je retrouverai facilement cette clairière où j'ai déjeuné sur l'herbe avec K, par un beau dimanche après-midi. Voilà déjà le château des Necker, avec son romantisme usagé et sa grille princière. Je n'ai qu'à prendre à gauche maintenant. Oui, c'est cela. Je reste en deuxième vitesse. Rien autour, personne. Je deviens perplexe. Ce bout de route ne conduit pas à la petite forêt où je veux aller, du moins j'en doute. Je fais stopper l'auto, laissant l'engin tourner au
20 ralenti. Je décide de continuer. J'avance quelques centaines de pieds : déjà le paysage plus élargi me dit quelque chose. J'y suis. J'avance prudemment, presque au pas ; si l'on s'en étonnait, j'aurais toujours l'excuse d'être un touriste qui explore les abords du château. Tout ce qui me manque c'est une édition du *Journal intime* de Benjamin Constant. Je m'y reconnais. La forêt commence. Vais-je retrouver sans difficulté l'entrée que j'avais empruntée avec la Dauphine vert parchemin que nous
25 avions louée pour une neuvaine ? L'air de *Desafinado* que j'entends encore me poursuit, germe lyrique de mon état d'âme et du désir que j'ai d'y échapper en me cachant dans ce bois voisin du château de Coppet et dans le texte qui me ramène en Suisse et m'aide à surmonter ma faim pendant que je conduis mon passager dans la forêt, en effleurant les branches des pins jurassiques qui peuplent ce bois où d'autres exilés se sont aventurés déjà.

30 Je coupe le contact. Silence religieux autour de la petite voiture bleue. L'air est bon, très doux. On n'entend rien d'autre que le murmure paisible de la nature. Rien de suspect. Je sors l'arme de la ceinture de mon pantalon où je l'avais engagée ; j'actionne le barillet, vérifie le cran d'arrêt, la détente, le nombre de cartouches disponibles. Tout est en ordre. Toujours rien autour. Je perçois au loin le vrombissement d'un train : c'est sans doute le rapide Zurich-Genève qui quitte la gare de
35 Lausanne à onze heures cinquante-six. J'examine le terrain autour de l'auto : aucun piège, pas de dénivellement surprise et, à tout considérer, assez de dégagement pour me permettre de jouer sur marge avec mon banquier préféré. L'instant est arrivé. Aucun bruit ne parvient de l'intérieur du coffre ; je colle l'oreille à sa paroi chauffée par le soleil et je ne perçois strictement rien : c'est à croire que j'ai transporté un cadavre. Il n'y a vraiment aucun signe de vie dans ce petit cercueil surchauffé.
40 H. de Heutz n'a quand même pas disparu par enchantement. Cela m'agace. J'insère la clé dans la serrure du coffre après avoir soulevé la plaque d'immatriculation qui fait fonction de double volet.

Hubert Aquin, *Prochain épisode* (1965), ©1992 Leméac, Montréal, Bibliothèque québécoise, 1995, p. 71-73.

**B.** Relevez les marqueurs de temps présents dans le texte. N'écrivez chaque marqueur qu'une seule fois.

_____    _____    _____

_____    _____    _____

_____    _____    _____

_____    _____    _____

_____    _____    _____

**C.** Dans l'extrait, le narrateur met au point un plan pour se débarrasser de l'homme qui se trouve enfermé dans le coffre de sa voiture. Cochez les bonnes réponses.

**1.** Le narrateur a l'intention d'abandonner l'Opel

_____ avant de se débarrasser de H. de Heutz.

_____ après s'être débarrassé de H. de Heutz.

_____ tout en abandonnant H. de Heutz dans le bois de Coppet.

**2.** Le narrateur prendra le train pour Lausanne

_____ dès qu'il aura terminé son repas zurichois au casse-croûte de la gare de Genève.

_____ dès qu'il se sera débarrassé de la Volvo.

_____ dès qu'il aura quitté l'Hôtel d'Angleterre.

**3.** Le narrateur va se retrouver à l'Hôtel d'Angleterre

_____ le lendemain seulement.

_____ quelques heures après s'être débarrassé du passager.

_____ quelques minutes après avoir déposé le passager dans la forêt de Coppet.

**4.** Le narrateur va manger

_____ aussitôt que le « travail » sera terminé.

_____ avant de se mettre au « travail ».

_____ tout en roulant vers le château de Coppet.

**5.** Le narrateur prendra un petit repas rapide

_____ en route vers Lausanne.

_____ avant de prendre le train pour Lausanne.

_____ en arrivant à la gare de Lausanne.

**6.** Le narrateur reconnaît la petite forêt où il veut aller

_____ dès qu'il entre dans le bois.

_____ avant même d'entrer dans le bois.

_____ après avoir parcouru quelques centaines de pieds dans le bois.

**7.** Le narrateur sort son arme

_____ en descendant de la voiture.

_____ en voyant H. de Heutz au fond du coffre de l'auto.

_____ lorsqu'il ouvre le coffre de l'Opel.

**8.** Le narrateur s'apprête à ouvrir le coffre de sa voiture mais, avant,

_____ il s'assure que H. de Heutz est bel et bien à l'intérieur.

_____ il sort son arme de sa ceinture et la vérifie.

_____ il cache son arme dans une poche de son veston.

**9.** Le narrateur connaissait le bois de Coppet

_____ qu'il avait inspecté quelques jours auparavant pour s'assurer de l'absence de pièges.

_____ où il avait déjà fait des promenades en solitaire.

_____ qu'il avait déjà visité en compagnie de K.

**10.** Le narrateur compte se débarrasser de sa Volvo

_____ quelques jours avant de transporter H. de Heutz dans la forêt de Coppet.

_____ le jour même où il va liquider H. de Heutz.

_____ quelques jours après avoir liquidé H. de Heutz.

**D.** Dans le paragraphe ci-dessous, tiré du texte, le temps de l'énonciation est le présent. Réécrivez ce texte au passé, puis complétez les scénarios présentés dans le tableau à la page suivante. Laissez libre cours à votre imagination.

L'instant est arrivé. Aucun bruit ne parvient de l'intérieur du coffre ; je colle l'oreille à sa paroi chauffée par le soleil et je ne perçois strictement rien : c'est à croire que j'ai transporté un cadavre. Il n'y a vraiment aucun signe de vie dans ce petit cercueil surchauffé. H. de Heutz n'a quand même pas disparu par enchantement. Cela m'agace. J'insère la clé dans la serrure du coffre après avoir soulevé la plaque d'immatriculation qui fait fonction de double volet.

L'instant était arrivé. _____

_____

_____

_____

_____

| QUE S'ÉTAIT-IL PASSÉ ? | |
|---|---|
| **SCÉNARIO 1** | **SCÉNARIO 2** |
| H. de Heutz avait disparu mystérieusement.<br><br>La veille, _____<br><br>_____ .<br><br><br>Pendant que _____ ,<br>H. de Heutz _____<br><br>_____ .<br><br>Puis il _____<br><br>_____ .<br><br><br><br>Lorsque le narrateur avait pris la route pour se diriger vers le château de Coppet, H. de Heutz<br><br>_____ . | H. de Heutz était toujours là et regardait le narrateur d'un air amusé.<br><br>Lorsque le narrateur s'est retourné, il a vu avec horreur trois hommes en uniforme qui _____<br><br>_____ .<br><br>Dès qu'ils _____ ,<br>il s'est mis à courir à travers la forêt.<br><br><br><br>Mais avant qu'il _____<br><br>_____ , _____<br><br>_____ .<br><br>Quelques jours auparavant, H. de Heutz _____<br><br>_____ . |

**E.** Voici les explications que H. de Heutz donne à la police cantonale le soir même de son enlèvement. Complétez les blancs à l'aide des marqueurs de temps proposés.

> À ce moment précis – alors – alors que – après avoir + *participe passé* – auparavant – à un moment donné – aussitôt – avant de – avant que – c'est alors que – déjà – dès que – de temps en temps – en *[verbe]* + *-ant* – ensuite – lors de – lorsque – pendant – pendant que – puis – quand – quelques années auparavant – quelques minutes plus tard – tout de suite

Tôt ce matin, je parcourais la rue qui sépare l'hôtel de la gare (1) _____ un homme s'est avancé vers moi. Je le connaissais. (2) _____ , j'avais aperçu mon ravisseur à une réception donnée par l'ambassade canadienne. Cet homme avait (3) _____ travaillé au sein des services de renseignements canadiens, m'avait-on dit (4) _____ cette soirée officielle.

Arrivé à ma hauteur, il m'a empoigné et m'a enfermé dans le coffre de sa voiture. (5) _____ , il s'est mis au volant et il a commencé à rouler. (6) _____ , nous nous trouvions sur l'autoroute. (7) _____ nous roulions, mon ravisseur écoutait de la musique, un air que je n'avais jamais entendu (8) _____ .

(9) _____ de l'hôtel, ce matin-là, j'avais bien pris soin de cacher mon couteau suisse dans la poche intérieure droite de mon veston. J'avais également pris mon téléphone cellulaire ainsi que ma montre aux aiguilles lumineuses vertes.

Nous avons dû rouler une bonne heure (10) _____ la voiture ralentisse en empruntant ce que j'ai cru être une route secondaire. (11) _____, la voiture s'est arrêtée. Mon kidnappeur cherchait peut-être une carte ou quelque chose d'autre (12) _____ le moteur tournait toujours au ralenti. J'entendais clairement le bruissement de papiers à l'intérieur de l'auto.

La voiture s'était (13) _____ remise à rouler lentement (14) _____ quelques minutes. J'avais déjà mis la main sur mon couteau et je l'avais ouvert tout en le cachant dans la paume de ma main droite. J'étais fin prêt. (15) _____, je regardais ma montre qui indiquait l'heure de ses aiguilles lumineuses.

Tout était silencieux. On n'entendait rien d'autre que le murmure paisible de la nature. Je me demandais bien où nous nous trouvions. J'ai alors entendu le vrombissement d'un train qui s'approchait et j'ai deviné qu'il s'agissait d'un train rapide, au bruit à peine perceptible que faisaient ses roues métalliques sur les rails.

(16) _____ mon ravisseur est descendu de la voiture, il a commencé à chercher quelque chose dans ses vêtements. Une arme, ai-je pensé (17)_____. J'ai (18)_____ serré fermement mon couteau dans ma main droite tout en me tenant immobile.

L'homme se trouvait près du coffre. (19) _____ soulevé la plaque d'immatriculation, il a inséré la clé dans la serrure et il a ouvert le coffre.

Il m'a (20) _____ menacé de son revolver en me faisant sortir du coffre et m'a fait marcher devant lui en direction d'une forêt. Je tenais toujours mon couteau caché dans ma main droite. « Nous y sommes » m'a-t-il lancé. (21) _____ je me suis retourné et que je l'ai menacé de mon couteau. (22) _____ il l'a vu, il a semblé terrorisé et a laissé tomber son arme par terre.

Je l'ai (23) _____ maîtrisé, puis ligoté et fait s'asseoir sur la banquette arrière du véhicule (24) _____ appeler la police cantonale à l'aide de mon téléphone cellulaire, que j'avais sagement caché dans la poche intérieure gauche de mon veston, le matin même. Ma montre indiquait exactement 13 heures 10 minutes.

**F.** Le narrateur se trouvait à la terrasse de l'Hôtel d'Angleterre lorsqu'il a vu, avec stupéfaction, H. de Heutz assis à une table voisine et accompagné de deux hommes assez costauds.

Comment H. de Heutz avait-il pu échapper au piège ? Voici plusieurs explications possibles.

Composez des énoncés en reliant les énoncés de la colonne de gauche à ceux de la colonne de droite à l'aide des marqueurs de temps proposés dans la colonne du centre. Écrivez vos réponses dans les espaces prévus à cette fin. Vous devrez faire certains ajustements syntaxiques.

| | | |
|---|---|---|
| **1.** Le narrateur appuyait à fond sur l'accélérateur. | **1.** Dès que | **1.** H. de Heutz sciait le plancher du coffre de la voiture à l'aide de son couteau suisse et se glissait dehors. |
| **2.** Le narrateur avait fermé le coffre de sa voiture. | **2.** Aussitôt que | **2.** H. de Heutz avait sorti son téléphone cellulaire et attendu le moment propice pour téléphoner à la police cantonale. |
| **3.** H. de Heutz a réussi à scier le plancher du coffre de l'Opel à l'aide de son couteau suisse. | **3.** Une fois que | **3.** H. de Heutz avait retenu le plancher de ses mains en attendant le moment propice pour se glisser dehors. |
| **4.** La voiture s'était approchée du château. | **4.** Pendant que | **4.** Quatre randonneurs perspicaces avaient suivi la voiture discrètement jusqu'à la forêt et avaient aidé H. de Heutz à échapper à son ravisseur. |
| **5.** Le narrateur faisait le tour de son auto pour voir si tout était calme aux alentours. | **5.** Au moment où | **5.** H. de Heutz avait soulevé le plancher de l'Opel et s'était glissé dehors. |

**1.** _____

_____

**2.** _____

_____

**3.** _____

_____

**4.** _____

_____

**5.** _____

_____

**Objectif grammatical**
Les temps du passé : le passé composé,
l'imparfait et le plus-que-parfait.

**Objectif de communication**
Relater des faits biographiques.

# Un homme exceptionnel

**A.** David Lafleur était un homme hors du commun. Relatez chacun des événements marquants de sa vie en combinant les deux propositions suggérées ci-dessous. Afin de marquer l'antériorité, utilisez le plus-que-parfait (+ *déjà*) pour la deuxième proposition, comme dans l'exemple.

> Exemple    Entrer à l'école maternelle – apprendre à lire et à compter
>
> *Lorsqu'il est entré à l'école maternelle,* **il avait déjà appris** *à lire et à compter.*

**1.** Gagner sa médaille olympique – battre deux records du monde

_____

**2.** Entrer à l'université – recevoir trois bourses d'excellence

_____

**3.** Terminer ses études – recevoir plusieurs offres d'emploi

_____

**4.** Demander à Stéphanie de l'épouser – être fiancée à son meilleur ami, malheureusement

_____

**5.** Se lancer en affaires – faire fortune à la Bourse

_____

**6.** À l'âge de 20 ans – empocher son premier million

_____

**7.** À l'âge de 30 ans – faire l'acquisition de sept entreprises concurrentes

_____

**8.** Se marier finalement – connaître plusieurs échecs amoureux

_____

**9.** À l'âge de 40 ans – publier trois best-sellers

_____

**10.** Être élu premier ministre – être chef de l'opposition pendant quatre ans

_____

**11.** Divorcer – suivre plusieurs thérapies conjugales, sans résultat

_____

**12.** Prendre sa retraite – souffrir d'épuisement professionnel à deux reprises

_____

**13.** Écrire son autobiographie – en vendre les droits aux studios d'Hollywood

_____

**14.** Rédiger son testament – perdre toute sa fortune au casino

**15.** Vouloir profiter de la vie – oublier comment

**B.** Le jour de ses 70 ans, David est déprimé, car il se retrouve seul pour fêter son anniversaire. Il est accoudé à un bar lorsqu'un étranger le reconnaît et l'aborde. Oralement, deux à deux, complétez librement le dialogue ci-dessous, dans lequel David raconte sa vie.

— Excusez-moi de vous déranger, mais vous ne seriez pas David Lafleur, par hasard ?

— C'est bien moi en effet.

— Je vous ai vu l'autre jour à la télévision. Quelle vie passionnante vous avez eue !

— Oh ! vous savez, ça n'a pas toujours été rose…

**C.** Un jour, par hasard, David tombe sur l'article suivant dans le journal. Lisez-le à votre tour, puis répondez à la question qui s'y rapporte.

---

# Un pédiatre déplore les effets pervers de la course à l'excellence

*Lilianne Lacroix*

La course à l'excellence imposée aux adolescents serait carrément en train de les détruire à petit feu et serait une des causes, sinon la cause principale, de la recrudescence de l'usage des drogues, des
5 troubles alimentaires (boulimie, anorexie), des décrochages scolaires.

Selon le D<sup>r</sup> Jean Wilkins, professeur titulaire de pédiatrie à la faculté de médecine de l'Université de Montréal et responsable de la section de
10 médecine de l'adolescence à l'Hôpital Sainte-Justine, les exigences posées par notre société seraient tout aussi dommageables aux étudiants performants qu'aux autres.

« Les adolescents performants font la joie des
15 autorités scolaires et politiques, ils deviennent des modèles et ils sont l'objet d'une surprotection constante autant à la maison, à l'école que dans la société. Cette surprotection cependant peut tout aussi bien les fragiliser. Ils éclatent parfois et leur
20 réalité en clinique n'est pas facile à comprendre et à traiter. » […]

« La compétition omniprésente et parfois sauvage constitue un stress quotidien, de tous les instants dans cette valorisation de la performance, déclare-
25 t-il. C'est la course à l'excellence avec ses effets pervers. Très tôt dans sa vie, l'enfant est placé sur une trajectoire de réussite et il a l'obligation de réussir. Le taux de fécondité des familles a chuté et l'enfant à naître est attendu avec un plan de vie détaillé, bâti pour lui, pour sa réussite… Avons-
30 nous compris et respecté la nécessité qu'à cet âge on doive développer sa propre identité à soi et non celle définie par un tiers ? » […]

Constamment, les jeunes doivent faire le deuil de leurs espoirs. Ainsi en faculté de médecine,
35 seulement 145 étudiants sont acceptés sur un total de 2 178 inscriptions. Qu'advient-il de ceux qui sont refusés ? Selon le D<sup>r</sup> Wilkins, conditionnés par notre société, les jeunes ne voient pas là un refus, mais un échec, leur échec. Dans ce monde de
40 compétition constante, il n'y a plus de place pour l'amitié, quand les meilleurs amis eux-mêmes représentent des compétiteurs potentiels. […]

Le D<sup>r</sup> Wilkins avoue ne pas pouvoir offrir de solution instantanée. Mais il invite la société à
45 s'ouvrir aux adolescents, à les respecter et à trouver un moyen de les intégrer avec leur originalité. « Questionnons-nous. C'est tout ce que je demande. »

*La Presse*, le jeudi 10 juin 1993, p. A8.

---

**1.** Relevez dans le texte les effets pervers de la course à l'excellence dénoncés par le pédiatre.

a) _____     e) _____

b) _____     f) _____

c) _____     g) _____

d) _____

**D.** Après avoir lu cet article, David commence à se poser des questions. En effet, il se souvient avoir vécu pendant son adolescence plusieurs des phénomènes décrits par le pédiatre. Est-ce que ces expériences seraient à l'origine des difficultés qu'il a éprouvées tout au long de sa vie? Il décide de consulter le courrier du cœur d'un grand journal. Dans une lettre, il raconte comment il a vécu la course à l'excellence lorsqu'il était adolescent.

Rédigez la lettre que David envoie au journal. Racontez au moins deux événements qui se sont produits à l'époque en question.

Madame Solange Gardien
Courrier du cœur
Le Grand Journal
Chère Solange,

La vie a été généreuse envers moi : j'ai occupé des fonctions prestigieuses, j'ai gagné beaucoup d'argent, j'ai remporté un nombre incalculable de prix et de distinctions. Pourtant, ma vie personnelle a été un échec lamentable. Après avoir lu un article publié dans vos pages récemment, je me demande si certains événements survenus durant mon adolescence pourraient en être la cause.

Lorsque j'étais adolescent, _____

_____

_____

_____

_____

_____

_____

_____

_____

_____

_____

_____

_____

_____

Pensez-vous que ces événements pourraient être à l'origine de mes nombreuses difficultés personnelles ? J'attends votre réponse avec impatience.
David

8

**Objectif grammatical**
Les temps du passé et la voix passive.

**Objectif de communication**
Rapporter un événement.

# Spectaculaire sauvetage

## Spectaculaire sauvetage des 550 passagers d'un bateau de croisière

D'après AFP, CP, AP et UPI

Plus de 550 passagers et membres d'équipage du bateau de croisière grec Océanos, naufragé à trois kilomètres seulement au large de l'Afrique australe, ont pu être sauvés hier des eaux en furie de l'océan Indien grâce à une magistrale opération aéromaritime menée par les autorités sud-africaines.

Toutefois, 15 personnes manquaient toujours à l'appel hier soir et les recherches devaient reprendre ce matin.

Des porte-parole de l'armée ont dit ne pas savoir pourquoi le navire a commencé à faire eau, mais que sa proximité de la côte donnait à penser qu'il avait pu heurter un récif dans cette zone particulièrement dangereuse.

L'Océanos, un vétéran des mers construit en 1952 et affrêté par une agence de tourisme sud-africaine, avait lancé un SOS dans la nuit de samedi à dimanche, alors qu'il était en difficulté.

Hier, en fin de matinée, l'Océanos était à la dérive, abandonné par son commandant et ses derniers hommes d'équipage. Selon les hommes-grenouilles de la marine sud-africaine, la coque du navire était en mauvais état. En revanche, les propriétaires grecs de l'Océanos ont affirmé hier que le bateau, contrôlé en cale sèche en mai, était en excellent état.

Selon les premières informations reçues samedi par la compagnie d'assurances Lloyds de Londres, une voie d'eau dans la salle des machines serait à l'origine du naufrage.

### Panique à bord

«Les lumières se sont éteintes. Personne ne savait ce qui se passait» a dit le passager John Hinklin. «Puis nous avons vu un canot de sauvetage dans lequel se trouvaient des membres d'équipage».

«Ils ne nous ont rien dit» a déclaré la passagère Tessa King. Le ministre des Transports a indiqué qu'une enquête était ouverte sur le comportement de certains membres d'équipage.

Les dernières personnes restées sur le navire ont été secourues hier midi, 12 heures après que le navire eut ses premiers ennuis et 90 minutes seulement avant qu'il sombre.

Graham Kingsley et sa femme Hester étaient parmi les passagers qui ont été secourus par hélicoptère. Celle-ci a déclaré: «Il n'y avait pas assez de canots de sauvetage, les vagues étaient très fortes». Les passagers ont dit s'être regroupés sur le pont supérieur toute la nuit en attendant les secours.

### Le croupier chanceux

Après avoir passé 10 heures dans l'eau froide, le croupier du casino de l'Océanos a raconté à des journalistes comment il avait vécu le début du naufrage. «Soudain, les tables de roulette ont basculé, les lumières se sont éteintes, tout le monde s'est précipité sur les canots». Le croupier a été sauvé par un hélicoptère alors qu'il flottait à la crête des vagues, soutenu par un gilet de sauvetage. Selon un pilote d'hélicoptère, c'est une chance fantastique qu'il ait été repéré dans l'eau, loin des navires de sauvetage.

### Menace d'attentat

Les causes exactes du naufrage n'ont pas été établies. Le ministère sud-africain des Transports a ouvert hier soir une enquête sur une menace d'attentat à la bombe reçue par la police locale quelques heures avant le départ de l'Océanos du port d'East London en direction de Durban.

Selon l'agence de presse sud-africaine, la police d'East London n'a pas été autorisée par le commandant de l'Océanos à fouiller le paquebot avant son départ, ce que dément l'agence de voyages qui avait organisé la croisière. ■

*Tiré et adapté de* La Presse, *le 5 août 1991.*

**A.** Relevez les énoncés à la voix passive présents dans le texte et écrivez-les ci-dessous. Dites à quel temps les verbes sont conjugués.

| Énoncés | Temps des verbes |
|---|---|
| • _____ | • _____ |
| • _____ | • _____ |
| • _____ | • _____ |
| • _____ | • _____ |
| • _____ | • _____ |
| • _____ | • _____ |
| • _____ | • _____ |
| • _____ | • _____ |
| • _____ | • _____ |

**B.** Certaines voix passives sont incomplètes. Trouvez les participes passés suivants dans le texte puis, reconstituez les voix passives.

Exemple

Menée — *Une opération de sauvetage a été **menée** par les autorités sud-africaines.*

**1.** Construit _____

**2.** Affrêté _____

**3.** Abandonné _____

**4.** Contrôlé _____

**5.** Reçues _____

**6.** Soutenu _____

**7.** Reçue _____

**C. Chronologie**

Dites ce qui s'est passé à chaque moment.

**1.** Dans la nuit de samedi à dimanche

_____

**2.** Hier, en fin de matinée

_____

**3.** Hier midi

_____

**4.** Hier soir

_____

**5.** Ce matin

_____

**6.** En mai

**7.** Samedi

**8.** Quelques heures avant le départ du bateau

**D.** Trouvez les verbes correspondant aux noms suivants, puis formulez des énoncés à la voix passive en rapport avec le texte en utilisant les verbes.

> Exemple

Contrôle                 contrôler       *Le navire **a été contrôlé** en cale sèche.*

    **1.** Secours

    **2.** Sauvetage

    **3.** Enquête

    **4.** Fouille

    **5.** Repérage

    **6.** Disparition

**E.** Mettez les phrases suivantes à la voix passive.

    **1.** Le navire aurait heurté un récif.

    **2.** Le ministre des Transports a ouvert une enquête.

    **3.** L'agence de voyages avait organisé la croisière.

    **4.** L'*Océanos* avait lancé un SOS.

    **5.** Un hélicoptère a repéré un homme flottant à la crête des vagues.

**F.** En vous inspirant du texte, complétez les énoncés suivants à l'aide de verbes à la voix passive (au passé).

    **1.** Les recherches

    **2.** Le paquebot

    **3.** Le croupier

    **4.** La salle des machines du bateau

    **5.** Les informations laissant croire à un attentat

## G. Témoignages

En vous référant au texte, imaginez ce que chacun des témoins a pu déclarer à la presse. Complétez les témoignages suivants.

**1. Tessa King, une passagère**

_____. Ils ne nous ont rien dit.

Je _____. Heureusement, un hélicoptère

_____.

**2. John Hinkling, un passager**

Les lumières se sont éteintes, _____. C'est alors que

_____. Les gens _____

et _____. Tout le monde _____. Puis, nous

_____. Ils _____.

**3. Le croupier**

_____. Soudain, _____.

_____. _____.

Mais _____ assez de canots pour tout le monde.

Les membres d'équipage, au lieu d'aider les passagers à occuper les canots _____

_____. Je _____ sur un des ponts supérieurs

avec d'autres passagers. Mais après quelques heures d'attente, _____.

Les vagues _____, les vents _____. J'ai tout de suite

regretté mon geste mais _____. Par chance, je _____

un hélicoptère.

**4. Graham Kingsley**

Les vagues _____, nous _____

quand _____. Quelques personnes

_____ d'autres _____.

J'ai vu aussi quelques membres d'équipage qui _____ et

_____. Moi, je _____.

Finalement, _____.

**H.** Écrivez un court texte au passé racontant le naufrage de l'*Océanos*. Suivez le canevas proposé ci-dessous pour la construction d'un fait divers.

### Canevas

**1.** Temps (date et heure) et lieu

**2.** Événement

    *a)* précision

    *b)* précision

**3.** Causes

**4.** Conséquences

**Tableau d'entraînement**

L'imparfait, le passé composé et le plus-que-parfait
**La forme affirmative**
**Les auxiliaires** *avoir* et être

# Tableau 1

Complétez le tableau avec des verbes à l'imparfait, au passé composé ou au plus-que-parfait, selon le cas.

| Imparfait | Passé composé | Plus-que-parfait |
|---|---|---|
| Exemple   *nous faisions* | *nous avons fait* | *nous avions fait* |
| 1.  il fallait | | |
| 2. | vous avez choisi | |
| 3. | | elles étaient sorties |
| 4. | il est devenu | |
| 5.  elle plaisait | | |
| 6. | | j'avais voulu |
| 7.  tu courais | | |
| 8.  ils vieillissaient | | |
| 9. | elles ont porté | |
| 10. | | nous avions reçu |
| 11. | vous avez été | |
| 12.  il rencontrait | | |
| 13. | | elle avait servi |
| 14.  je sortais | | |
| 15. | tu as compris | |
| 16. | | ils avaient attendu |
| 17. | elles ont essayé | |
| 18.  nous prenions | | |
| 19.  tu tombais | | |
| 20. | | il était venu |
| 21. | | j'avais dû |
| 22. | vous avez promis | |
| 23. | | tu avais reconnu |
| 24.  elle savait | | |
| 25.  ils descendaient | | |

**Tableau d'entraînement**

L'imparfait et le plus-que-parfait
La forme négative
Les auxiliaires avoir et être
Les verbes pronominaux

# Tableau 2

Complétez le tableau avec la forme négative des verbes à l'imparfait ou au plus-que-parfait, selon le cas.

| Imparfait | Plus-que-parfait |
|---|---|
| Exemple   *elle n'allait pas* | *elle n'était pas allée* |
| 1. vous ne terminiez pas | |
| 2. | nous n'avions pas exagéré |
| 3. ils ne se séparaient pas | |
| 4. tu ne passais pas | |
| 5. | ils n'avaient pas eu |
| 6. vous ne vous retrouviez pas | |
| 7. | je n'avais pas vu |
| 8. | il n'était pas arrivé |
| 9. nous ne nous levions pas | |
| 10. ils ne s'installaient pas | |
| 11. | tu n'avais pas appris |
| 12. tu ne rentrais pas | |
| 13. | elle n'avait pas oublié |
| 14. je ne finissais pas | |
| 15. | elles ne s'étaient pas maquillées |
| 16. vous ne découvriez pas | |
| 17. il ne bougeait pas | |
| 18. | nous ne nous étions pas réunis |
| 19. tu ne déclarais pas | |
| 20. ils ne réussissaient pas | |
| 21. | je n'étais pas venue |
| 22. nous ne nous amusions pas | |
| 23. | vous ne vous étiez pas dépêchés |
| 24. elle ne payait pas | |
| 25. | elles ne s'étaient pas consultées |

# Tableau 3

Complétez le tableau au passé composé ou au plus-que-parfait, selon le cas.

| | |
|---|---|
| Exemple    *Ils se sont arrêtés.* | *Ils s'étaient arrêtés.* |
| 1. Ils l'ont vue. | _____. |
| 2. Je me suis rendu compte du problème. | _____. |
| 3. Il a compris la situation. | _____. |
| 4. _____. | Il nous en avait fait part. |
| 5. Nous sommes arrivés de bonne heure. | _____. |
| 6. Ils se sont donné rendez-vous devant le cinéma. | _____. |
| 7. _____. | Je lui avais demandé la raison de son départ. |
| 8. Il m'a confié son secret. | _____. |
| 9. La lettre a été envoyée le 10 janvier. | _____. |
| 10. Il me l'a dit. | _____. |
| 11. _____. | Vous aviez tout fait pour éviter le pire. |
| 12. _____. | Nous nous étions vite entendus. |
| 13. Me l'avez vous fait parvenir, votre rapport ? | _____ ? |
| 14. _____. | Ils étaient arrivés sains et saufs. |
| 15. Tu t'es inscrit au cours de gym ? | _____ ? |

# Tableau 4

Mettez les récits suivants au passé.

| Exemple | |
|---|---|
| *Vers midi, le ciel commence à se couvrir. Nous appelons les enfants qui se baignent encore dans le lac et nous quittons la plage.* | *Vers midi, le ciel a commencé à se couvrir. Nous avons appelé les enfants qui se baignaient encore dans le lac et nous avons quitté la plage.* ✓ |
| 1. L'homme est seul. Il lit son journal tranquillement quand une jeune femme vient s'asseoir à côté de lui et lui pose quelques questions. Les deux se lèvent et quittent l'endroit. | L'homme été seul. Il lisait son journal tranquillement quand une jeune femme ~~est vienne~~ venue s'asseoir à côté de lui et lui a~~X~~ posé quelques questions. Les deux se sont ~~levait et quitté~~ l'endroit. ~~revaient levés~~ |
| 2. La route est extrêmement glissante. Il neige beaucoup et la visibilité est réduite. Soudain, tous les véhicules se mettent à freiner. Maman freine. Mais elle suit le véhicule qui est devant nous de trop près. Elle le heurte. | → été → ~~#~~ <br> → neigeait <br> → était |
| 3. Je me promène tranquillement dans les rues de mon quartier lorsque j'aperçois un paquet suspect posé sur un muret à l'entrée d'une résidence. Je rentre chez moi et je préviens la police. | |
| 4. Il est 3 heures du matin. La maison est silencieuse. Jean et moi dormons paisiblement. Soudain, j'entends un bruit qui semble provenir de la porte arrière. Sans prévenir Jean, je me lève et je me dirige vers la cuisine. En ouvrant la porte, je vois un chaton transi de froid. C'est Carole, la petite chatte de ma voisine. | |
| 5. Les turbulences commencent après deux heures de vol, alors que l'avion survole les Rocheuses. Les panneaux indicateurs s'allument, tout le monde a peur mais ce n'est qu'un petit orage. Nous devons quand même faire le reste du voyage les ceintures bouclées. | |

# Tableau 5

Complétez les phrases suivantes en conjuguant les verbes au plus-que-parfait.

| | |
|---|---|
| **Exemple** *Elle a refusé d'utiliser l'argent que son ami* | *lui avait prêté.* |
| **1.** Nancy est arrivée à l'aéroport vers 11 heures, puis elle a sorti son billet qu'elle | **1.** _____ plus tôt, ce matin-là. |
| **2.** L'étude a confirmé que les patients qui | **2.** _____ le traitement se portaient mieux que l'année précédant le début des essais. |
| **3.** L'employé lui a demandé les formulaires qu'il | **3.** _____ pas encore _____ . |
| **4.** Martin a fini le projet qu'il | **4.** _____ un an auparavant. |
| **5.** Le médecin m'a prescrit le même médicament qu'il | **5.** _____ un an plus tôt pour le même problème. |
| **6.** Mon patron n'a pas trouvé l'enveloppe que je | **6.** _____ la veille à la réception. |
| **7.** Les bénévoles ont finalement trouvé l'enfant qui | **7.** _____ 24 heures plus tôt. |
| **8.** Elle a décidé de suivre les conseils que je | **8.** _____ il y avait déjà quelques années. |
| **9.** Lors de sa visite, elle a parlé d'une rencontre qu'elle | **9.** _____ cette année-là. |
| **10.** Les scientifiques ont publié les résultats d'une étude qu'ils | **10.** _____ trois ans plus tôt. |
| **11.** Je lui ai passé le livre de Kundera que je | **11.** _____ préalablement _____ . |
| **12.** Ils se sont donné rendez-vous au même endroit où ils | **12.** _____ cinq ans auparavant. |
| **13.** Elle nous a prêté la première version du roman que son éditeur | **13.** _____ l'année précédente. |
| **14.** La manifestation qui _____ pour ce lundi-là | **14.** n'a pas eu lieu, finalement. |
| **15.** Tous les conducteurs des voitures qui _____ ce soir-là | **15.** ont été obligés de passer l'alcooltest. |

# Tableau 6

Mettez les récits suivants au passé.

| | | |
|---|---|---|
| **Exemple** | *Quand on nous prévient,*<br>*il est déjà trop tard.*<br>*Le train a quitté la gare.* | *Quand on nous a prévenus, il était déjà trop tard.*<br>*Le train avait quitté la gare.* <u>imp</u> PC |
| 1. | Il fait froid et je décide de passer la soirée à la maison. Je me mets à lire le livre que ma copine m'a prêté trois jours auparavant. | ref être(   Il faisait froid et j'ai décidé de passer la soirée à la maison. Je me suis ~~ete~~ ~~me~~ mis à lire le livre que ma copine m'avais prêté trois jours auparavant. |
| 2. | Avant de partir, je laisse la clé sous le tapis, comme d'habitude. C'est là que Tomas doit la prendre en arrivant, deux heures plus tard. Il est à peu près 11 heures quand je reçois son appel. La clé a disparu. | Avant de partir, j'ai laissé, c'était, devait, était, j'ai reçu, avait disparu |
| 3. | Je roule sur l'avenue Outremont. Tout à coup une voiture me heurte violemment. Le conducteur n'a pas remarqué qu'il y avait un arrêt. J'en ai pour 3 000 dollars de dommages. | roulais, m'a heurté, n'avait, remarqué, avait, ai eu, étais, faisait, n'avais |
| 4. | Je suis étonnée. Ça fait quatre jours que je n'ai aucun message électronique. Je me demande s'il n'y a pas un problème chez le serveur. En l'appelant, j'apprends que le service a été interrompu en raison d'un bris deux jours auparavant. Ils affirment qu'ils m'ont envoyé un message pour m'en avertir, mais je ne l'ai pas reçu. | ↳, me demendais, n'y avait, j'ai appris, avait été, m'ont affirmé, m'avaient envoyé, l'avais, reçu. |
| 5. | On tourne en rond pendant une heure. On n'arrive pas à trouver le chemin de la Sapinière. Finalement, quand on arrive au chalet des Gagnon, il est 20 heures et plusieurs invités sont déjà partis. | a tourné, n'arrivait, est arrivé, était, étaient déjà partis |

# Tableau 7

Complétez le tableau en employant des verbes à la voix passive au passé composé, à l'imparfait et au plus-que-parfait.

| Exemple *Les vols ont été annulés.* | *Les vols étaient annulés.* | *Les vols avaient été annulés.* |
|---|---|---|
| 1. Les passagers ont été secourus. | 1. Les passagers étaient secourus. | 1. Les passagers avaient été secours |
| 2. Nous avons été informés aup... | 2. Nous étions | 2. Nous avions été informés auparavant. |
| 3. Des arbres et des poteaux ont été arrachés. | 3. Des arbres et des poteaux étaient arrachés | 3. Des arb + pot avaient été étaient arrachés |
| 4. Vous avez déjà prévenus | 4. Vous aviez déjà prévenus | 4. Vous aviez déjà été prévenus. |
| 5. Nous avons appelés | 5. Nous étions appelés. | 5. Nous avions été appelés |
| 6. Le centre d'accueil a été complètement ravagé par les flammes. | 6. avait | 6. avait été |
| 7. L'incendie a été es. maîtrisée | 7. L'incendie était maîtrisé. | 7. L'incendie avait été maîtris |
| 8. | 8. | 8. Le prix avait été remporté par Ronnie Smith. |
| 9. Le suspect a été vu sur les lieux du crime. | 9. | 9. |
| 10. | 10. Ils étaient convoqués à la réunion à 7 heures. | 10. |
| 11. | 11. | 11. Elle avait été suivie jusqu'à sa résidence. |
| 12. Une dame de 75 ans a été heurtée dimanche après-midi. | 12. | 12. |
| 13. | 13. Les suspects étaient finalement arrêtés samedi soir au terme d'une chasse à l'homme. | 13. |
| 14. | 14. | 14. Les résidents avaient été jetés à la rue après le violent incendie. |
| 15. Un autobus a été réservé pour conduire les touristes à Québec. | 15. | 15. |

# Tableau 8

Complétez le tableau en suivant l'exemple.

| Exemple | *L'homme a fait feu sur les policiers avant de s'enfuir.* | **Après avoir fait feu** *sur les policiers, l'homme s'est enfui.* | *L'homme s'est enfui. Il avait* **auparavant** *fait feu sur les policiers.* |
|---|---|---|---|
| **1.** Le camion a heurté une camionnette qui était stationnée du côté gauche avant d'enfoncer la vitrine de la boucherie. | | | |
| **2.** Les flammes ont complètement ravagé l'immeuble principal avant de se propager aux installations adjacentes. | | | |
| **3.** Les deux suspects ont tiré sur leurs poursuivants avant de monter dans le véhicule qui les attendait devant la porte de l'immeuble. | | | |
| **4.** Madame Joanne Chartrand a attendu plus d'une demi-heure devant les portes closes de l'hôpital avant d'accoucher d'un superbe garçon de trois kilos et demi. | | | |
| **5.** Le capitaine a lancé plusieurs balises de détresse avant d'abandonner le navire avec les membres de son équipage, à bord de canots de sauvetage. | | | |

# Tableau 9

Transformez les énoncés en utilisant un marqueur de temps.

| Exemple | *J'ai commencé ce cours. À cette époque-là, je ne connaissais presque rien à l'informatique.* | *Lorsque j'ai commencé ce cours, je ne connaissais presque rien à l'informatique.* |
|---|---|---|
| | **1.** Il a fait son entrée sur scène. **Presque au même moment**, le public l'a ovationné. | 1. |
| | **2.** J'ai reçu la confirmation. Je l'ai **tout de suite** appelé. | 2. |
| | **3.** Philippe a reçu son diplôme de bachelier. On était très émus. | 3. |
| | **4.** Il m'a aperçu. **Aussitôt**, il s'est mis à faire des gestes dans ma direction. | 4. |
| | **5.** Il a ouvert la porte de son appartement. **À ce moment même**, il s'est rendu compte qu'il avait été cambriolé. | 5. |
| | **6. Premièrement**, nous avons déposé nos bagages. **Ensuite**, on est allés prendre un petit café au resto. | 6. |
| | **7.** Il est descendu du train. Il m'a tout **de suite** serrée dans ses bras. | 7. |
| | **8. D'abord**, il nous a fallu suivre le cours préparatoire. **Ensuite**, nous avons suivi le cours spécialisé. | 8. |
| | **9. À la lecture** du journal, j'ai trouvé un article sur les régimes minceur. | 9. |
| | **10.** Bertrand recevait son prix. Son père a pris une photo. | 10. |

# Tableau 10

**A.** Dans les trois extraits d'œuvres littéraires suivants, soulignez les verbes au passé simple.

J'avais eu tort de croire Médéric pour autant gagné. Il est vrai, il ne mit plus mon autorité en péril devant les autres. Il feignit de se conformer aux règles du jeu. Il consentit même à se séparer en classe de son chapeau de cow-boy. En l'enlevant un matin, il alla jusqu'à décrire à mon endroit un salut si exagéré qu'il ne pouvait être pris pour une politesse. Mais en dehors de ces moments où il était parmi nous pour se moquer de la classe, il était toujours insaisissable…

Ma classe marchait si bien avant qu'il n'arrive, pourquoi, me demandai-je, avait-il fallu que j'hérite de ce phénomène? J'essayai deux ou trois fois de n'en faire aucun cas, de l'abandonner, puisque c'était ce qu'il voulait, à son ignorance, à son oisiveté, mais ce fut bientôt plus fort que moi, je fus reprise par la frénésie de le voir avancer coûte que coûte. Telle était alors ma fièvre, impérieuse comme l'amour, en fait c'était de l'amour, ce passionné besoin que j'eus toute ma vie, que j'ai encore, de lutter pour obtenir le meilleur de chacun.

Gabrielle Roy, *Ces enfants de ma vie*, © Fonds Gabrielle Roy, Montréal, Boréal, 1977, p. 139.

Le lendemain, on frappait à la porte. Catherine ouvrit, et reconnut Lia, tout de suite, malgré l'obscurité de l'escalier.

Il y eut une minute de silence au cours de laquelle l'odeur de l'appartement s'empara de tout l'espace, comme une bête familière qui n'en finit pas de manifester bruyamment sa présence. Lia fit une longue aspiration, puis franchit le seuil.

– J'ai oublié ma clé et je n'ai pas voulu sonner pour ne pas éveiller Michel.

Catherine, décontenancée, s'effaça pour laisser passer Lia.

La jeune femme portait des talons hauts qui sonnaient clair et aigu. Elle entra dans la cuisine et demanda une tasse de café. Catherine prépara le café et le servit à Lia dans une tasse fine qui était celle de Michel, tandis que le regard perçant de Lia s'attardait sur chacun de ses gestes. Lia demeura debout, but son café, puis alluma sa cigarette d'une façon qui rappelait les grandes manières de Michel.

– Ainsi, vous êtes Catherine…

Anne Hébert, *Les Chambres de bois*, Paris, © Éditions du Seuil, 1958, p. 94.

À midi Maria sortit sur le seuil et annonça par un long cri que le dîner était prêt. Les hommes se redressèrent lentement parmi les souches, essuyant d'un revers de la main les gouttes de sueur qui leur coulaient dans les yeux, et prirent le chemin de la maison.

La soupe aux pois fumait déjà dans les assiettes. Les cinq hommes s'attablèrent lentement, comme un peu étourdis par le dur travail; mais à mesure qu'ils reprenaient leur souffle leur grande faim s'éveillait et bientôt ils commencèrent à manger avec avidité. Les deux femmes les servaient, remplissaient les assiettes vides, apportant le grand plat de lard et de pommes de terre bouillies, versant le thé chaud dans les tasses. Quand la viande eut disparu, les dîneurs remplirent leurs soucoupes de sirop de sucre dans lequel ils trempèrent de gros morceaux de pain tendre; puis, bientôt rassasiés parce qu'ils avaient mangé vite et sans un mot, ils repoussèrent leurs assiettes et se renversèrent sur les chaises avec des soupirs de contentement, plongeant leurs mains dans leurs poches pour y chercher les pipes et les vessies de porc gonflées de tabac.

Louis Hémon, *Maria Chapdelaine* (1916), Montréal, © Fides, 1946, © Bibliothèque québécoise, 1990, p. 51 et 52.

# Tableau 10 *(suite)*

**B.** Consignez les verbes dans le tableau ci-dessous. Indiquez aussi la forme du verbe à l'infinitif.

| Verbes au passé simple à la 1re personne du singulier | | Verbes au passé simple à la 3e personne du singulier | | Verbes au passé simple à la 3e personne du pluriel | |
|---|---|---|---|---|---|
| Verbe conjugué | Verbe à l'infinitif | Verbe conjugué Exemple *mit* | Verbe à l'infinitif Exemple *mettre* | Verbe conjugué | Verbe à l'infinitif |
| | | | | | |
| | | | | | |
| | | | | | |
| | | | | | |
| | | | | | |
| | | | | | |
| | | | | | |
| | | | | | |
| | | | | | |
| | | | | | |
| | | | | | |
| | | | | | |
| | | | | | |
| | | | | | |
| | | | | | |
| | | | | | |
| | | | | | |
| | | | | | |
| | | | | | |
| | | | | | |
| | | | | | |

# Le discours rapporté au passé

## Table des matières

# Tableau grammatical

## A. La construction des phrases au discours rapporté

| | Discours direct | Discours rapporté |
|---|---|---|
| **Phrase déclarative** | Alain a dit : « Je ne peux pas être présent à la réunion. » | Alain a dit **qu'**il ne pouvait pas être présent à la réunion. |
| **Phrase interrogative** | **1.** Question fermée (réponse = oui ou non) Il a demandé à Clara : « Peux-tu être présente à la réunion ? » | Il a demandé à Clara **si** elle pouvait être présente à la réunion. |
| | **2.** Question ouverte a) Question avec mot interrogatif : Il a demandé : « **Où** a lieu la réunion ? » | Il a demandé **où** avait lieu la réunion. |
| | b) Question avec qu'est-ce que : Il a demandé : « **Qu'est-ce que** le directeur va annoncer lors de cette réunion ? » | Il a demandé **ce que** le directeur allait annoncer lors de cette réunion. |
| | c) Question avec qu'est-ce qui : Il a demandé : « **Qu'est-ce qui** est au programme de la réunion ? » | Il a demandé **ce qui** était au programme de la réunion. |
| **Phrase impérative** | Le directeur a ordonné à ses employés : « Soyez présents à la réunion ! » | Le directeur a ordonné à ses employés **d'**être présents à la réunion. Le directeur a demandé **qu'**ils soient présents à la réunion. Le directeur a dit **qu'**ils devaient être présents à la réunion. |
| **Ponctuation** | Les paroles rapportées sont précédées par le deux-points (**:**) et mises entre guillemets (**« »**). | Le deux-points et les guillemets disparaissent, de même que le point d'interrogation dans les phrases interrogatives et le point d'exclamation dans les phrases impératives. |
| | Il a demandé : « Est-ce que cette réunion est importante ? » | Il a demandé si cette réunion était importante. |

## B. La concordance des temps lorsque le verbe introducteur est au passé

Il faut appliquer la concordance des temps quand on passe du discours direct au discours rapporté lorsque le verbe introducteur est au passé.

| Discours direct | Discours rapporté |
|---|---|
| **Présent** | **Imparfait** |
| Elle a dit : « Je rentre à 17 heures. » ▶ | Elle a dit qu'elle rentrait à 17 heures. |
| **Passé composé** | **Plus-que-parfait** |
| Elle a dit : « Je suis rentrée à 17 heures. » ▶ | Elle a dit qu'elle était rentrée à 17 heures. |
| **Futur simple** | **Conditionnel présent** |
| Elle a dit : « Je rentrerai à 17 heures. » ▶ | Elle a dit qu'elle rentrerait à 17 heures. |
| **Futur antérieur** | **Conditionnel passé** |
| Elle a dit : « Je serai rentrée à 17 heures. » ▶ | Elle a dit qu'elle serait rentrée à 17 heures. |
| **Impératif** | **Infinitif** |
| Elle lui a dit : « Rentre à 17 heures ! » ▶ | Elle lui a dit de rentrer à 17 heures. |

Certains temps de verbe ne changent pas quand on passe du discours direct au discours rapporté lorsque le verbe introducteur est au passé.

| Discours direct | Discours rapporté |
|---|---|
| **Imparfait** | **Imparfait** |
| Il a répondu : « Ma femme était malade. » ▶ | Il a répondu que sa femme était malade. |
| **Plus-que-parfait** | **Plus-que-parfait** |
| Il a répondu : « Elle avait été malade. » ▶ | Il a répondu qu'elle avait été malade. |
| **Conditionnel présent** | **Conditionnel présent** |
| Il a répondu : « Elle serait malade. » ▶ | Il a répondu qu'elle serait malade. |
| **Conditionnel passé** | **Conditionnel passé** |
| Il a répondu : « Elle aurait été malade. » ▶ | Il a répondu qu'elle aurait été malade. |
| **Subjonctif** | **Subjonctif** |
| Il a répondu : « Je doute qu'elle soit malade. » ▶ | Il a répondu qu'il doutait qu'elle soit malade. |

## C. Le changement de pronoms personnels, d'adjectifs possessifs et de pronoms possessifs

Le passage du discours direct au discours rapporté entraîne des changements de pronoms personnels de même que de pronoms et d'adjectifs possessifs. Ces changements dépendent de la personne qui rapporte le message.

| Discours direct | Discours rapporté |
|---|---|
| • Samuel a dit à son patron : « ***Je*** ne ***vous*** ai pas encore remis mon rapport. Pouvez-***vous m'***accorder un petit délai ? » | • Le patron rapporte sa conversation avec Samuel à sa secrétaire : « *Samuel **m'**a dit qu'**il** ne **m'**avait pas encore remis **son** rapport. **Il m'**a demandé si **je** pouvais **lui** accorder un petit délai.* » |

| Discours direct | Discours rapporté |
|---|---|
| | • Samuel rapporte sa conversation avec le patron à sa collègue Émilie : <br> « **J'**ai dit au patron que **je** ne **lui** avais pas encore remis **mon** rapport. <br> **Je lui** ai demandé s'**il** pouvait **m'**accorder un petit délai. » |
| | • Émilie rapporte la conversation entre Samuel et le patron à une autre collègue : <br> « Samuel a dit au patron qu'**il** ne **lui** avait pas encore remis **son** rapport. <br> **Il lui** a demandé s'**il** pouvait **lui** accorder un petit délai. » |

## D. Le changement d'expressions de temps et de lieu

| | Discours direct | Discours rapporté |
|---|---|---|
| **Passé** | • Il y a un an, une année <br> • l'année, la semaine passée/dernière <br> • le mois passé/dernier <br> • il y a trois jours <br> • avant-hier <br> • hier <br> • tout à l'heure | • un an, une année avant/auparavant <br> • l'année, la semaine précédente/d'avant <br> • le mois précédent/d'avant <br> • trois jours plus tôt <br> • l'avant-veille <br> • la veille <br> • quelque temps avant |
| **Présent** | • aujourd'hui <br> • en ce moment <br> • ce matin, cet après-midi, ce soir <br> • cette année | • ce jour-là <br> • à ce moment-là <br> • ce matin-là, cet après-midi-là, ce soir-là <br> • cette année-là |
| **Futur** | • tout à l'heure <br> • demain <br> • après-demain <br> • dans trois jours <br> • la semaine, l'année prochaine <br> • le mois prochain | • quelque temps après <br> • le lendemain <br> • le surlendemain <br> • trois jours plus tard/après <br> • la semaine, l'année suivante/d'après <br> • le mois suivant/d'après |
| **Lieu** | • ici | • là |

## E. Quelques verbes introducteurs fréquents

| | | | | |
|---|---|---|---|---|
| admettre | avouer | expliquer | prétendre | répliquer |
| affirmer | conclure | faire remarquer | promettre | reprocher |
| ajouter | confirmer | indiquer | proposer | répondre |
| annoncer | constater | informer | raconter | suggérer |
| assurer | déclarer | jurer | rappeler | vouloir savoir |
| avertir | demander | laisser entendre | reconnaître | |
| aviser | dire | préciser | répéter | |

**Objectif grammatical**
Le discours rapporté au passé.
Les verbes introducteurs.

**Objectif de communication**
Identifier un type de discours.

# Vu, lu, entendu

**A.** Voici des bribes de discours. Trouvez, parmi les mots donnés ci-dessous, le mot qui décrit le mieux le discours de chacun des énoncés.

| | | |
|---|---|---|
| **1.** AVIS | **6.** INDICATION | **11.** PRÉCISION |
| **2.** CONSTAT | **7.** CONFIRMATION | **12.** AVERTISSEMENT |
| **3.** ANNONCE | **8.** RAPPEL | **13.** SUGGESTION |
| **4.** DÉCLARATION | **9.** PROMESSE | **14.** PROPOSITION |
| **5.** RÉPONSE | **10.** EXPLICATION | **15.** REPROCHE |

Exemple

a) À partir de 2005, il n'en coûtera rien aux parents qui travaillent pour faire garder leur enfant. Les garderies québécoises seront totalement gratuites. (La ministre de la Famille) *(DÉCLARATION)*

b) Nous avons quelque chose à vous annoncer. Nous serons parents pour la première fois. On attend un bébé pour la mi-octobre. ( _____ )

c) Les passagers à destination d'Hawaï doivent se présenter à la porte d'embarquement A38. Deuxième appel. ( _____ )

d) Moi, à ta place, je prendrais rendez-vous avec un spécialiste, histoire d'avoir l'heure juste.
( _____ )

e) Objet : Réponse à votre demande de subvention du 30 mai
Votre demande de subvention pour le projet de recherche « La vie moléculaire » a été acceptée.
( _____ )

*f)* Selon le groupe de scientifiques, les tests récemment effectués à partir d'échantillons d'eau provenant du fleuve Saint-Laurent démontrent clairement la présence d'un grand nombre d'agents toxiques.

( _____ )

*g)* Franchement, tu aurais pu me prévenir. Me faire attendre une demi-heure, comme ça, dans la neige. C'est bien toi, ça ! ( _____ )

*h)* Une centaine de militants antimondialisation ont fait du repérage, ce week-end, sur le site où se déroulera, en avril, le Sommet des Amériques.

*Information recueillie par les chaînes de télévision canadiennes.* ( _____ )

*i)* Tel que nous l'avons annoncé en mai dernier, 100 millions de dollars seront consacrés à la lutte contre le tabagisme. ( _____ )

*j)* Si nous sommes élus, nous nous engageons à injecter des fonds publics dans les programmes environnementaux. ( _____ ).

*k)* Cette année, on pourrait prendre nos vacances... Tiens, pourquoi pas des vacances végétariennes ? Il semble qu'il y a une agence qui offre des forfaits méditation/« bouffe » végétarienne. Ça pourrait être amusant. Je suis certain que tu aimerais te lever à 4 heures du matin en vacances, juste pour méditer !

( _____ )

*l)* Il y aura interruption du courant entre 9 heures et 10 heures, mardi prochain. Nous demandons à notre clientèle de bien vouloir nous en excuser. ( _____ )

*m)* Nous tenons à préciser que le prix des skis de randonnée AIR B40 est de 150 $ et non de 148 $ comme l'annonçait la publicité parue dans ce journal samedi et dimanche derniers. ( _____ )

*n)* Les eaux de ces rives présentent un risque de contamination assez élevé. Baignade interdite.

( _____ )

*o)* Tu ne sais pas comment fonctionne ce télécopieur ? C'est simple. Tu introduis les feuilles, ici, en haut, puis, tu composes le numéro en commençant par le 9. Enfin, tu appuies sur ENVOI et voilà, le tour est joué. ( _____ )

**B.** Trouvez le verbe qui correspond à chacun des noms suivants.

1. AVIS _____

2. CONSTAT _____

3. ANNONCE _____

4. DÉCLARATION _____

5. RÉPONSE _____

6. INDICATION _____

7. CONFIRMATION _____

8. RAPPEL _____

9. PROMESSE _____

10. EXPLICATION _____

11. PRÉCISION _____

12. AVERTISSEMENT _____

13. SUGGESTION _____

14. PROPOSITION _____

15. REPROCHE _____

**C.** Identifiez les locuteurs. Mettez les énoncés de la partie A au discours rapporté au passé, en utilisant le verbe qui découle du nom décrivant le type de discours.

Exemple

Déclaration

1. *La ministre de la Famille **a déclaré** qu'à partir de 2005, il n'en coûterait rien aux parents de travailler à l'extérieur. Elle **a dit** que les garderies québécoises seraient totalement gratuites.*

2. _____

_____

_____

3. _____

_____

_____

4. _____

_____

_____

5. _____

_____

_____

**6.** _____

_____

_____

**7.** _____

_____

_____

**8.** _____

_____

_____

**9.** _____

_____

_____

**10.** _____

_____

_____

**11.** _____

_____

_____

**12.** _____

_____

_____

**13.** _____

_____

_____

**14.** _____

_____

_____

**15.** _____

_____

_____

| Objectif grammatical | Objectif de communication |
|---|---|
| Le discours rapporté au passé. | Rapporter les paroles de quelqu'un. |

# Le monde sportif

**A.** Lisez les déclarations suivantes.

### 1. Nicolas Fontaine renoue avec la victoire

« Je me posais des questions depuis que j'ai changé ma technique cet été. Je trouvais que je sautais mieux mais je n'étais pas capable de terminer mes sauts.
Le centre de ski Deer Valley, au Dakota, ce n'est pas un site facile. »

### 2. La Canadienne Allison Forsyth contente de son résultat

« C'est vrai que j'ai eu un début de saison meilleur que jamais.

Je me suis entraînée en altitude pendant le congé de Noël et j'ai trouvé cela très difficile. »

### 3. Défaite surprise de Pete Sampras

« Je ne me sens pas au meilleur de ma forme présentement mais je sais que ça va venir.
J'ai manqué d'énergie. J'ai joué quelques bons matchs ici et je me suis bien amusé. »

### 4. Rallye Paris-Dakar

« La septième étape du rallye Paris-Dakar, entre Goulimine (Maroc) et Smara (Sahara occidental) aura lieu comme prévu aujourd'hui. »

—Le directeur de l'épreuve

### 5. Clément: révélation du tennis français

« J'ai le sentiment d'avoir battu un joueur meilleur que moi. Mais je l'ai eu par la hargne. Je me suis battu et j'ai gagné. »

**6. La nageuse Joanne Malar prend sa retraite**

« J'ai toujours pensé que les jeux de Sydney étaient mes derniers Jeux olympiques. J'ai décidé de me retirer afin de trouver une nouvelle passion. »

**7. Coupe du monde de ski alpin : combiné féminin**

« Je vis présentement de très bons moments et ce n'est pas seulement en raison de mes podiums. J'ai toujours recherché la constance et je suis contente d'y parvenir dans les deux disciplines. »

–Mélanie Turgeon, skieuse

**8. Patinage de vitesse**

« Je n'ai pas connu une très bonne semaine à l'entraînement. Mon 500 mètres a été excellent mais au 1 000 mètres, j'ai commis une petite erreur qui m'a coûté la deuxième place au moins. »

–Catriona LeMay Doan, patineuse de vitesse

**B.** Qu'est-ce que ces sportifs ont déclaré à la presse ? Mettez leurs phrases au discours rapporté, comme dans l'exemple.

Voici des verbes qu'on utilise fréquemment pour introduire des phrases au discours rapporté.

| Admettre Affirmer | Ajouter Annoncer | Avouer Déclarer | Dire Raconter |
|---|---|---|---|

Exemple

**1.** *Nicolas Fontaine **a déclaré que** le centre de ski Deer Valley n'était pas un site facile.* _____

_____

**2.** _____

_____

**3.** _____

_____

**4.** _____

_____

**5.** _____

_____

**6.** _____

_____

**7.** _____

_____

**8.** _____

**C.** À partir des déclarations suivantes, construisez des énoncés au discours rapporté. Attention au changement d'adjectifs et de pronoms de la première personne à la troisième personne.

**1.** Mes performances sont meilleures que l'année passée.

*Sylvie L'Amiral, nageuse*

**2.** Je me sens beaucoup plus à l'aise avec mes nouveaux skis.

Patrick Charpentier, skieur

**3.** Je dois encore discuter de cela avec mon entraîneur.

*Luc Bessette, joueur de tennis*

**4.** Mon contrat se termine cette année.

Rachel Daveluy, joueuse de hockey

**5.** Tomas et moi travaillons présentement à développer notre nouvelle technique de patinage. Nos styles sont bien différents.

Shirley Da, patineuse

**6.** Monsieur Laplante, êtes-vous satisfait de vos résultats ?

Un journaliste du journal *Le Matin*

**7.** Annie, vas-tu prendre ta retraite cette année ?

Une journaliste du journal *Le Matin*

**8.** Alex, comment vois-tu ton avenir dans le sport amateur ?

Un journaliste du journal *Le Matin*

**D.** À partir de l'entretien ci-dessous, construisez un texte journalistique en introduisant des discours rapportés.

J. : Nicolas, une septième place… Es-tu déçu de ta performance ?

N. : J'ai commis des erreurs dans le programme court. J'ai mieux patiné dans le programme long, mais il était trop tard pour rattraper le meneur.

J. : Qu'est-ce qui explique tes derniers résultats ?

N. : Je me suis blessé au pied. J'ai dû oublier les Championnats du monde, l'an dernier. Le retour à la compétition s'est fait difficilement. Je ne patine pas encore à mon meilleur.

J. : Avec déjà plusieurs médailles à ton actif, penses-tu à te retirer de la compétition ?

N. : Je ne sais pas encore. Il est trop tôt pour se prononcer. Après Milan, je prendrai mon temps pour y réfléchir.

Texte paru dans un quotidien

_____
_____
_____
_____
_____
_____
_____
_____
_____
_____
_____
_____
_____
_____
_____
_____
_____
_____
_____
_____
_____
_____
_____
_____
_____
_____

**Objectif grammatical**
Le discours rapporté au passé.

**Objectif de communication**
Retransmettre oralement un message écrit.

# Messages

Voici de courts messages. Transmettez-en le contenu oralement puis par écrit à l'aide des verbes suggérés.

**1.**

| NOTE DE SERVICE | Date : 15 Janvier |
| | Destinataire : Diane |
| | Expéditeur : Danielle |

Ton garagiste a téléphoné. Les réparations vont te coûter 345 $ au lieu de 50 $ comme prévu parce qu'il faut aussi changer les freins. Ta voiture va être prête demain et tu peux passer la chercher après 16 h. Rappelle-le au 555-1635 si tu as des questions.

– Diane, ton garagiste vient de téléphoner.

– Est-ce qu'il a laissé un message ?

– Oui, il a dit _____

_____

Il a ajouté _____

et_____

Finalement, il a demandé_____

_____

**2.**

Les enfants,

J'ai une réunion ce soir et je ne rentrerai probablement pas avant 20 ou 21 h. Ne m'attendez pas pour souper. Il y a un pâté au poulet dans le frigo. Mettez-le au four à 200 °C pendant environ 25 minutes. Vous pouvez aussi faire décongeler de la sauce tomate si vous préférez manger des pâtes.

Bisous !

Maman

P.S. N'oubliez pas de sortir promener le chien !

– Maman n'est pas là ?

– Non, mais elle nous a laissé un message. Elle a écrit _____

_____

et_____

Elle a expliqué _____

et_____

Elle a ajouté _____

Ah ! J'allais oublier ! Elle nous demande aussi _____

_____

**3.**

Salut !

Nous faisons un voyage mémorable !!! L'hôtel est encore en construction, alors il y a un bruit infernal. Nous nous faisons réveiller à 6 h par le vacarme des marteaux-piqueurs. Et puis la plage est toujours bondée et pas très propre. De plus, la nourriture est infecte et Johanne a attrapé la turista... Elle a dû garder le lit pendant trois jours. Heureusement, les couchers de soleil sont magnifiques...

À bientôt

Didier + Johanne

David et Rachel Lortie

225, rue de Marigny

Laval (Québec)

H7R 0H0    Canada

– J'ai reçu une carte postale de Didier et Johanne.

– Et puis, est-ce qu'ils font un beau voyage ?_____

– Pas du tout !... _____

_____

_____

_____

_____

_____

**Verbes introducteurs suggérés**

| raconter | expliquer | terminer en disant |
|----------|-----------|--------------------|

**4.**

Chers collègues,

Je vous envoie ce petit mot pour vous remercier de la mémorable fête que vous avez organisée pour souligner mon départ à la retraite. J'ai été très touchée par la gentillesse que vous m'avez témoignée. Je vous remercie aussi pour le magnifique tableau que vous m'avez offert. Je l'ai accroché au salon et chaque fois que je le vois, je pense à vous.

Contrairement à ce que je croyais, je ne m'ennuie pas du tout et j'adore mon nouveau statut de retraitée : je joue régulièrement au golf et je planifie un voyage au Mexique le mois prochain. Je vous enverrai une carte postale de Cancún !

Amitiés,

Louise

– As-tu eu des nouvelles de Louise depuis qu'elle a pris sa retraite ?

– Oui, justement, elle nous a envoyé une jolie carte pas plus tard qu'hier.

_____

_____

_____

_____

_____

_____

_____

## Verbes introducteurs suggérés

| écrire | ajouter | expliquer | raconter | promettre |

# Retour en Haïti

**A.** Dans *Pays sans chapeau*, l'écrivain Dany Laferrière raconte son retour en Haïti après vingt ans d'exil passés au Canada et aux États-Unis. La scène suivante se passe à son retour dans son pays natal, lors de son premier repas à Port-au-Prince en compagnie de sa mère, Marie, et de sa tante Renée. Lisez le texte, puis transposez les dialogues au discours rapporté tout en observant la concordance des temps.

Je savais que cette question allait arriver, tôt ou tard.

– Qu'est-ce que tu as mangé pendant ces vingt ans ? me demande à brûle-pourpoint ma mère. […]

– Qu'est-ce que j'ai mangé ?

Pour comprendre l'importance de cette question, il faut savoir que la nourriture est capitale dans ma famille. Nourrir quelqu'un, c'est une façon de lui dire qu'on l'aime. Pour ma mère, c'est presque l'unique mode de communication.

– Oui, comment t'es-tu débrouillé ?

– Du spaghetti.

Ah ! L'éclat de rire joyeux ! On aime beaucoup le spaghetti chez moi, mais ma mère pense que ce n'est pas un plat antillais. D'abord, pas de repas qui se respecte sans riz.

– Est-ce qu'il y a du riz là-bas ?

– Oui…

Léger étonnement.

– Il y a même du porc.

– Oui, mais, disent-elles en chœur, ça n'a sûrement pas le même goût que le nôtre… Ça goûte quoi ? demande ma mère comme si la réponse ne l'intéressait déjà plus.

– Rien.

– C'est ce que je me disais, tranche ma mère.

– Mais qui te faisait à manger ? risque tante Renée.

– Personne.

– Comment personne ?

– C'est moi qui me faisais à manger.

– Mon pauvre enfant ! lance tante Renée.

Ma mère se passe la main lentement dans les cheveux.

– Ça n'a pas été si terrible que ça, je finis par murmurer.

Dany Laferrière, *Pays sans chapeau*, Montréal,
© Lanctôt éditeur, 1996, p. 26-27.

Je savais que cette question allait arriver, tôt ou tard. Ma mère m'a demandé à brûle-pourpoint ce que j'avais mangé pendant ces vingt ans.

Sur le coup, je n'ai pas su quoi lui dire.

Lorsqu'elle a reformulé sa question, je lui ai répondu _____

Elle m'a alors demandé _____

Elle a été étonnée lorsque je lui ai répondu _____

J'ai ajouté _____

_____

Ma mère et ma tante ont répliqué en chœur _____

Puis, ma mère a voulu savoir _____

_____

Je lui ai dit _____

Ma mère a répliqué _____

_____

Puis, tante Renée s'est risquée à me demander _____

J'ai avoué _____

Ma mère et tante Renée étaient catastrophées.

J'ai fini par murmurer _____

_____

**B.** **1.** Lisez l'anecdote suivante. Repérez le passage au discours rapporté et soulignez-le.

**2.** Transposez ce passage au discours direct en utilisant l'espace ci-dessous. Observez la concordance des temps et les changements de pronoms personnels et d'adjectifs possessifs quand vous passerez du discours rapporté au discours direct.

**3.** Avec un ou une partenaire, imaginez la suite de cette conversation et transcrivez-la dans une courte scène dialoguée (quatre ou cinq répliques).

**4.** Présentez votre dialogue devant la classe. Les autres devront rapporter oralement la conversation qu'ils auront observée en recourant au discours rapporté.

> Une fois, j'étais allé passer quelques jours à Port-au-Prince quand j'ai rencontré un ancien camarade de classe. Lui n'avait jamais quitté Haïti. On causait de tout et de rien quand brusquement il m'assène que lui et moi sommes aussi différents l'un de l'autre qu'une pierre et un oiseau. «Comment ça? lui dis-je. On a le même âge, on a grandi dans le même quartier, on est de la même classe sociale, on a été à l'école ensemble, comment peux-tu dire une chose pareille?» Il m'a alors lancé que cela faisait plus de vingt ans qu'il vivait dans la terreur quotidienne, qu'il voyait des gens mourir sans raison, qu'il assistait à des actes de violence absurdes, qu'il était obligé de penser que le type qui arrivait en face de lui était peut-être son assassin… Je suis resté bouche bée parce que c'était exactement la même situation qu'à mon départ d'Haïti en 76. Subir chaque jour une pareille pression aurait pu avoir le même impact sur moi. Peut-être serais-je devenu aussi dur qu'une pierre, alors que maintenant je me sens aussi léger qu'un oiseau. Cette conversation m'a longtemps troublé.

Dany Laferrière, *J'écris comme je vis. Entretien avec Bernard Magnier*, Montréal, © Lanctôt éditeur, 2000.

_____

_____

_____

_____

_____

_____

_____

_____

_____

**C.** Vous êtes journaliste et avez interviewé Dany Laferrière. Voici la transcription de votre entretien. Rédigez un compte rendu de votre conversation pour votre patron qui doit décider s'il diffusera cette entrevue. Transposez vos questions et l'essentiel des propos de l'écrivain dans le discours rapporté, comme dans l'exemple. Variez les verbes introducteurs. Pour ce faire, reportez-vous au tableau grammatical en début de chapitre.

*Envisages-tu un retour en Haïti ?*
Il y a des gens qui sont retournés. Au début, ils essaient, avec un certain enthousiasme, de s'adapter. Voyant que cela ne marche pas, ils tentent de retrouver le mode de vie, avec quelques changements bien sûr, qu'ils menaient là-bas, pour découvrir que c'est totalement impossible. Comment peut-on envisager de vivre, comme on le faisait à Montréal et à Paris, dans un pays où n'importe qui peut vous assassiner sans raison ?

*Et toi ?*
Je ne pense plus racines. Miami me va bien parce que je n'ai aucune véritable implication dans cette ville. J'aime beaucoup Miami dans un certain sens, mais ce n'est ni Montréal, ni Port-au-Prince. Miami est comme une banlieue de Port-au-Prince et de Montréal. Après avoir passé vingt-trois ans en Haïti (les années fondatrices) et vingt-quatre (les années décisives) au Québec, je me sens comme un heureux mélange de ces peuples apparemment si dissemblables.

*Que penses-tu de l'idée de pays ?*
Le mot *Haïti* existe dans ma chair. N'importe où dans le monde, quand j'entends ce nom, mon cœur se met immédiatement à battre plus vite.

*Donc, tu t'informes quotidiennement à propos d'Haïti...*
Non, rarement. C'est le mot qui me touche. Je ne cours pas acheter les journaux pour savoir ce qui se passe en Haïti. Le mot *Québec* aussi existe beaucoup pour moi. Je suis né en Haïti, et j'ai pris l'exil au Québec. Dire que je n'ai eu aucun contrôle sur les deux événements majeurs de ma vie...

Dany Laferrière, *J'écris comme je vis. Entretien avec Bernard Magnier*, Montréal, © Lanctôt éditeur, 2000.

Exemple    *Je lui ai d'abord demandé s'il envisageait un retour en Haïti. Il m'a expliqué que*

*beaucoup de gens étaient retournés et qu'au début, ils essayaient avec enthousiasme*

*de s'adapter. Puis, voyant que cela ne marchait pas...*

_____

_____

_____

_____

_____

_____

_____

_____

_____

_____

_____

_____

_____

## 5

**Objectif grammatical**
Le discours rapporté au passé.

**Objectif de communication**
Donner une autre version d'un événement.

# Élisabeth

**A.** Lisez la première partie de la chanson. Thomas, qui est encore une fois rentré plus tard que prévu, s'explique à Élisabeth.

### 1er couplet

Ma montre est passée sous une roue,
Elle a disparu dans un trou.
J'ai raté le dernier métro.
Je sais, c'est une fois de trop.
Mais je ne suis pas un menteur,
Mon amour, tu me serres le cœur.
Si un mensonge s'y dissimule
Que je sois transformé en mule,

Fais pas la tête,
Élisabeth.

### 2e couplet

Il me fallait des cigarettes,
Un miroir aux alouettes,
Et puis j'ai acheté du fil blanc
Ainsi qu'des salades et du flan.
Tu vas t'imaginer des choses,
Regarde, j'ai apporté des roses.
Si un mensonge les intoxique
Que je sois transformé en bique,

Fais pas la tête,
Élisabeth.

### 3e couplet

On se croirait au tribunal !
Je suis en retard, point final.
En retard, c'est encore trop tôt
Pour la potence ou le poteau.
Tu sais, je suis digne de foi,
Tu peux avoir confiance en moi.
Si un mensonge sort de ma bouche
Que je sois transformé en mouche,

Fais pas la tête,
Élisabeth.

### 4e couplet

Tu sais, je suis un enfant d'chœur,
J'ai été élevé chez les sœurs,
Si j'ai la faute au fond des yeux
C'est parce que je suis sur le feu.
Je te donne ma parole de scout,

Tu ne peux pas la mettre en doute.
Si un mensonge sort de mon crâne
Que je sois transformé en âne,

Fais pas la tête,
Élisabeth.

### 5e couplet

C'est l'heure de passer aux aveux,
Tu me croiras si tu veux,
J'ai rencontré un vieux copain,
D'ailleurs, je dois le voir demain.
Va pas t'imaginer des trucs,
Que je fabule ou que je truque
Car si je mens pour le copain
Que je sois changé en lapin,

Fais pas la tête,
Élisabeth.

**B.** Pour l'instant, la chanson s'arrête ici. Vous avez lu la version de Thomas. Complétez maintenant la version d'Élisabeth en vous référant au texte de la chanson et en observant la concordance des temps dans le discours rapporté, comme le montre l'exemple.

### La version d'Élisabeth

L'autre soir, j'avais préparé un souper romantique, mais le repas était déjà froid depuis longtemps lorsque Thomas s'est finalement pointé. Naturellement, j'ai voulu savoir pourquoi il arrivait si tard.

---

**1er couplet**

Thomas m'a expliqué *que sa montre était passée sous une roue*

qu'elle _____

et qu'il _____

Puis il a reconnu, penaud, que _____

Mais il s'est excusé en disant qu'il _____

_____

**Refrain**

Voyant que j'affichais un air sceptique,

il m'a demandé de _____

**2e couplet**

Ensuite, il m'a fait croire qu'il _____

Et puis qu'il _____

Il m'a assuré que je _____

Pensant sans doute se faire pardonner ainsi, il m'a dit qu'il ____

_____

**Refrain**

Constatant que je ne croyais pas un mot de ce qu'il racontait,

il m'a priée de _____

**3e couplet**

Voyant que je ne m'adoucissais pas, il a lancé qu'il _____

Il a ajouté sèchement qu'il _____

Il a remarqué qu'un simple retard _____

Croyant sans doute m'amadouer, il m'a répété qu'il _____

et que je _____

_____

**Refrain**

Observant que je restais toujours de glace,

il m'a suppliée de _____

---

**4e couplet**

Puis, adoptant un ton faussement attendri, il m'a raconté qu'il _____

et qu'il _____

Il a prétendu que s'il _____

c'est qu'il _____

Il m'a juré qu'il _____

et il a laissé entendre que je _____

_____

**Refrain**

Comprenant que je n'avalais pas ses bobards,

il m'a conjurée de _____

**5e couplet**

Finalement, s'empêtrant de plus en plus dans ses mensonges,

il m'a avoué qu'il _____

et que d'ailleurs _____

Puis, il m'a accusée d' _____

_____

**Refrain**

Sentant qu'il y avait peu de chance que je lui pardonne cette fois,

il m'a implorée de _____

**C.** Soulignez les verbes introducteurs dans le récit d'Élisabeth. Cherchez le sens de ceux que vous ne connaissez pas.

**D.** En un paragraphe, imaginez la fin de l'histoire, telle que racontée par Élisabeth. Utilisez le discours rapporté pour rapporter les échanges entre Thomas et Élisabeth.

_____

_____

_____

_____

_____

_____

_____

_____

_____

_____

_____

**E.** Voici la fin de la chanson, telle que racontée par Thomas. Comparez-la avec la conclusion que vous-même aviez imaginée.

### 6ᵉ couplet

C'est vrai, il m'a fallu du temps,
C'est vrai, il m'a fallu dix ans,
C'est vrai, j'ai pas écrit souvent,
Et toi, t'es rentrée au couvent,
Mais t'es jolie sous la cornette,
Non, ce ne sont pas des sornettes.
S'il en sort une de mon chapeau
Que je sois changé en crapaud,

Fais pas la tête,
Élisabeth.

### 7ᵉ couplet

Il me fallait des cigarettes,
Un miroir aux alouettes,
Et puis j'ai acheté du fil blanc
Ainsi qu'des salades et du flan.
Tu vas t'imaginer des choses,
Regarde, j'ai apporté des roses.
Si un mensonge les intoxique
Que je sois transformé en bique,
En bique, en souris, en crapaud,
En mule, en mouche ou en chameau.

Paroles et musique : Thomas Fersen
Album Quatre
© 1999 Éditions Bucéphale

## Le mensonge

### Mots de même famille
- menteur, menteuse (nom)
- mentir (verbe)
- mensonger, mensongère (adjectif)

### Et encore...
- un bobard (*familier*) : propos fantaisiste et mensonger.
- des sornettes (6ᵉ couplet, *familier*) : propos frivoles et creux, affirmations qui ne reposent sur rien.

### Expressions idiomatiques et proverbes
- un miroir aux alouettes (2ᵉ couplet) : chose qui trompe, qui fascine.
- un mensonge cousu de fil blanc : un mensonge trop apparent pour abuser quiconque (voir dans le 2ᵉ couplet : « J'ai acheté du fil blanc »).
- des salades (2ᵉ couplet, *figuré*, *populaire*) : des histoires, des mensonges.
- du flan (2ᵉ couplet, *populaire*) : « c'est du flan », de la blague.
- mentir comme un arracheur de dents : mentir effrontément.
- mentir comme on respire : mentir facilement.
- A beau mentir qui vient de loin (proverbe) : il est facile d'être cru quand ce qu'on dit n'est pas vérifiable.

# Régime minceur

Vous avez commandé un produit amaigrissant après avoir vu une publicité alléchante dans un magazine.

**A.** La publicité

## Voulez-vous connaître une perte de poids spectaculaire?

Voici enfin **Objectif Minceur**, un produit qui révolutionne le monde de l'amaigrissement!
Pas de diète, pas de programme d'exercices : vous continuez à manger tout ce que vous voulez!
Il s'agit tout simplement de prendre un comprimé avant chaque repas, et le tour est joué!
Grâce à ce comprimé à base de *Garcinia cambogia*, votre cellulite disparaîtra comme par enchantement et vous retrouverez un ventre plat!
Les comprimés **Objectif Minceur** ont été mis au point par le Dr Legros et testés scientifiquement en laboratoire.
Il n'y a aucune contre-indication, car il s'agit d'un produit entièrement naturel.

69,99 $ pour 90 comprimés : c'est moins cher qu'un abonnement au centre sportif!
Offre spéciale pour un temps limité seulement!
Satisfaction garantie ou argent remis!

**Commandez dès aujourd'hui au (514) 555-8762!**

### Perdez 15 kilos en 30 jours!

**B.** Les faits
- Vous n'avez pas perdu de poids.
- Votre cellulite n'a pas disparu.
- Vous n'avez pas retrouvé un ventre plat.
- Vous êtes diabétique.
- On ne vous a jamais remis votre argent.

**C.** Les informations recueillies auprès de l'Office de la protection du consommateur (OPC)
- Selon l'Ordre des diététistes, il est impossible de perdre un demi-kilo par jour.
- L'efficacité du *Garcinia cambogia* n'a jamais été prouvée.
- Le Dr Legros a été radié du Collège des médecins en 1990.
- La mention « testés scientifiquement » ne signifie pas que les résultats des tests soient concluants.
- Les comprimés **Objectif Minceur** ne sont pas recommandés aux femmes enceintes ou qui allaitent ou aux personnes diabétiques.
- À raison de trois comprimés par jour, le prix des comprimés revient à 69,99 $ par mois, un montant plus élevé que l'abonnement mensuel à un centre sportif.

Comme vous n'avez pas obtenu satisfaction, vous écrivez une lettre de réclamation au fabricant du produit. Dans votre lettre, vous reprenez les affirmations de la publicité et vous les démentez à l'aide des faits et des informations que vous avez obtenues auprès de l'Office de la protection du consommateur. Finalement, vous exigez un remboursement ou un dédommagement.

Utilisez les verbes introducteurs et les marqueurs d'opposition proposés dans l'encadré et observez la concordance des temps.

| | | |
|---|---|---|
| Dans votre publicité, vous affirmiez que vous disiez que vous prétendiez que vous avanciez que vous promettiez que | Or Cependant Toutefois En réalité | J'ai appris que Selon l'Ordre des diététistes, D'après l'OPC, L'OPC m'a confirmé que À l'OPC, on m'a dit que On m'a expliqué que |

Dr Boris Legros
Objectif Minceur inc.
6231, rue des Petits-Pois
Montréal (Québec)


Monsieur,
Après avoir lu une publicité parue dans le magazine Forme Santé, j'ai commandé des comprimés Objectif Minceur._____
_____
_____
_____
_____
_____
_____
_____
_____
_____
_____
_____
_____

En espérant que vous donnerez une suite favorable à ma demande, je vous prie d'agréer, Monsieur, mes salutations les meilleures.

_____

# Tableau 1

| Exemple | *Nous sommes à Montréal depuis une semaine.* | ***Il a dit qu'****ils étaient à Montréal depuis une semaine.* |
|---|---|---|
| 1. | Le vol en provenance de Rimouski est en retard d'une heure. | Il nous a informé du fait que le vol en provenance de Rimouski était ~~ferai~~ en retard 1 hr. |
| 2. | Peux-tu être là à 16 heures pour garder le bébé ? | Elle lui a demandé pouvait . |
| 3. | Nous sommes fiers d'avoir accompli un tel exploit. | Ils ont déclaré étaient . |
| 4. | On accepte les cartes de crédit. | Elle m'a assuré qu'ils acceptaient . |
| 5. | Nous espérons pouvoir partir dimanche matin. | Ils ont dit que ~~nous pouvait~~ ils espéraient . |
| 6. | Prends-tu une tisane au citron ? | Elle m'a demandé . |
| 7. | Les documents sont envoyés par la poste. | Il a affirmé . |
| 8. | Voulez-vous passer en premier ? | Il lui a demandé . |
| 9. | Le groupe prépare son nouvel album. | Le gérant a déclaré . |
| 10. | Nous nous occupons de tout. | L'agent de voyages a assuré . |
| 11. | Vous recevez les billets à l'aéroport. | Il a ajouté . |
| 12. | Vous n'avez à vous inquiéter de rien. | Il a conclu . |
| 13. | Sors-tu ce soir ? | Il m'a demandé . |
| 14. | Vous venez ? | Ils nous ont demandé . |
| 15. | Je ne crois pas pouvoir terminer avant un mois. | Il a dit . |

# Tableau 2

| Exemple *Un jour, j'irai en Chine.* | ***Il a dit qu'***un jour il irait en Chine. |
|---|---|
| **1.** Bientôt, nous pourrons payer nos impôts par Internet. | Le message disait ___pourrions___ |
| **2.** Un jour, nous ferons le tour du monde. | Nos amis ont toujours dit ___ferions___ |
| **3.** Ce ne sera pas long. | Elle m'a assuré ___serait pas long___ |
| **4.** Je serai prêt vers 5 heures. | Il m'a dit ___serait prêt___ |
| **5.** Nous aurons beaucoup de choses à nous raconter. | Elle lui a dit ___qu'ils auraient___ |
| **6.** L'été, vous pourrez admirer la splendeur du Saint-Laurent. | La publicité affirmait _____ |
| **7.** Les hivers québécois vous enchanteront. | Elle disait aussi _____ |
| **8.** Qui partira le premier ? | Il a demandé au président de la course _____ |
| **9.** Tu n'auras pas froid, sans gants ni foulard ? | Je lui ai demandé _____ |
| **10.** Vous profiterez de rabais incroyables. | Je leur ai dit _____ |
| **11.** Nous ferons tout pour vous satisfaire. | L'agente nous a dit _____ |
| **12.** L'accusé contestera la décision de la cour. | L'avocat a déclaré _____ |
| **13.** Vous devrez tout ranger avant de quitter les lieux. | Le propriétaire nous a fait savoir _____ |
| **14.** Plus de 60 000 jeunes participeront à cette course. | Le journaliste a écrit _____ |
| **15.** Il y aura de nombreux manifestants. | Nous avons été avertis _____ |

**Tableau d'entraînement**

La concordance des temps
Le passé composé
Le plus-que-parfait

# Tableau 3

| Exemple | *Durand m'a dépassé au dernier tour. (Alain Jacques)* <br> **Alain Jacques a déclaré que** *Durand l'avait dépassé au dernier tour.* |
|---|---|

**1.** Ma performance n'a pas été à la hauteur. (Lionel Jasmin, joueur de baseball)

**2.** Nous avons mieux joué l'année dernière. (Hubert Deschamps, joueur de hockey)

**3.** Le numéro 1, je l'ai battu, enfin. (Alain Prévost, pilote de Formule 1)

**4.** On a connu une très bonne saison. (Lindsay Jones, entraîneure de l'équipe canadienne de ski)

**5.** Il a commis plusieurs erreurs qui lui ont valu la défaite. (Nikita Baku, joueur d'échecs)

**6.** J'ai été pris d'un malaise en pleine course. (Suri Brown, sprinter)

**7.** Le temps a joué en notre faveur. (Carole Altier, kayakiste)

**8.** Je ne me suis posé aucune question. J'ai foncé. (Jacques Delorme, skieur)

**9.** Elle s'est finalement retirée de la compétition professionnelle. (Béatrice Meyers, entraîneure)

**10.** Je me suis fracturé la cheville et j'ai dû abandonner. (Vincent Hughes, triathlonien)

**11.** Les conditions météo ont été désastreuses. (Nathalie Von Schnellenberg, skieuse de fond)

**12.** J'ai eu ma revanche. (Toni Lyons, golfeur)

**13.** Je me suis battue et j'ai perdu. (Élise Karim, nageuse)

**14.** Cette défaite a été pleine d'enseignements. (Phil David, cycliste)

# Tableau 4

Complétez le tableau en transposant les phrases au discours direct ou rapporté, selon le cas, comme dans l'exemple.

| Il a dit : | Il a dit que ou qu'… |
|---|---|
| Exemple   « La vie est belle. » | *la vie était belle.* |
| 1. « J'ai pris ma décision. » | |
| 2. _____ | il ne reviendrait pas de si tôt. |
| 3. « Je ne te dirai pas mon secret. » | |
| 4. _____ | Béatrice l'avait laissé tomber comme une vieille chaussette. |
| 5. « Mon père n'a jamais rien su de cette histoire. » | |
| 6. _____ | ils allaient certainement répéter l'expérience. |
| 7. « Nous arriverons à Québec en fin de soirée. » | |
| 8. _____ | il s'était passé quelque chose d'étrange ce soir-là. |
| 9. « Tu es ravissante. » | |
| 10. _____ | il n'y aurait plus de place dans la voiture. |
| 11. _____ | c'était son disque préféré. |
| 12. « Je crois que cela fera plaisir à Lise. » | |
| 13. _____ | les gens du quartier allaient protester. |
| 14. « J'ai oublié de rappeler Isabelle. » | |
| 15. _____ | il était d'accord avec moi. |
| 16. _____ | son patron lui avait octroyé une augmentation faramineuse. |
| 17. « Le prix de l'essence va encore augmenter. » | |
| 18. _____ | il adorait ses beaux-parents. |
| 19. « J'ai été bouleversé d'apprendre cette nouvelle. » | |
| 20. _____ | son fils était incapable d'aligner deux mots correctement. |

La concordance des temps
Les changements d'expressions de temps et de lieu
Les changements de pronoms personnels et d'adjectifs possessifs

# Tableau 5

Complétez le tableau en transposant les phrases au discours direct ou rapporté, selon le cas, comme dans l'exemple.

| Elle a dit : | Elle a dit que ou qu'… |
|---|---|
| **Exemple** « Je la rappellerai demain. » | elle la rappellerait le lendemain. |
| 1. « Ce film est sorti la semaine dernière. » | Elle a dit que la film *était* sortifer |
| 2. *Elle a un peu trop bu hier* | elle avait un peu trop bu la veille. |
| 3. « Je veux rester ici. » | Elle a dit qu'elle rester bien |
| 4. *J'ai eu de la dif à payer mon loyer ce mois.* | il avait eu de la difficulté à payer son loyer ce mois-là. |
| 5. « Tu es la troisième personne qui me dit ça aujourd'hui. » | *j'étais la trois... qué lui dis ça hier ait* |
| 6. _____ | la sonnerie du téléphone l'avait réveillée ce matin-là. |
| 7. « Mon mari aura congé après-demain. » | _____ |
| 8. _____ | il lui était arrivé une aventure incroyable l'avant-veille. |
| 9. « En ce moment, je n'ai pas vraiment le temps de penser à ça. » | _____ |
| 10. _____ | on pourrait peut-être dîner ensemble la semaine d'après. |
| 11. « Mohammed est arrivé au Québec il y a un an. » | _____ |
| 12. _____ | elle irait au cinéma ce soir-là. |
| 13. « J'ai appris la nouvelle tout à l'heure. » | _____ |
| 14. _____ | Louis et Pauline s'étaient mariés l'année précédente. |
| 15. « Il fera beau demain. » | _____ |

*Le discours rapporté au passé*

# Tableau 6

Associez les discours oraux suivants à un verbe approprié de la colonne du centre.

**Exemple**   Je ne veux plus entendre tes explications.
*Refuser de : **Il a refusé d'entendre** ses explications.*

| | | |
|---|---|---|
| **1.** Ça y est. On part en voyage cet été. | | |
| **2.** Ça suffit. Fais tes devoirs maintenant ! | Décider de | |
| **3.** Je vous amènerai au zoo en fin de semaine. Promis ! | Promettre de | |
| **4.** Je ne veux pas porter ce pantalon. Il est démodé ! | Refuser de | |
| **5.** Tu devrais prendre du sirop. Tu tousses vraiment beaucoup. | Proposer de | |
| **6.** C'est d'accord. Tu peux inviter tes copines samedi. | Permettre de | |
| **7.** Pourquoi tu n'as pas promené Médor pendant notre absence ? | Conseiller de | |
| **8.** Je suis certaine que c'est toi qui as pris mes souliers à talons hauts. | Répéter | |
| **9.** Ce que tu pourrais faire, c'est appeler ta copine Juliette pour lui demander la solution du problème de maths. | Réprimander pour avoir, pour ne pas avoir | |
| **10.** Vous voulez qu'on fasse du camping pendant les vacances d'été ? | Interdire de | |
| **11.** D'accord pour le *party*, à condition que vous rangiez la maison le soir même. | Suggérer de | |
| **12.** Tu ne peux pas sortir ce soir. Demain tu as un examen de français. | Accuser de | |
| **13.** Félicitations ! Tu as superbement réussi. | Demander de<br>Ordonner de | |
| **14.** Pourriez-vous sortir la poubelle une fois pour toutes ? C'est la troisième fois que je vous le demande. | Féliciter de | |

Le discours rapporté au passé
L'impératif
*de* + infinitif
Les pronoms personnels
Les formes affirmative et négative

# Tableau 7

Complétez le tableau en reformulant les phrases au discours rapporté, comme dans l'exemple.

| Il lui a dit : | Il lui a dit... |
|---|---|
| Exemple  « *Ne t'en fais pas !* » | *de ne pas s'en faire.* |
| 1. « Méfie-toi d'eux ! » | Elle lui a dit de son méfié d'eux. |
| 2. « N'y va surtout pas ! » | Il lui a dit de ne pas y aller. |
| 3. « Parle-lui-en d'abord ! » | Il lui a dit de lui en parler. |
| 4. « Ne m'y oblige pas ! » | Il a dit de ne pas y obliger. |
| 5. « Fais-y très attention ! » | Il a dit d'y fais y très attention. |
| 6. « Prends-en encore un morceau ! » | |
| 7. « Penses-y deux fois ! » | |
| 8. « Ne m'en demande pas trop ! » | |
| 9. « Ne me laisse pas tomber ! » | |
| 10. « Offre-lui-en un ! » | |
| 11. « Achète-la-lui ! » | |
| 12. « Ne compte pas sur nous ! » | |
| 13. « Rappelle-moi sans faute ! » | |
| 14. « N'hésite pas à me poser des questions ! » | |
| 15. « Arrête de t'en occuper ! » | |

# 6 La condition et l'hypothèse

## Table des matières

| Page | Tableaux d'entraînement | Objectif grammatical |
|------|-------------------------|----------------------|
| 217 | Tableau 1 | Le conditionnel présent et le conditionnel passé à la forme affirmative |
| 218 | Tableau 2 | Le conditionnel présent et le conditionnel passé à la forme négative |
| 219 | Tableau 3 | Le conditionnel passé aux formes affirmative et négative |
| 220 | Tableau 4 | L'hypothèse : *si* + imparfait + conditionnel présent |
| 221 | Tableau 5 | L'hypothèse : *si* + plus-que-parfait + conditionnel passé |
| 222 | Tableau 6 | Le conditionnel passé des auxiliaires modaux *devoir, pouvoir, falloir* |
| 223 | Tableau 7 | Les expressions marquant la condition : *à moins que, à moins de, à condition que, à condition de* |
| 224 | Tableau 8 | Les expressions marquant la condition : *à condition de, à condition que, pourvu que, à moins que, à moins de* |
| 225 | Tableau 9 | Les expressions marquant la condition : *moyennant, à supposer que, en admettant que*, etc. |

# Tableau grammatical

## A. La formation du conditionnel présent et du conditionnel passé

### Le conditionnel présent

| Terminaisons | | Prononciation |
|---|---|---|
| –RAIS | ► | /ʀɛ/ |
| –RAIS | ► | /ʀɛ/ |
| –RAIT | ► | /ʀɛ/ |
| –RIONS | ► | /ʀjɔ̃/ |
| –RIEZ | ► | /ʀje/ |
| –RAIENT | ► | /ʀɛ/ |

Exemple   On sorti**rait**.

### Le conditionnel passé

On forme le conditionnel passé à partir de l'auxiliaire *être* ou *avoir* conjugué au conditionnel présent et suivi du participe passé du verbe.

Exemples   On **serait** sorti. On **aurait** vu.

Note   Le conditionnel passé exprime souvent le regret quand on l'emploie avec les auxiliaires modaux *devoir, pouvoir, vouloir* et *falloir*.

Exemples   J'**aurais dû** envoyer cette lettre plus tôt.
On **aurait pu** lui téléphoner !
Il **aurait fallu** payer le dépôt.
J'**aurais voulu** passer mes vacances au bord de la mer.

## B. L'hypothèse

a)  *SI* + IMPARFAIT + CONDITIONNEL PRÉSENT

Exemple   **Si** le prix en **était** moins élevé, on **achèterait** cette maison.
(Le prix est élevé, par conséquent on ne peut pas acheter la maison.)

b)  *SI* + PLUS-QUE-PARFAIT + CONDITIONNEL PASSÉ

Exemple   **Si** j'**avais compris** la question, j'**aurais pu** y répondre.
(Je n'ai pas compris la question, par conséquent je n'ai pas pu y répondre.)

# C. La condition

**Expressions**

| | Exemples |
|---|---|
| **+ subjonctif** | |
| **À moins que** | Je n'accepterai pas les conditions de ce contrat **à moins qu'**une clause spéciale soit incluse. |
| **À condition que** | J'accepterai ce contrat **à condition qu'**une clause spéciale soit incluse. |
| **Pourvu que** | On dormira sous la tente **pourvu qu'**il ne pleuve pas. |
| **En admettant que** | **En admettant qu'**il y ait de la turbulence, tu peux toujours prendre un somnifère et dormir pendant le vol. |
| **À supposer que** | **À supposer qu'**il pleuve, les invités pourront s'abriter sous les tentes montées à cet effet aux quatre coins du parc. |
| **Pour peu que** *(littéraire)* | **Pour peu qu'**il résolve le problème, nous lui ferons connaître la date de l'audience. |
| **+ infinitif** | |
| **À moins de** | Vous devez vous présenter le 30 avril **à moins de** recevoir un avis d'annulation. |
| **À condition de** | Tu veux qu'on organise une fête à la campagne ? D'accord, **à condition d'**inviter ma sœur et son nouveau copain. |
| **À défaut de** | **À défaut de** payer dans les 30 jours, des intérêts de 3 % s'appliqueront. |
| **Faute de** | J'ai manqué mon gâteau **faute d'**avoir bien intégré les blancs d'œufs à la pâte. |
| **+ conditionnel** | |
| **Quand bien même** | **Quand bien même** tu ferais réparer ta bicyclette, tu ne pourras pas te promener à vélo tant que tu auras un plâtre au bras. |
| **Au cas où** **Dans le cas où** | **Au cas où** vous devriez vous absenter la semaine prochaine, pourriez-vous laisser les dossiers urgents sur mon bureau ? |
| **Conditionnel + conditionnel** | Les gouvernements **se mettraient d'accord** dès à présent afin de réduire les émissions de gaz carbonique, cela **prendrait** des années avant que les effets ne se fassent sentir. |
| **+ nom** | |
| **À moins de** | Tu dois te présenter en cour le 4 avril à **moins d'**avis contraire. |
| **À défaut de** | **À défaut de** cigarettes, je fumerai un cigare. |
| **Faute de** | Il n'a pas pu mener son projet à terme **faute de** financement. |
| **Sans** | **Sans** lunettes, lire de près lui est presque impossible. |
| **Avec** | **Avec** une bonne assurance, vous êtes couvert même en cas de catastrophe naturelle. |
| **Autres moyens pour marquer la condition** | |
| **Moyennant** | Le contrat entrera en vigueur **moyennant** les signatures des deux parties. |
| **Gérondif** | **En donnant** votre accord, vous acceptez de vous rendre disponible même les fins de semaine. |

# L'essentiel

**A.** D'après vous, que veut dire le personnage par « *se laisser aller complètement à ce que l'on est, pour découvrir une nouvelle espèce d'homme* » ?

Voici quelques pistes de réflexion. Discutez-en en équipes.

Le personnage
veut dire…

- que les gens ne
  montrent pas
  aux autres
  ce qu'ils sont
  véritablement ;

- que les gens
  ignorent qui
  ils sont
  véritablement ;

- que les gens
  fondent leur vie
  sur des valeurs
  artificielles ;

- que les gens ne
  sont pas fidèles
  à leur nature
  profonde ;

- que tout le
  monde peut faire
  preuve de bien-
  veillance ;

- que tout le
  monde cache
  l'essentiel aux
  autres ;

- que tout le
  monde peut faire
  preuve de bonté,
  de générosité ;

- que les gens
  pourraient être
  meilleurs.

Ce dessin de la Québécoise Line Arsenault est tiré de l'album *La vie qu'on mène 2* et publié avec le consentement de l'auteure.

Autres réponses :

_____

_____

_____

_____

_____

_____

**B.** Dans quelle mesure êtes-vous d'accord avec les affirmations suivantes ? Discutez-en en équipes. Formulez des hypothèses pour expliquer les changements qui pourraient s'opérer chez les gens s'ils changeaient leurs habitudes de vie. Plusieurs combinaisons sont possibles.

Exemple

*__Si__ les gens travaillaient moins, ils auraient plus de temps à consacrer aux personnes qu'ils aiment.*

## Tendances actuelles

Les gens travaillent beaucoup.

Les gens se retrouvent de plus en plus seuls.

Les gens consomment de plus en plus pour combler un vide intérieur.

Notre société accorde une grande importance aux valeurs matérialistes.

Le marché du travail est instable.

Les valeurs spirituelles ne sont pas à la mode.

On ne se nourrit pas convenablement.

On mange trop vite, souvent des repas préparés, surgelés.

On passe beaucoup de temps à gérer nos biens.

Notre société fait la promotion de valeurs telles que le « chacun pour soi ».

On passe trop de temps devant des écrans (de télévision, d'ordinateur).

Les parents n'ont pas assez de temps à consacrer à leurs enfants.

Les enfants regardent trop d'émissions violentes ou futiles.

On a toujours l'impression de manquer de temps.

On est stressés, déprimés.

Les responsabilités familiales deviennent de plus en plus lourdes lorsqu'on travaille à temps plein.

La réussite professionnelle est souvent plus importante que la famille.

On accorde de l'importance à des besoins artificiels (un nouvel ordinateur, une nouvelle chaîne stéréo, le dernier gadget pour la cuisine, etc.).

## Conséquences

On se méfie de tout le monde.

On a de moins en moins d'amis.

On ne pense qu'à l'argent, au profit.

On s'évade continuellement.

On s'éloigne de soi-même, de sa véritable nature.

La compétition est féroce.

On n'a pas le temps de s'occuper des autres.

On est de plus en plus égocentriques.

On accorde une trop grande importance au travail.

On souffre de maladies telles que la fatigue chronique.

On devient de plus en plus égoïstes, on ne pense pas aux autres.

On est moins créatifs.

On essaie de trouver le bonheur dans des choses extérieures à nous-mêmes.

Le taux de divorce est à la hausse.

On a toujours peur de perdre son emploi.

On attrape facilement des maladies telles que le rhume ou la grippe.

Les enfants souffrent de solitude.

On est impatients, sur nos gardes.

On laisse de côté nos besoins essentiels (amour, chaleur, contact humain, amitié).

On est loin de la nature.

## 2

**Objectif grammatical**
L'hypothèse : si + imparfait +
conditionnel présent.
Le conditionnel passé.
Verbes auxiliaires au conditionnel passé.

**Objectif de communication**
Formuler des hypothèses, exprimer
ses préférences, exprimer des regrets.

# Vacances de rêve

**A.** Madame Courtemanche et son mari sont en vacances dans une station de ski haut de gamme. Monsieur s'amuse beaucoup alors que madame trouve ses vacances plutôt pénibles. Lors d'un souper en tête à tête, elle en parle à son mari. Jouez la scène avec un ou une partenaire.

Voici la liste des doléances de madame Courtemanche et les conséquences qui en découlent. Transformez ces conséquences en hypothèses. Plusieurs combinaisons sont possibles.

### Doléances

- Il fait trop froid.
- Il y a trop de neige.
- Dans les boutiques de l'hôtel, les prix sont exorbitants.
- On ne peut stationner nulle part, tout est plein.
- Il y a trop de planchistes sur les pistes.
- Les chambres sont minuscules.
- Les chambres n'ont pas de service Internet.
- Il n'y a pas de foyer dans les chambres.
- Les pistes sont glacées.
- Il y a trop d'enfants bruyants.
- La salle à manger est trop petite.

### Conséquences

- Dès qu'on a fini de manger, on nous fait comprendre qu'il faut libérer la table.
- Il est impossible de se détendre en silence.
- Impossible de faire des achats !
- Les skieurs débutants sont en danger.
- On est obligés d'utiliser le service Internet de l'hôtel voisin.
- Marcher dehors est une véritable torture.
- J'ai les pieds gelés en permanence !
- On est confinés à l'hôtel. Impossible de sortir en voiture !
- On a peur de se casser une jambe en glissant sur une plaque de glace.
- On n'est pas à l'aise.
- L'ambiance n'est pas romantique…

> ### Exemple
>
> Madame : – *Chéri, je ne sais pas si tu as remarqué, mais je suis en train de passer les pires vacances de ma vie ici. Tout d'abord, il fait un froid sibérien. **S'il faisait moins froid, on pourrait faire des promenades dans la nature !***
>
> Monsieur :

**B.** À la fin de son séjour, madame Courtemanche fait comprendre à son mari qu'elle aurait préféré aller en vacances au bord de la mer. Complétez les énoncés ci-dessous. Inspirez-vous des activités qu'il est possible de faire en bord de mer.

Exemple  *On aurait pu choisir des vacances dans le Sud.*

**1.** On aurait pu… _____

**2.** J'aurais voulu… _____

**3.** J'aurais souhaité… _____

**4.** Il aurait fallu… _____

**5.** J'aurais aimé… _____

_____

**6.** J'aurais préféré… _____

_____

**7.** Cela aurait été mieux… _____

_____

**8.** Cela aurait été fantastique… _____

**9.** On aurait dû… _____

**10.** Il aurait été préférable… _____

---

### Activités qu'il est possible de faire au bord de la mer

| | |
|---|---|
| Se promener au bord de l'eau | Se détendre au bord de la piscine |
| Prendre du soleil | Se baigner dans la mer |
| Faire de la planche à voile | Se reposer sur le sable chaud |
| Dormir à la belle étoile | Souper sur une terrasse |
| Prendre un verre sur la terrasse | Porter des vêtements légers |

---

**C.** À deux, jouez la scène qui se déroule pendant le voyage de retour en avion, lorsque madame Courtemanche tombe sur une publicité du Club Med. Utilisez quelques-unes des expressions de la capsule lexicale.

Madame : – Voilà où on aurait dû aller…

---

**CAPSULE LEXICALE**

Expressions couramment utilisées pour exprimer le mécontentement

- J'en ai marre !
- J'en ai assez !
- J'en ai ras le bol !
- Je n'en peux plus !

- Ça suffit !
- C'est à rendre fou !
- C'est à rendre malade !
- C'est à faire dresser les cheveux sur la tête !

---

## 3

**Objectif grammatical**
Le conditionnel passé.

**Objectif de communication**
Parler des conditions qui ont rendu
des réalisations possibles.

# Interview de la première dame

Le premier ministre de votre pays vient d'être réélu. Vous êtes journaliste et interviewez la première dame. Vous faites des commentaires sur les réalisations de son mari, mais elle tient à faire valoir sa propre contribution à la réélection de celui-ci. Associez un énoncé de la colonne de gauche avec un énoncé de la colonne de droite pour composer ses réponses, à la page suivante. Plusieurs combinaisons sont possibles. Utilisez le conditionnel passé, comme dans l'exemple.

**Exemple**
– Madame Gagné, votre mari a remporté une victoire écrasante. Est-ce une surprise pour vous ?

– *À vrai dire, pas du tout. Vous savez, je l'ai beaucoup aidé. Et pour être franche avec vous, sans mon aide,* **il n'aurait pas été réélu.**

Sans mon soutien •
Sans mon aide •
Sans mes •
encouragements
Sans mon •
perfectionnisme
Sans mes bons conseils •
Sans mon travail •
Sans ma grande présence •
d'esprit
Sans mon infinie patience •
Sans mon sens •
de l'organisation
Sans ma débrouillardise •
Sans mon enthousiasme •
Sans ma grande •
disponibilité
Sans mon imposant réseau •
d'amis et de connaissances
Sans mon talent •
de pédagogue
Sans mon sens •
de la répartie
Sans mes connaissances en •
politique internationale

• prononcer des discours enflammés
• répondre avec esprit aux questions des journalistes
• mémoriser le nom de tous les candidats de son parti
• arriver à l'heure à ses rendez-vous
• persévérer dans les moments difficiles
• trouver des arguments pour contrer le programme de ses adversaires
• faire preuve d'humour
• apprendre à s'exprimer avec aisance dans les deux langues officielles
• obtenir le prix Nobel de la Paix
• organiser de grandes réceptions
• réussir à motiver les membres de son parti
• voyager à travers tout le pays
• être toujours tiré à quatre épingles
• avoir des amis bien placés dans les grandes entreprises
• être réélu

**1.** – Pendant cinq semaines, vous avez parcouru le pays. Or, on sait que votre mari n'aime pas beaucoup voyager.

_____

_____

**2.** – Votre mari a épaté tout le monde en s'exprimant aussi facilement en français qu'en anglais…

_____

_____

**3.** – Votre mari a fait plusieurs blagues très drôles pendant la campagne…

_____

_____

**4.** – On dit que toute l'équipe était extrêmement motivée et qu'elle a travaillé sans relâche afin de mener le parti vers la victoire…

_____

_____

**5.** – De nombreux commentateurs ont noté que votre mari était toujours habillé impeccablement. Cela a sans doute contribué à sa popularité.

_____

_____

**6.** – On dit que _____

_____

_____

_____

**7.** – Il paraît que _____

_____

_____

_____

**8.** – On a rapporté que _____

_____

_____

_____

**9.** – Votre mari _____

_____

_____

_____

**10.** – _____

_____

_____

– Madame Gagné, je vous remercie pour cet entretien.

**Objectif grammatical**
L'hypothèse : *si* + plus-que-parfait +
conditionnel passé.

**Objectif de communication**
Formuler un reproche.

# Petits drames quotidiens

**A.** Pour chacune des situations fâcheuses décrites ci-dessous, formulez deux reproches différents. Faites d'abord l'exercice oralement, avec un ou une partenaire. Ensuite, écrivez vos réponses. Utilisez la structure suivante, comme dans l'exemple :

*Si* + plus-que-parfait + conditionnel passé

Exemple

Zut ! Mon rôti est complètement calciné !

a) *Si tu n'avais pas bavardé si longtemps au téléphone,*

   *tu ne l'aurais pas oublié dans le four !*

b) *S'il n'avait pas brûlé, on n'aurait pas été obligés d'apprêter*

   *les restes avec imagination pour nourrir nos invités !*

**1.** J'ai échoué à mon examen !

   a) _____

   _____

   b) _____

   _____

**2.** Ce garçon si sympathique que j'ai rencontré la semaine dernière ne m'a jamais rappelée !

   a) _____

   _____

   b) _____

   _____

**3.** Figure-toi que je suis arrivé en retard à mon premier rendez-vous avec Juliette…

   a) _____

   _____

   b) _____

   _____

**4.** J'ai complètement oublié que c'était notre anniversaire de mariage hier !

   a) _____

   _____

   b) _____

   _____

**5.** Mais où est passé Minou ?

a) _____

_____

_____

b) _____

_____

_____

**6.** J'ai passé une entrevue chez Presse-citron et associés, mais on n'a pas retenu ma candidature.

a) _____

_____

b) _____

_____

**7.** Oh ! non ! J'ai taché mon chemisier !

a) _____

_____

b) _____

_____

**8.** Nos photos de vacances sont complètement ratées !

a) _____

_____

b) _____

_____

**9.** Je n'arrive pas à m'endormir !

a) _____

_____

b) _____

_____

_____

**10.** Je ne comprends pas ce qui arrive à mon ordinateur !

a) _____

_____

b) _____

_____

## 5

**Objectif grammatical**
L'hypothèse : *si* + plus-que-parfait +
conditionnel passé.

**Objectif de communication**
Commenter un mauvais spectacle.

# Soir de première

**A.** À la sortie du théâtre, des amis discutent de la pièce qu'ils viennent de voir. Complétez le dialogue en utilisant la structure suivante :

*Si* + plus-que-parfait + conditionnel passé

– Cette production était vraiment lamentable !

– Peut-être, mais il me semble qu'avec quelques modifications, ça aurait pu donner un spectacle tout à fait acceptable.

**1.** – C'est vrai. D'abord, si on avait fait appel à un metteur en scène plus expérimenté, _____
_____ .

**2.** – Et si le metteur en scène avait un peu coupé dans le texte, _____
_____ .

**3.** – Et probablement que si les acteurs avaient disposé de plus de temps pour répéter, _____
_____ .

**4.** – Sans doute, mais ce n'est pas le seul problème. Car si les comédiens _____
_____ ,

on aurait au moins pu entendre leurs répliques jusqu'au fond de la salle !

**5.** – Moi, je trouve surtout qu'on a mal distribué les rôles. Si _____
_____ ,

la jeune première aurait été beaucoup plus crédible !

**6.** – Je pense aussi que si _____
_____ ,

les spectateurs n'auraient pas pouffé de rire au moment le plus dramatique !

**7.** – Mais, à la décharge des comédiens, il faut avouer que si le téléphone cellulaire d'un spectateur n'avait pas sonné pendant la scène d'amour, _____
_____ .

**8.** – Et puis si mon voisin ne s'était pas mis à ronfler, _____
_____ !

**9.** – Mais visuellement, c'était intéressant, non ?

– C'est vrai que les costumes étaient magnifiques ! Mais les décors… Je trouve que si _____ ,
_____ .

**10.** – Finalement, si _____ ,

nous aurions tous passé une bien meilleure soirée !

**B.** Voici des extraits de critiques négatives à propos d'un spectacle. Vous-même avez vu ce spectacle et vous êtes d'accord avec les commentaires des critiques. Imaginez des améliorations possibles en utilisant la structure proposée, comme dans l'exemple.

> *Si* + plus-que-parfait + conditionnel passé

Exemple

Critique : « La musique est surtout faite de ballades interchangeables fabriquées en série. Aucune des chansons du spectacle n'est appelée à avoir du succès à la radio, elles sont toutes banales. »

Alfred Ouellène, *Le Grand Journal*

Amélioration :

*Si les chansons du spectacle avaient été moins banales, elles auraient peut-être connu du succès à la radio.*

**1.** Critique : « Les personnages ont l'air de robots, car l'émotion et le contact humain sont absents de la production. »

Robert Lepape, *Québec-Soir*

Amélioration :

_____

_____

**2.** Critique : « Pourquoi tous ces tricots multicolores ? Ainsi vêtus, les acteurs ont l'air de sortir d'une publicité pour des vêtements italiens ! »

Anita Pianelli, *L'Express*

Amélioration :

_____

_____

**3.** Critique : « Le texte est trop répétitif ! Le héros clame au moins quinze fois qu'il se meurt d'amour pour la jeune fille… Ça va, on avait compris ! »

Hervé Jourdain, *Le Monde du théâtre*

Amélioration :

_____

_____

**4.** Critique : « On voudrait nous faire croire que Gérard Duperdu, après trente ans de carrière, peut encore incarner un jeune homme naïf. Désolé, mais on n'y croit pas une seconde ! »

Nicolas Tétreault, *Le Matin*

Amélioration :

_____

_____

**5.** Critique : « Bruno Pellerin excelle à tenir une note forte et haute le plus longtemps possible. Malheureusement, ce n'est pas suffisant pour offrir une bonne performance. Un peu de musicalité aurait été appréciée. »

Geneviève Berri, *Show-biz*

Amélioration :

_____

_____

**6.** Critique : « Le décor est un désastre. Ces gros blocs de carton-pâte grisâtre ne servent à rien, sinon à bloquer la vue des spectateurs. »

Michael Davenport, *La Gazette des arts*

Amélioration :

_____

_____

**7.** Critique : « Les dialogues sont d'une platitude ! C'est à croire que l'auteur a passé un peu trop de temps à regarder des téléromans de deuxième ordre à la télévision ! »

Jeanne Aguiar, *L'Événement*

Amélioration :

_____

_____

**8.** Critique : « Mais où a-t-on déniché cette actrice ? A-t-elle au moins déjà suivi des cours de théâtre ? À en juger par sa performance, on dirait bien que non… »

Chantal Guilbault, *L'Écho du spectacle*

Amélioration :

_____

_____

## 6

**Objectif grammatical**
Les expressions marquant la condition :
*à moins que, pourvu que, à condition de,* etc.

**Objectif de communication**
Négocier un contrat.

# Caprices de star

Des producteurs ont approché la célèbre Julia Hébert pour un premier rôle dans le film *Aventures à Rio*. Mais Julia veut avoir son mot à dire avant de signer le contrat. Voici ses conditions :

**L'argent**

1. Elle demande que la totalité du cachet lui soit versée d'avance.

2. Elle exige 10 % des recettes brutes générées par le film (en plus de son cachet, bien sûr).

3. Elle veut avoir un budget supplémentaire pour ses petits caprices.

**Ses partenaires**

4. Elle ne veut pas partager l'écran avec Tom Machin, elle préfère Brad Truc.

5. Elle veut que son nom apparaisse en tête du générique (avant celui de la covedette masculine).

**Pendant le tournage**

6. Elle tient à loger dans la suite royale du Ritz.

7. Elle veut pouvoir disposer de ses fins de semaine.

8. Elle veut que la caméra ne filme que son meilleur profil (le gauche).

9. Elle veut une doublure pour les scènes d'amour.

10. Elle veut un accompagnateur pour son caniche (qui la suit sur tous les plateaux de tournage).

11. Elle ne veut pas manger à la cantine avec le reste de l'équipe. Elle exige que de petits plats diététiques concoctés par le meilleur traiteur en ville lui soient livrés dans sa loge.

12. Elle ne veut pas travailler plus de quatre heures par jour, car elle ne supporte pas la chaleur tropicale.

**A.** Lors d'une rencontre avec son agent, Julia expose ses exigences. En vous référant à la liste de ses conditions, complétez les phrases à l'aide des expressions proposées ci-dessous, comme dans l'exemple.

| à condition de | à condition que | avec |
|---|---|---|
| à moins de + infinitif | à moins que + subjonctif | à défaut de + nom |
| à défaut de | à supposer que | faute de |
| faute de | en admettant que | moyennant |
| | pourvu que | sans |

Exemple   Je ne retiendrai pas cette proposition **à moins que** *mes exigences soient respectées*.

### Parlons d'abord salaire !

**1.** Je ne jouerai pas dans ce film _____

**2.** Nous pourrions parvenir à une entente _____

**3.** N'allez pas vous imaginer que j'accepterai _____

### Pour ce qui est de mes partenaires…

**4.** Il n'est pas question que j'accepte cette offre _____

**5.** Je signerai le contrat _____

### Passons maintenant aux conditions sur le plateau de tournage…

**6.** Je pourrais envisager de quitter le confort de mon domaine d'Hollywood _____

**7.** Je ne veux pas passer trois mois loin de chez moi _____

**8.** Je serais prête à jouer ce rôle _____

**9.** Il est hors de question que je joue des scènes d'amour _____

**10.** Vous ne me verrez pas sur le plateau de tournage _____

**11.** Vous savez que je fais très attention à mon alimentation, alors vous ne pourrez vous assurer de ma participation _____

**12.** Finalement, je ne m'envolerai pas pour Rio _____

**B.** Deux à deux, imaginez d'autres caprices de Julia. Employez différentes expressions qui marquent la condition.

1. _____
   _____
   _____
   _____

2. _____
   _____
   _____
   _____

3. _____
   _____
   _____
   _____

4. _____
   _____
   _____
   _____

5. _____
   _____
   _____
   _____

**C.** Et vous? Quelles exigences auriez-vous si on vous offrait un emploi? Discutez-en avec un ou une partenaire.

**Objectif grammatical**
Les expressions marquant la condition :
*pourvu que, à condition que, à moins de,* etc.

**Objectif de communication**
Exposer les conditions nécessaires
à la réalisation d'un projet.

# Ambitieux projets

Les groupes de discussion sur Internet permettent aux usagers de trouver informations utiles et conseils pratiques auprès d'autres internautes. Voici trois messages différents lancés sur le Web.

**A.** Répondez au premier message en complétant les phrases avec les structures proposées dans l'encadré. Vous pouvez utiliser les structures plus d'une fois.

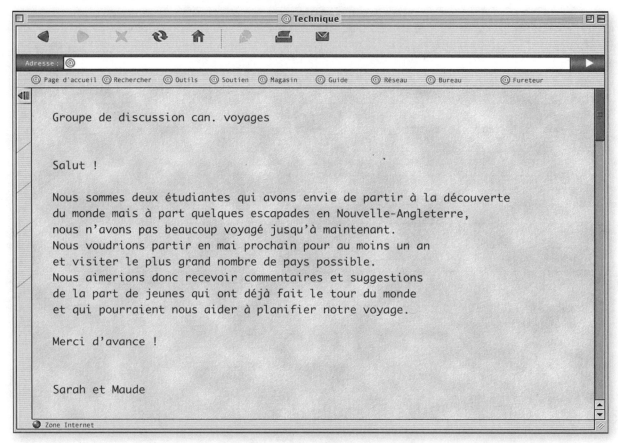

|  | | |  | |
|---|---|---|---|---|
| *à condition que* | | | *à condition de* | |
| *pourvu que* | + | subjonctif | *à moins de* | + infinitif |
| *à moins que* | | | | |

Bonjour vous deux !

Je reviens tout juste de mon tour du monde et j'ai encore des images plein la tête ! Ça a été une expérience inoubliable pour moi et je vous recommande fortement de partir à votre tour !

**Exemple**

Je crois que votre projet est réalisable ***à condition que*** *vous prépariez votre départ*

*avec soin et que vous suiviez bien mes conseils !*

**1.** Vous ne tomberez pas malades _____

_____

**2.** Les gens seront très aimables avec vous _____

_____

**3.** Dans la plupart des pays, il n'y a aucun danger à se balader _____

_____

**4.** Vous réussirez à communiquer avec les habitants _____

_____

**5.** Vous ne connaîtrez pas un pays en profondeur _____

_____

**6.** Vous profiterez pleinement de votre voyage _____

_____

**7.** Vos économies vous permettront de voyager pendant un an _____

_____

**8.** Vous pourrez voyager ensemble pendant un an sans trop vous disputer ____

_____

**9.** Vous ne vous ferez pas voler vos objets personnels _____

_____

**10.** Votre voyage sera agréable _____

_____

Bon voyage !

Jeff

**B.** Pour répondre au deuxième message, complétez les phrases à l'aide des expressions de l'encadré. Respectez les structures qu'on y présente.

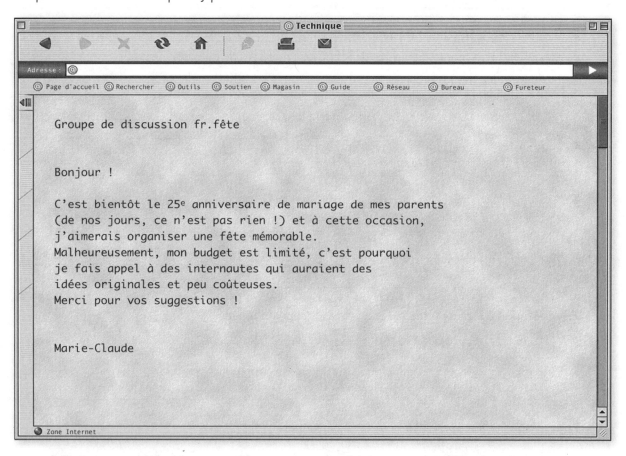

| à condition de | | | avec | | |
|---|---|---|---|---|---|
| à défaut de | + | infinitif | moyennant | + | nom |
| faute de | | | sans | | |
| en + gérondif | | | | | |

Exemple

Bonjour Marie-Claude !

L'année passée, j'ai organisé la fête de fiançailles de ma sœur et crois-moi, même **sans** _____budget faramineux_____, il est possible d'organiser une fête mémorable **moyennant** _un peu d'organisation et d'imagination_. Voici mes suggestions :

**1.** La fête aura beaucoup de succès **à condition de** _____

_____

**2. En** _____,

tu pourras vraiment respirer le jour de la fête.

**3. À défaut de** _____,

tu peux organiser une fête champêtre.

**4. Faute de** _____,

tu peux demander à chaque personne invitée d'apporter un plat.

**5. À défaut de** _____,

tu peux faire un montage musical des chansons préférées de tes parents.

**6.** Tu pourras décorer les tables **avec** _____

_____

**7. Moyennant** quelques dizaines de dollars, _____

_____

**8. En** _____,

tes parents verseront certainement quelques larmes de joie.

**9.** Un anniversaire de mariage ne serait pas complet **sans** _____

_____

**10.** Et il faudra absolument terminer la soirée **avec** _____

_____

J'espère que ces conseils te seront utiles et que cet anniversaire de mariage sera effectivement mémorable !

Ariane

**C.** Pour le message suivant, rédigez une réponse en utilisant différentes structures grammaticales parmi celles qu'on suggère dans l'encadré de la page suivante. Si vous le voulez, vous pouvez aussi vous inspirer du texte « L'ABC du vivre plus avec moins » pour formuler vos conseils.

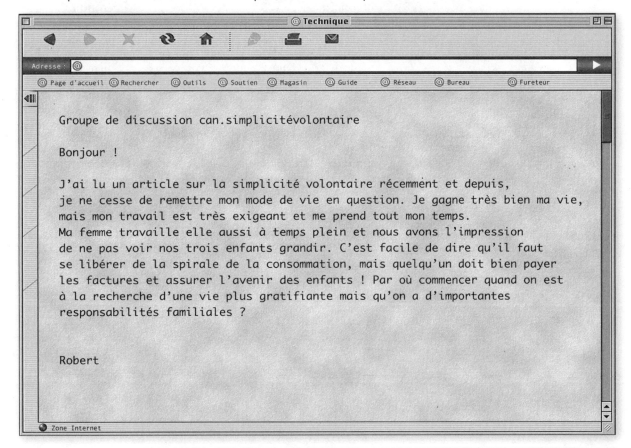

```
Groupe de discussion can.simplicitévolontaire

Bonjour !

J'ai lu un article sur la simplicité volontaire récemment et depuis,
je ne cesse de remettre mon mode de vie en question. Je gagne très bien ma vie,
mais mon travail est très exigeant et me prend tout mon temps.
Ma femme travaille elle aussi à temps plein et nous avons l'impression
de ne pas voir nos trois enfants grandir. C'est facile de dire qu'il faut
se libérer de la spirale de la consommation, mais quelqu'un doit bien payer
les factures et assurer l'avenir des enfants ! Par où commencer quand on est
à la recherche d'une vie plus gratifiante mais qu'on a d'importantes
responsabilités familiales ?


Robert
```

## Pour en savoir plus sur la simplicité volontaire:

### L'ABC du vivre avec moins

- La grande idée: ne pas perdre sa vie à la gagner.
- Comment: dépenser moins pour pouvoir travailler moins.
- Le miracle promis: une fois envolé le stress du travail et des dettes, on n'aura plus besoin de se défouler en consommant. Surtout si les visites aux proches, nos grands projets et nos grands idéaux nous occupent.
- Le préalable: cesser de penser que plus d'argent rend heureux.
- Le mode d'emploi:
  1. Faire le bilan du passé: ce qu'on a gagné, ce qu'il nous reste. Ne rien garder qui n'est pas utile ou vraiment beau. Les objets superflus qui encombrent notre placard nous causent plus d'ennuis que de plaisir. Il faut les payer, les nettoyer, les entretenir, les ranger, etc.
  2. Noter toutes ses dépenses pendant un mois (transport, loyer, vêtements, sorties, etc.). Noter aussi la dépense d'énergie (en heures de travail) que suppose chaque dépense d'argent.
  3. Se questionner sur chacune de ses dépenses:
     - me donne-t-elle autant de plaisir qu'elle me prend d'énergie?
     - est-elle en accord avec mes valeurs, m'aide-t-elle à réaliser mes buts?
     - pourrait-elle diminuer si je ne travaillais plus?
  4. Minimiser ses dépenses (à chacun ses trucs: courir les soldes, acheter usagé, faire des choses soi-même ou en mettre en commun) et noter ses progrès dans un tableau récapitulatif.
  5. Épargner et faire des placements.
  6. Quand on a un coussin financier suffisant, quitter son emploi et gérer ses finances. Le reste du temps, on peut s'amuser, créer, aider.

*La Presse*, le 3 octobre 2000

| | | | | | |
|---|---|---|---|---|---|
| *à condition que* | | | *en* | + | gérondif |
| *à moins que* | + | subjonctif | | | |
| *pourvu que* | | | | | |
| *à condition de* | | | *avec* | | |
| *à défaut de* | + | infinitif | *moyennant* | + | nom |
| *faute de* | | | *sans* | | |
| *à moins de* | | | | | |

Bonjour Robert!

Oui, il est possible d'échapper à la tyrannie de notre société de consommation! On peut mener une vie simple et enrichissante **à condition de** savoir comment procéder.

_____

_____

_____

_____

_____

_____

_____

_____

_____

Bonne chance!

Serge

# Tableau 1

| Exemple *Nous le ferions.* | *Nous l'aurions fait.* |
|---|---|
| **1.** Je serais | _____ . |
| **2.** _____ . | Tu aurais compris. |
| **3.** Il irait. | _____ . |
| **4.** On verrait. | _____ . |
| **5.** Il me le dirait. | _____ . |
| **6.** _____ . | Je serais arrivé. |
| **7.** _____ . | Nous le lui aurions envoyé. |
| **8.** _____ . | Ils auraient écrit. |
| **9.** Vous devriez vous inquiéter. | _____ . |
| **10.** Je comprendrais. | _____ . |
| **11.** _____ . | Il aurait pu le faire. |
| **12.** Je m'y présenterais. | _____ . |
| **13.** _____ . | Je l'aurais choisi. |
| **14.** Vous viendriez. | _____ . |
| **15.** _____ . | Vous vous seriez rendus sur place. |

# Tableau 2

| Exemple *Je le ferais.* | *Je ne le ferais pas.* |
|---|---|
| 1. On les inviterait. | |
| 2. Tu aurais dû le faire. | |
| 3. Vous auriez réagi de cette façon-là. | |
| 4. Vous lui demanderiez conseil ? | |
| 5. Nous aurions pu aller ailleurs. | |
| 6. Ça devrait être long. | |
| 7. Il serait venu. | |
| 8. On irait le voir. | |
| 9. Vous pourriez le terminer pour lundi ? | |
| 10. On aurait été invités. | |
| 11. Je leur écrirais un petit mot. | |
| 12. J'aurais pu comprendre. | |
| 13. Il l'aurait su. | |
| 14. Nous serions partis. | |
| 15. Elle se serait bien reposée. | |

# Tableau 3

Réagissez en exprimant une alternative au conditionnel passé.

Exemple

> *Nous avons fait un voyage de vingt jours en Chine.*
> *À votre place, **on serait allés** au Maroc.*

1. Ils ont invité tout le monde.

2. Nous avons pris notre congé en juin.

3. Je ne me suis pas bien préparée pour cette réunion.

4. Il s'est inscrit au cours de chimie.

5. Ils se sont présentés sans les documents requis.

6. J'ai engagé une compagnie de nettoyage de tapis.

7. On a fini par prendre un taxi.

8. Ils ont vendu leur maison.

9. Il s'est renseigné par téléphone.

10. Je me suis acheté un portable.

11. À la dernière minute, il s'est désisté de son engagement.

12. Après le vol, j'ai appelé la police.

13. Ils ont renoncé à leurs bénéfices.

14. Nous avons confié notre chat à Véronique.

15. On est partis vers 4 heures.

# Tableau 4

Le tableau suivant présente des faits et leurs conséquences. Transformez-les en hypothèses, comme dans l'exemple.

### Exemple

*Les boissons gazeuses et les frites sont de plus en plus populaires.*

*Le nombre de personnes obèses augmente.*

***Si** les boissons gazeuses **étaient** moins populaires, le nombre de personnes obèses **resterait** stable.*

1. Les vents sont très forts. Ils font tomber les arbres et les poteaux électriques.
   Si les vents étaient très forts, ils font tomberaient

2. Les mesures de sécurité ne sont pas appropriées. Il y a beaucoup de vols sur le site du festival.
   Si les mes sec n'étaient pas ap, il y trae aurait

3. Je suis désolé. Vous ne pouvez pas entrer sans cravate.
   Si vous ne pouvait pas entrer ... je serai désolé.

4. Les internautes passent des heures à naviguer. Ils sont de moins en moins productifs.
   Si les inter ... passaient ... ils seraient ...

5. Notre gardien de but est blessé. L'équipe réussit moins bien.
   Si notre gardien de but était ble... l'équipe réussiteraient

6. Mes parents ont peur de l'avion. Ils ne voyagent pas beaucoup à l'étranger.

7. Les enfants passent un grand nombre d'heures devant la télé. Ils ne lisent pas beaucoup.

8. J'habite à la campagne. J'ai besoin d'une bonne voiture.

9. Je ne fais pas assez d'exercice, c'est pour ça que je suis en moins bonne forme.

10. C'est l'Halloween. Les enfants sont déguisés.

11. Je ne sors plus. Je suis trop fatigué.

12. La musique est tellement forte que je n'arrive pas à comprendre ce que tu dis.

13. Les trains sont souvent en retard. On arrive toujours trop tard.

14. Je ne peux pas corriger mon texte car je n'ai pas de dictionnaire ici.

15. On ne peut pas magasiner ce soir. Les boutiques ferment à 18 heures.

# Tableau 5

Transformez les causes et conséquences suivantes en hypothèses.

Exemple

*On a bien réfléchi avant de prendre cette décision.*
**Si on n'avait pas bien réfléchi, on n'aurait pas pris cette décision.**

1. J'ai mal compris les questions, voilà pourquoi je n'ai pas répondu correctement.
   *Si j'avais bien compris les question, j'aurais répondu correctement*

2. Paul a fait rénover sa maison, c'est pour cela qu'elle a pris de la valeur.
   *Si Il n'avait pas fait rénover sa maison, elle n'aurait pas pu pris*

3. Nous nous sommes abstenus de voter parce qu'aucun des candidats ne nous satisfaisait.
   *Si nous nous avions voter, auraient nous satisfair*

4. Nous nous sommes aperçus que l'immobilier perdait de la valeur. C'est la raison pour laquelle nous avons vendu notre maison.
   *Si l'immobilier n'avait pas perdu de la valeur, on aurait pas vendu notre maison*

5. On s'est entendus parce qu'on a réussi à trouver un compromis sur le prix.

   _____

6. Le rapport était mal écrit, c'est pour cela qu'il était incompréhensible.

   _____

7. Ce voyage, on l'a fait parce qu'on l'a gagné dans un tirage au sort.

   _____

8. Le vol a eu lieu pendant la fin de semaine. Voilà pourquoi on n'a pas encore informé notre assureur.

   _____

9. L'accusé a été acquitté, c'est pour cela que la population a manifesté.

   _____

10. Je me suis mis au travail parce qu'il me l'a demandé.

   _____

11. On a fait des efforts importants et on a réussi.

   _____

12. Le maire n'a pas compris les demandes de la population. C'est pour cela qu'il n'a pas été réélu.

   _____

13. Je suis partie à temps parce que j'ai été avertie.

   _____

14. Nous avons reçu un avis. C'est comme ça que nous l'avons appris.

   _____

15. Ils ont vu les flammes et ils se sont mis à crier.

   _____

# Tableau 6

Réagissez aux énoncés en utilisant un verbe modal (*devoir, falloir* ou *pouvoir*) au conditionnel passé.

| | |
|---|---|
| Exemple    *Je n'ai pas encore appelé.* | *Tu **aurais dû** appeler.* |
| 1. Je n'ai pas encore écrit à sa famille pour lui annoncer la nouvelle. | |
| 2. On n'a pas encore déneigé l'entrée. | |
| 3. Nous n'avons pas encore envoyé toutes les invitations. | |
| 4. Ils ont décidé de ne pas embaucher ce candidat. | |
| 5. Je n'ai pas laissé la voiture au garage. | |
| 6. Ils n'en ont parlé à personne. | |
| 7. Elle n'a pas appelé toutes les candidates. | |
| 8. Vous n'avez pas encore rempli le formulaire ? | |
| 9. Tu ne m'as pas encore apporté toutes les preuves. | |
| 10. Vous avez interdit aux gens d'entrer ? | |
| 11. Ils ne nous ont pas communiqué tous les renseignements. | |
| 12. On ne s'en est pas rendu compte. | |
| 13. Je n'ai pas compris ce qui se passait à ce moment-là. | |
| 14. Je n'ai pas lu toutes les pages du rapport. | |
| 15. Tu n'as rien mangé de toute la journée ? | |

Les expressions marquant la condition
À *moins que, à moins de, à condition que,
à condition de*

# Tableau 7

Reliez les énoncés des colonnes de gauche et de droite à l'aide des expressions marquant la condition :
à *moins que, à moins de, à condition que, à condition de*.

### Exemple

*Je t'accompagne chez les Rodriguez **à condition que** tu viennes avec moi chez les Garin.*

| | | |
|---|---|---|
| **1.** J'accepte de signer un contrat | _____ | mon avocat s'oppose à certaines clauses. |
| **2.** Marcel Drimé jouera dans le film de Gallois | _____ | obtenir le premier rôle. |
| **3.** Jean-Pierre songe à démissionner | _____ | ses conditions de travail soient améliorées. |
| **4.** Il m'est impossible d'accepter votre offre | _____ | vous soyez prêt à revoir votre prix. |
| **5.** Vous pourrez prendre votre billet au comptoir d'Air Canada | _____ | recevoir votre billet par la poste. |
| **6.** Il est déjà 7 heures. Impossible d'arriver à temps | _____ | prendre un taxi. |
| **7.** Il ne voudra pas venir | _____ | tu lui téléphones. |
| **8.** Cette fin de semaine, nous irons faire du ski | _____ | il fasse trop froid. |
| **9.** Je te raconte l'histoire | _____ | tu m'assures de ta discrétion. |
| **10.** Je ne pourrai pas être là ce soir | _____ | vous veniez me chercher en voiture. |
| **11.** Je ne peux pas laisser partir Frédéric | _____ | vous ayez une autorisation écrite de ses parents. |
| **12.** Ce soir, il faut oublier le concert | _____ | reporter les devoirs de Sophie à demain. |

**Les expressions marquant la condition**
*À condition de, à condition que, pourvu que,
à moins que, à moins de*

# Tableau 8

Formulez des réponses conditionnelles aux demandes de la colonne de gauche en utilisant des expressions marquant la condition.

| Demandes | Conditions |
|---|---|
| **Exemple**     Tu peux sortir avec tes copines | *à condition que tes devoirs soient faits.* |
| Maman, veux-tu m'acheter un lecteur de disques ? <br><br> Réponse : <br><br><br><br><br><br> | Le rangement de sa chambre <br> L'obtention de bonnes notes en maths <br> Le respect des heures de sortie |
| Chérie, accepterais-tu de recevoir mes collègues de bureau à souper ? <br><br> Réponse : <br><br><br><br><br><br> | La vaisselle doit être faite le soir même <br> Elle ne s'occupe pas des courses <br> Elle veut de l'aide pour ranger la maison |
| Je voudrais avoir un chien à la maison. <br><br><br> Réponse : <br><br><br><br><br><br> | Le nettoyage de la niche <br> Les promenades <br> Le bain |

# Tableau 9

Transformez les phrases de la colonne de gauche à l'aide de l'expression suggérée dans la colonne de droite.

| | | |
|---|---|---|
| **Exemple** | *Si vous m'offrez un emploi à temps plein, j'accepte de me déplacer.* | ***En ayant** un emploi à temps plein, j'accepte de me déplacer.* |
| **1.** | Si vous déboursez 40 $ de plus, nous pourrons vous laisser tous les meubles de jardin : chaises longues, parasol, hamac. | Moyennant |
| **2.** | Vous pouvez laisser vos bicyclettes devant votre espace de stationnement si elles ne gênent pas le passage des voitures. | Pourvu que |
| **3.** | Si vous rentrez tard, laissez la petite lumière du jardin allumée. | À supposer que |
| **4.** | Si vous êtes absent toute la journée, il vaut mieux laisser toutes les portes et toutes les fenêtres fermées. | En admettant que |
| **5.** | Si vous laissez votre voiture dehors, faites attention de ne pas stationner trop près de la falaise. Les éboulements sont fréquents dans cette région. | (Gérondif) |
| **6.** | Vous pouvez faire un feu dans le bois, en arrière du chalet, si vous l'éteignez complètement avant de quitter les lieux. | À condition de |
| **7.** | Si vous arrivez après 5 heures, vous trouverez vos clés sous le pot à fleurs en terre cuite, devant l'entrée. | Au cas où |
| **8.** | S'il y a une urgence, vous pouvez nous appeler à ce numéro. | En cas de |
| **9.** | Même si vous êtes plus que six, ce chalet peut accueillir jusqu'à huit personnes. | Quand bien même |
| **10.** | Pour assurer la paix de tous les riverains, les embarcations à moteur sont interdites si elles ont plus de 40 chevaux-vapeur. | À moins que |

# 7 Le but, la cause et la conséquence

## Table des matières

| Page | Tableaux d'entraînement | Objectif grammatical |
|---|---|---|
| 257 | Tableau 1 | Les expressions marquant le but : *afin de* + infinitif, *afin que* + subjonctif, *pour* + infinitif, *pour que* + subjonctif |
| 258 | Tableau 2 | Les expressions marquant un but à éviter : *afin de ne pas* + infinitif *afin que… ne* + subjonctif + *pas* *pour ne pas* + infinitif *pour que… ne* + subjonctif + *pas* *de peur que* + subjonctif *de peur de* + infinitif |
| 259 | Tableau 3 | Les expressions marquant la cause : *à cause de, grâce à* |
| 261 | Tableau 4 | Les expressions marquant la cause suivies d'un nom, d'un adjectif ou d'un verbe à l'infinitif *parce que* |
| 262 | Tableau 5 | Les expressions marquant la cause avec ou sans préposition : *à, au, aux, d', de, du, pour* |
| 263 | Tableau 6 | Les expressions marquant la conséquence : *à tel point que, alors, aussi, c'est pour cela*, etc. |
| 265 | Tableau 7 | Les verbes exprimant la conséquence : *provoquer, entraîner, occasionner*, etc. |
| 266 | Tableau 8 | Les degrés d'intensité d'une conséquence : *si bien que, alors tellement, si* + adjectif *tellement de, tant de* + nom nom + *tel, telle, tel, telles* verbe + *tellement* *à un point tel que, à tel point que* |

# Tableau grammatical

## A. Les expressions marquant le but

| Expressions | Construction | Emploi | Exemples |
|---|---|---|---|
| **afin que**<br>**pour que**<br>**de sorte que**<br>**de façon que**<br>**de manière que** | + subjonctif | but | Je l'ai invité **pour qu'**il fasse connaissance avec les autres membres du comité. |
| **afin de**<br>**dans le but de**<br>**en vue de**<br>**pour**<br>**de façon à**<br>**de manière à** | + infinitif | but | Je l'ai invité **pour** lui montrer ma collection d'estampes japonaises. |
| **afin que... ne... pas**<br>**pour que... ne... pas**<br>**de peur que... (ne)**<br>**de crainte que... (ne)** | + subjonctif | but à éviter | Je l'ai invité **pour qu'**il **ne** reste **pas** seul chez lui le jour de Noël. |
| **afin de ne pas**<br>**pour ne pas**<br>**de crainte de**<br>**de peur de** | + infinitif | but à éviter | Je l'ai invité **pour ne pas** froisser ma sœur. |

## B. Les expressions marquant la cause

| Expressions | Construction | Emploi | Exemples |
|---|---|---|---|
| **car** | + indicatif | Introduit une explication et se place après la conséquence, précédé d'une virgule. | Ils ont retardé leur départ, **car** les routes étaient enneigées. |
| **comme** | + indicatif | Se place en tête de phrase et insiste sur la cause. | **Comme** tu étais absente, j'ai dû m'organiser seule. |
| **en effet** | + indicatif | Introduit un argument ou une explication, se place après la conséquence, mais en tête de phrase et est suivi d'une virgule. | Les gens devront évacuer le village. **En effet**, les pompiers n'arrivent pas à maîtriser les incendies de forêt. |

| Expressions | Construction | Emploi | Exemples |
| --- | --- | --- | --- |
| **étant donné que** | + indicatif | | Le jury a éliminé ce candidat **étant donné qu'**il ne possédait pas les qualifications requises. |
| **parce que** | + indicatif | Répond à la question «Pourquoi?» | J'ai tout de suite accepté **parce que** le projet m'enthousiasmait. |
| **puisque** | + indicatif | Cause évidente, justifie le fait énoncé dans la proposition principale. | **Puisque** tu refuses de collaborer, je demanderai à quelqu'un d'autre! |
| **sous prétexte que** | + indicatif | Cause présentée comme étant fausse. | Elle a décliné leur invitation **sous prétexte que** son mari était très fatigué. |
| **vu que** | + indicatif | | **Vu que** vous ne parlez pas le russe, vous aurez besoin d'un interprète lors de votre séjour à Moscou. |
| **à force de** | + infinitif | Idée de répétition, d'insistance. | Il s'est infligé une blessure au dos **à force de** s'entraîner. |
| **sous prétexte de** | + infinitif | Cause présentée comme étant fausse. | Elle a décliné son invitation **sous prétexte** d'avoir trop de travail. |
| **pour** | + infinitif passé | Se place après la conséquence. | Il a eu une contravention **pour** avoir garé sa voiture devant une borne-fontaine. |
| **participe présent** | | S'emploie à l'écrit et se place en tête de phrase. | Ne **sachant** que faire, il s'en remit à son destin. |
| **à cause de** | + nom | Introduit une conséquence négative ou neutre. | Il a soulevé la controverse **à cause de** ses propos déplacés. |
| **à force de** | + nom | Idée de répétition, d'insistance, s'emploie sans déterminant. | **À force de** patience, il a fini par obtenir un rendez-vous. |
| **du fait de** | + nom | Introduit une conséquence négative ou positive. | Elle a obtenu une promotion **du fait de** sa grande compétence. |
| **en raison de** | + nom | Introduit une conséquence négative ou positive. | Tous les vols ont été annulés **en raison de** la grève des pilotes. |
| **étant donné** | + nom | Invariable. | **Étant donné** les circonstances, nous devrons modifier nos plans. |

| Expressions | Construction | Emploi | Exemples |
|---|---|---|---|
| **faute de** | + nom | Cause manquante, s'emploie sans déterminant. | L'entreprise ne peut prendre de l'expansion, **faute de** personnel qualifié. |
| **grâce à** | + nom | Introduit une conséquence positive. | Cet acteur a une grande facilité à retenir ses rôles **grâce à** une mémoire phénoménale. |
| **pour** | + nom | S'emploie sans déterminant, se place après la conséquence. | Il a été poursuivi en justice **pour** bris de contrat. |
| **pour cause de** | + nom | S'emploie sans déterminant, se place après la conséquence. | Notre magasin sera fermé du 15 au 19 avril **pour cause de** rénovations. |
| **vu** | + nom | Invariable | **Vu** son attitude négative, il n'est pas très apprécié de ses camarades. |

## C. Les expressions marquant la conséquence

| Expressions* | Emploi** | Exemples |
|---|---|---|
| **ainsi** | Indique la manière et amène souvent l'inversion verbe-sujet. | Après le vol de son passeport, il a contacté l'ambassade ; **ainsi** a-t-il réussi à en obtenir un nouveau. |
| **alors** | Fort lien logique entre la cause et la conséquence. | Il se sentait menacé, **alors** il s'est mis à crier. |
| **aussi** | Souvent suivi de l'inversion verbe-sujet. | Son imprudence lui a coûté très cher, **aussi** s'est-il promis de ne plus recommencer. |
| **c'est pour cela que/ c'est pour ça que** | On utilise *c'est pour cela que* à l'oral et à l'écrit. *C'est pour ça que* est réservé à l'oral. | Catherine part en congé de maternité la semaine prochaine. **C'est pour ça que** j'organise un 5 à 7. |

\* Ces expressions marquant la conséquence peuvent toutes être suivies de l'indicatif ou du conditionnel.

\*\* Ces expressions marquant la conséquence se placent après l'énoncé de la cause et sont généralement précédées d'un signe de ponctuation (le point, la virgule, le deux-points) selon la longueur de la phrase.

| Expressions | Emploi | Exemples |
|---|---|---|
| **c'est la raison pour laquelle** | On l'utilise surtout à l'écrit. | Le client était insatisfait de son achat ; **c'est la raison pour laquelle** il a exigé d'être remboursé. |
| **c'est pourquoi** | On l'utilise surtout à l'écrit. | Le président a été impliqué dans un scandale de corruption. **C'est pourquoi** il a été contraint de démissionner. |

| Expressions | Emploi | Exemples |
| --- | --- | --- |
| *de sorte que* | Amène une conséquence certaine. | Tous les hôtels étaient complets **de sorte** qu'ils ont dû coucher à la belle étoile. |
| *donc* | Fort lien logique entre la cause et la conséquence. | « Je pense, **donc** je suis. » |
| *du coup* | Conséquence inattendue, suivi d'une virgule. | La gardienne s'est décommandée à la dernière minute. **Du coup**, on a emmené les enfants en week-end avec nous. |
| *en conséquence* | Suivi d'une virgule. | Selon les sondages, la popularité de ce chef politique est en chute libre. **En conséquence**, les membres du parti remettent son leadership en question. |
| *par conséquent* | Style administratif, suivi d'une virgule. | Votre fils a enfreint le règlement de l'école. **Par conséquent**, il sera suspendu pendant trois jours. |
| *résultat* | On l'utilise à l'oral. | Elle a un nouvel amoureux. **Résultat** : ça fait un mois qu'on ne la voit plus. |
| *si bien que* | Insiste sur la conséquence. | Il m'a tenu au téléphone pendant une heure, **si bien que** je n'ai pas pu te rappeler avant maintenant. |

## D. L'intensité de la conséquence

| Construction | Exemples |
| --- | --- |
| • *Si + adjectif + que* | • Tout est **si** propre dans cette pièce **qu'**on n'ose pas y entrer. |
| • *Tellement + adjectif + que* | • Vos enfants sont **tellement** sages **qu'**ils ne me dérangent pas du tout ! |
| • *Si + adverbe + que* | • J'ai **si** rarement l'occasion de parler l'allemand **que** je commence à l'oublier. |
| • *Tellement + adverbe + que* | • Il parle **tellement** vite **que** je n'arrive pas à comprendre ce qu'il dit. |
| • *Tant de + nom + que* | • Je suis passée par là **tant de** fois **que** je connais la route par cœur. |
| • *Tellement de + nom + que* | • Je rencontre **tellement de** gens dans le cadre de mon travail **que** je n'arrive pas à me rappeler le nom de chacun. |

| Construction | Exemples |
|---|---|
| • **Nom + verbe (être, paraître, sembler) + tel, telle, tels, telles + que** | • L'animation était **telle qu'**on se serait crus en plein carnaval! <br> • Les obstacles semblaient **tels qu'**on a vite fait d'abandonner notre projet. <br> • Les hausses de taxes étaient **telles que** la population est descendue dans la rue pour manifester. |
| • **Nom + tel, telle, tels, telles + que** | • Ce livre a connu un succès **tel qu'**il en est déjà à sa cinquième réimpression. |
| • **Verbe + tellement + que** | • Il crie **tellement que** plus personne ne l'écoute! |
| • **Verbe + tant + que** | • Il a **tant** bu de tequila cette fois-là **qu'**il a la nausée juste à y penser! |
| • **À un point tel que + indicatif** | • On en avait vraiment assez, **à un point tel qu'**on a tout laissé tomber. |
| • **À tel point que + indicatif** | • Le patron n'arrête pas de me faire des reproches injustifiés, **à tel point que** je songe à démissionner. |

## E. Quelques verbes exprimant une relation de cause ou de conséquence

| | | |
|---|---|---|
| amener | dépendre de | influencer |
| attirer | donner naissance à | motiver |
| avoir des répercussions sur | entraîner | nourrir |
| avoir pour résultat | être à l'origine de | occasionner |
| avoir pour effet | être dû à | produire |
| causer | être la cause de | provoquer |
| conduire à | éveiller | rendre possible |
| créer | faire en sorte que | résulter de |
| déchaîner | favoriser | soulever |
| déclencher | impliquer | susciter |
| découler de | inciter | valoir |

**Objectif grammatical**
Les expressions marquant le but : *pour,*
*pour que, afin que.*

**Objectif de communication**
Comprendre et exprimer l'objectif
d'une activité.

# Lire, pour quoi faire ?

Dans un passage de l'ouvrage *Comme un roman,* de Daniel Pennac, le narrateur affirme que les enfants savent que lire est essentiel. Et lorsque leur professeur leur demande de faire une dissertation ayant pour sujet la maxime de Flaubert selon laquelle il faut lire pour vivre, les enfants sont tous d'accord : lire fait partie de la vie.

Lisez d'abord l'extrait ci-dessous.

Sujet : *Que pensez-vous de cette injonction de Gustave Flaubert à son amie Louise Collet : « Lisez pour vivre ! » ?*

Le gosse est d'accord avec Flaubert, le gosse et ses copains, et ses copines, tous d'accord : « Flaubert avait raison ! » Une unanimité de trente-cinq copies : il faut lire, il faut lire pour vivre, et c'est de même – cette absolue nécessité de la lecture – ce qui nous distingue de la bête, du barbare, de la brute ignorante, du sectaire hystérique, du dictateur triomphant, du matérialiste boulimique, il faut lire ! Il faut lire !

1. Pour apprendre.

2. Pour réussir nos études.

3. Pour nous informer.

4. Pour savoir d'où l'on vient.

5. Pour savoir qui l'on est.

6. Pour mieux connaître les autres.

7. Pour savoir où l'on va.

8. Pour conserver la mémoire du passé.

9. Pour éclairer notre présent.

10. Pour profiter des expériences antérieures.

11. Pour ne pas faire les bêtises de nos aïeux.

12. Pour gagner du temps.

13. Pour nous évader.

14. Pour chercher un sens à la vie.

15. Pour comprendre les fondements de notre civilisation.

16. Pour entretenir notre curiosité.

17. Pour nous distraire.

18. Pour nous cultiver.

19. Pour communiquer.

20. Pour exercer notre esprit critique.

Daniel Pennac, *Comme un roman*, Paris,
© Éditions Gallimard, 1992, p. 71-72.

**A.** Discutez du contenu de l'extrait en équipes. Avec quelles affirmations êtes-vous d'accord? en désaccord? pourquoi? Parmi les raisons fournies par les élèves, lesquelles vous paraissent les plus importantes, les plus accessoires? Auriez-vous d'autres raisons de lire ou de ne pas lire?

**B.** En vous inspirant du texte de Pennac, complétez la phrase suivante à l'aide d'un verbe au subjonctif.

### Daniel Pennac nous enjoint de lire...

Exemple

**1.** pour que nous *apprenions* _____

**2.** pour que nous _____

**3.** pour que nous _____

**4.** pour que nous _____

**5.** pour que nous _____

**6.** pour que nous _____

**7.** pour que nous _____

**8.** pour que nous _____

**9.** pour que nous _____

**10.** pour que nous _____

**11.** pour que nous _____

**12.** pour que nous _____

**13.** pour que nous _____

**14.** pour que nous _____

**15.** pour que nous _____

**16.** pour que nous _____

**17.** pour que nous _____

**18.** pour que nous _____

**19.** pour que nous _____

**20.** pour que nous _____

**C.** Vous décidez d'offrir des livres en cadeau. Dédicacez-les selon le genre des œuvres et la personnalité des gens à qui vous les offrez. Utilisez les expressions qui indiquent le but : *pour que*, *afin que* et *pour*.

| Genre de livre | Vous l'offrez à | Dédicace |
|---|---|---|
| Exemple | | |
| **1.** Un roman policier | votre patron | *Cher Claude, je vous offre ce roman policier* **afin que** *vous vous distrayiez pendant vos moments de loisir.* |
| **2.** Une bande dessinée | votre enfant de 10 ans | |
| **3.** Un livre de recettes | votre belle-mère | |
| **4.** Un livre sur le Musée des beaux-arts de Montréal | une amie de longue date | |
| **5.** Un livre d'histoire | votre fille adolescente | |
| **6.** Un dictionnaire | votre professeur | |
| **7.** _____ | _____ | |
| **8.** _____ | _____ | |
| **9.** _____ | _____ | |

**Objectif grammatical**
Les expressions marquant le but : *afin de, de manière à, afin que, de façon que,* etc.

**Objectif de communication**
Donner des explications.

# Une fin de semaine dans un parc national

**A.** Philippe et Hugo, son fils de 7 ans, vont en fin de semaine dans un parc national faire du camping et de la randonnée pédestre. À l'entrée du parc, on leur remet un feuillet informatif. Complétez le dialogue entre Philippe et Hugo en utilisant les structures grammaticales ci-dessous.

| + infinitif | + subjonctif |
|---|---|
| *afin de* | *afin que* |
| *afin de ne pas* | *de façon que* |
| *de manière à* | *de peur de* |
| *pour* | *pour que* |
| *pour ne pas* | |

**Règles de sécurité à respecter dans le parc**

- Inscrivez-vous au poste d'accueil avant de partir en randonnée.
- Ne vous aventurez pas seul dans les sentiers.
- Munissez-vous d'une carte des sentiers.
- Assurez-vous d'avoir suffisamment d'eau et de nourriture ainsi que des vêtements de rechange.
- Ne cueillez pas de plantes.

- Ne nourrissez pas les animaux.
- Utilisez des sites de camping déjà aménagés.
- Ne laissez pas vos feux sans surveillance.
- Ne laissez pas de nourriture dans votre tente.
- Déposez les ordures dans les poubelles.
- Les animaux domestiques sont interdits dans le parc.

**1.** Papa, pourquoi est-ce qu'on doit s'inscrire au poste d'accueil ?

**Pour que** les patrouilleurs _____

**2.** Et pourquoi on ne peut pas partir seuls en randonnée ?

**Pour ne pas** _____

**3.** Le parc n'est pas si grand ; alors pourquoi on doit avoir une carte ?

**Afin de ne pas** _____

**4.** Est-ce qu'il est vraiment nécessaire d'apporter des vêtements de rechange si on part en randonnée pour une journée seulement ?

Oui, **de manière à** _____

**5.** C'est vrai qu'on ne pourra pas cueillir de fleurs ?

Oui, c'est interdit dans tous les parcs nationaux **afin de**

_____

_____

**6.** Et on ne pourra pas nourrir les écureuils ?

Non, **pour ne pas** _____

_____

**7.** Si je comprends bien, on ne pourra pas installer notre tente n'importe où ?

C'est ça. Le parc a des emplacements délimités **de façon que** les visiteurs _____

_____

**8.** On aura tout de même le droit de faire des feux, n'est-ce pas ?

Oui, bien sûr, mais on ne doit pas les laisser sans surveillance **de peur que** _____

_____

**9.** Dis, papa, qu'est-ce qu'on va faire de la nourriture si on ne peut pas la laisser dans la tente ?

On va la suspendre à un arbre **de peur qu'**un ours _____

_____

**10.** Et les déchets ? Ça peut attirer les ours, ça aussi !

Tu as raison. Les gens du parc y ont pensé et ils ont installé des poubelles très solides **afin que** les ours

_____

_____

**11.** Et pourquoi on ne peut pas emmener Fido avec nous ? Je suis sûr qu'il aimerait bien se dégourdir les pattes, lui aussi !

Je sais, mais c'est interdit, **pour ne pas** _____

_____

**12.** Il y a vraiment beaucoup de règlements !

Oui, mais je pense que c'est nécessaire **pour** _____

_____

**B.** Quels règlements devez-vous suivre dans votre établissement scolaire, à votre lieu de travail ? Dans quel but ces règlements ont-ils été institués ? Les trouvez-vous raisonnables, abusifs ? Discutez-en avec vos camarades de classe.

**Objectif grammatical**
Les expressions marquant le but : *dans le but de, en vue de, afin que, pour que,* etc.

**Objectif de communication**
Décrire les différentes utilisations d'un produit.

# L'épinette

**A.** Lisez le texte.

On a du mal aujourd'hui à imaginer l'importance de l'épinette dans l'histoire de ce pays. Pas une partie de l'arbre qui n'ait eu son utilité.

Les racines tout d'abord. Bouillies et macérées avant d'être séparées en deux avec les dents, elles servaient aux Amérindiens à fabriquer le *watap*, cette souple lanière retenant ensemble les feuilles d'écorce de bouleau. Et comment étanchait-on le canot d'écorce ? Avec la gomme d'épinette, une résine que l'on faisait chauffer et qu'on mélangeait à la graisse animale.

Regardez bien l'écorce grisâtre de l'épinette. Vous verrez perler sur toute sa surface des gouttes d'un liquide épais, sirupeux, jaunâtre, qui s'est crevassé en durcissant. Cette substance, contenant une cire diluée dans une térébenthine, est utilisée depuis longtemps dans la fabrication des vernis et des peintures. La cire, elle, bien sûr, devient cierge et bougie, mais comme elle a la propriété de sécher rapidement, elle est incorporée aux encres d'imprimerie. Voilà notre épinette doublement présente dans les journaux !

La gomme d'épinette a toujours occupé le haut rang dans la pharmacopée populaire. Des textes du XVIIᵉ siècle nous apprennent que les indigènes s'en servaient comme purgatifs et que les colons français avaient appris à l'utiliser pour hâter la cicatrisation des plaies. Elle apportait grand soulagement, dit-on, dans les cas de brûlures graves. Aux infortunés lombalgiques, aux courbés du tour de reins, il était prescrit d'avaler tout rond un peu de gomme d'épinette enrobée de pain mouillé. Faute de l'avaler, on pouvait toujours ruminer la dite résine. Ancêtre de la gomme à mâcher, ce masticatoire naturel était d'autant plus précieux qu'il était, au contraire du chiclé, antiseptique et antiscorbutique.

Et faute d'en mastiquer la gomme, faute de travailler son bois, de tresser ses racines, on pouvait toujours faire bouillir ses aiguilles et préparer une fermentation qui prit vite le nom de « petite bière ». Pendant des siècles, au Québec, la boisson la plus fréquemment servie aux repas était la bière d'épinette. Non seulement on la trouvait sur les tables les plus humbles, mais les gens de qualité eux-mêmes, selon le botaniste Pehr Kalm, « en faisaient une boisson courante et s'en trouvaient fort bien ». Rafraîchissant, nourrissant, économique, moins spiritueux que la bière de houblon, ce breuvage pétillant, doué de vertus diurétiques, salutaire, semble-t-il, pour les maladies de reins, possédait aussi des propriétés apéritives, à cause de son amertume légèrement acidulée.

Pierre Morency, *L'Œil américain*, Montréal, Boréal, 1989, p. 224-225.

Associez chaque terme à la définition correspondante.

**1.** *macérer* (l. 8)
**2.** *lanière* (l. 11)
**3.** *étancher* (l. 12)
**4.** *se crevasser* (l. 15)
**5.** *cierge* (l. 17)
**6.** *pharmacopée* (l. 20)
**7.** *hâter* (l. 22)
**8.** *masticatoire* (l. 25)
**9.** *spiritueux* (l. 31)
**10.** *diurétique* (l. 31)

a) Accélérer.
b) Alcoolisé.
c) Chandelle longue et effilée, en usage dans le culte chrétien.
d) Bande longue et étroite.
e) Ensemble de médicaments.
f) Faire tremper.
g) Former une fente à la surface.
h) Qui augmente la sécrétion urinaire.
i) Rendre imperméable.
j) Substance qu'on mâche longuement.

**B.** En vous référant au texte, écrivez les différents usages des trois parties de l'épinette dans le tableau ci-dessous.

| Racines |
| --- |
| Usage |
| • _____ |
| **Gomme** |
| Usage domestique et artisanal |
| • _____ |
| • _____ |
| • _____ |
| • _____ |
| Usage médicinal |
| • _____ |
| • _____ |
| • _____ |
| • _____ |
| **Aiguilles** |
| Usage |
| • _____ |

*Le but, la cause et la conséquence*

**C.** Avez-vous bien compris le texte? Complétez les phrases suivantes en vos propres mots. Utilisez les structures grammaticales ci-dessous.

| + infinitif | + subjonctif |
|---|---|
| afin de<br>dans le but de<br>de manière à<br>en vue de<br>pour<br>pour ne pas | afin que<br>pour que |

**1.** Les Amérindiens faisaient bouillir et macérer les racines _____

_____

**2.** Les Amérindiens fabriquaient le *watap* _____

_____

**3.** On se servait de la gomme d'épinette (mélangée à de la graisse animale) _____

_____

**4.** On diluait la cire dans une térébenthine _____

_____

**5.** On incorporait la cire aux encres d'imprimerie _____

_____

**6.** Les colons français appliquaient de la gomme d'épinette sur les plaies _____

_____

**7.** La gomme d'épinette était aussi utilisée _____

_____

**8.** Les gens qui souffraient d'un tour de reins avalaient de la gomme d'épinette _____

_____

**9.** On mâchait aussi de la gomme d'épinette _____

_____

**10.** Pendant des siècles, au Québec, on faisait bouillir les aiguilles d'épinette _____

_____

**D.** Connaissez-vous d'autres exemples d'utilisation judicieuse des ressources du milieu (faune, flore, etc.)? Exposez-les dans un court texte, puis partagez vos données avec vos camarades de classe.

Voici quelques pistes de recherche:

- le cèdre chez les Indiens de la côte du Pacifique
- le bison chez les Indiens des Prairies
- le phoque chez les Inuits.

Vous pouvez bien sûr trouver d'autres exemples!

**Objectif grammatical**
Les expressions marquant la cause: *parce que*, *puisque*, *comme*, *étant donné que*, etc.
Les expressions marquant la conséquence: *si bien que*, *de sorte que*, *alors*, *c'est pourquoi*, etc.

**Objectif de communication**
Comprendre les manchettes.

# En manchette

Lisez ces manchettes d'articles de journaux. Reliez ensuite le titre et le sous-titre à l'aide d'une des expressions proposées dans l'encadré. N'utilisez chaque expression qu'**une seule fois** et faites les changements grammaticaux nécessaires, comme dans l'exemple.

| Cause | Conséquence |
|---|---|
| à cause de (+ nom) | à tel point que |
| car | alors |
| comme | aussi (+ inversion verbe-sujet) |
| du fait de (+ nom) | c'est pourquoi |
| en effet | de sorte que |
| en raison de (+ nom) | donc |
| étant donné que | par conséquent |
| grâce à (+ nom) | si bien que |
| parce que | (verbe +) tant |
| puisque | tellement de (+ nom) |

**Exemple**    **Produits toxiques détectés dans la rivière Massawipi**
Les écologistes sont inquiets

*Des produits toxiques ont été détectés dans la rivière Massawipi. Par conséquent, les*

*écologistes sont inquiets.*

*__OU__ Comme des produits toxiques ont été détectés dans la rivière Massawipi, les*

*écologistes sont inquiets.*

1. **Les grévistes refusent de rentrer au travail**
Le gouvernement songe à adopter une loi spéciale

_____

_____

_____

## 2. Plus de la moitié des étudiants éprouvent des difficultés en français

Les universités imposeront des tests d'orthographe et de grammaire

_____
_____
_____

## 3. Chute marquée des indices boursiers

Les investisseurs sont nerveux

_____
_____
_____

## 4. La Bolivie est paralysée

Grève générale contre la politique économique et sociale du gouvernement

_____
_____
_____

## 5. Cas d'épuisement professionnel de plus en plus nombreux chez les infirmières

Le syndicat dénonce les coupures de budget dans les hôpitaux

_____
_____
_____

## 6. L'OCDE demeure optimiste

L'inflation devrait être maîtrisée et l'expansion économique se poursuivre

_____
_____
_____

## 7. Taux de chômage à la baisse
**14 000 emplois créés en décembre**

_____

_____

_____

## 8. Tempête de neige dans les Maritimes
Des centaines de milliers de personnes sans électricité depuis deux jours

_____

_____

_____

## 9. Renversement d'un camion-citerne à Toronto
Fermeture de l'autoroute 401

_____

_____

_____

## 10. L'entraîneur du Canadien congédié
L'équipe a subi hier sa dixième défaite d'affilée

_____

_____

_____

## 11. De l'espoir pour les victimes de la sclérose en plaques
Un nouveau traitement est mis au point en Angleterre

_____

_____

_____

## 12. Les négociations piétinent au Moyen-Orient
Les deux parties ont rejeté hier les dernières propositions du médiateur

_____

_____

_____

**Objectifs grammaticaux**
Les expressions marquant la cause: *parce que,
puisque, comme, étant donné que,* etc.
Les expressions marquant la conséquence: *si bien
que, de sorte que, alors, c'est pourquoi,* etc.

**Objectifs de communication**
Comprendre les articulations logiques liées à la
cause et à la conséquence dans un texte.

# Des habitudes à remettre en question

**A.** Lisez les articles ci-dessous. Notez, dans le tableau de la page suivante, les causes et les conséquences des événements évoqués. Il peut y avoir plus d'un rapport cause-conséquence par texte.

## 1.

## BÉBÉS **TROP** LONGTEMPS **ASSIS**

En général, les enfants passent beaucoup de temps assis. À Hawaï, en observant près de 200 bébés de moins de cinq mois, on a noté que 94% restaient en moyenne 5,7 heures par jour dans des sièges, des marchettes ou d'autres dispositifs. Quarante pour cent y passaient de quatre à huit heures par jour. Les conséquences possibles? L'enfant peut avoir de la difficulté à respirer et à cracher sa salive (particulièrement s'il est atteint de reflux gastro-œsophagique), et le manque de contact physique entre lui et ses parents pourrait retarder son développement psycho-neurologique.

*Protégez-vous,* janvier 1998.

## 2.

## SUR LE DOS DES ANIMAUX

Des chercheurs américains ont examiné toutes les préparations médicinales en provenance d'Orient. Résultat: près de 450 produits contenaient des extraits d'espèces animales menacées, dont le tigre. En les achetant, vous contribuez à leur disparition.

*Protégez-vous,* août 1996.

## 3.

## PROMESSES TENUES!

Suivant la vague internationale des compagnies qui garantissent un service rapide et efficace, la banque ANZ d'Australie promet 5 $ à chaque client ayant dû attendre pendant plus de cinq minutes avant d'être servi. En un peu plus de deux ans, les coffres de cette banque ont été délestés de quelque 500 000 $ à cause de cette garantie pas toujours facile à respecter.

*Protégez-vous,* mai 1998.

## 4.

## Des milliards de petits bâtons

Qui blâmer pour la disparition rapide des forêts chinoises? Le gouvernement pointe du doigt les producteurs de baguettes jetables, qui coupent 25 millions d'arbres chaque année pour en fabriquer 45 milliards de paires. Les élus veulent les obliger à ne produire que des baguettes laquées réutilisables, comme celles de certains restaurants. Sans ce changement de cap, on estime que les forêts du territoire chinois pourraient disparaître en moins d'une décennie.

*Protégez-vous,* juin 1999.

**5.**

# Surdose d'Internet

Serait-ce le nouveau mal de cette fin de siècle? Des internautes trop absorbés par leur écran d'ordinateur se retrouvent à l'hôpital, victimes de confusion mentale, d'hallucinations et de délire. Plusieurs centaines d'Italiens ont déjà souffert de cette maladie qui s'attaque surtout aux célibataires dans la jeune trentaine qui négligent leurs amis pour se consacrer à leur passe-temps une dizaine d'heures par jour.

*Protégez-vous*, juin 1999.

**6.**

# FINI, LE MERCURE!

Dix millions de tonnes, c'est la quantité de mercure que les Français rejettent dans la nature chaque année! Les hôpitaux sont responsables d'une bonne partie de ces rejets, puisqu'ils utilisent cinq millions de thermomètres par année. Le gouvernement a décidé de mettre fin à cette pollution hautement toxique en interdisant la vente de thermomètres au mercure sur son territoire à compter du 1er mars 1999. Les consommateurs et le corps médical devront donc se tourner vers les modèles électroniques, puisque l'efficacité des autres types de thermomètres est trop incertaine.

*Protégez-vous*, juin 1999.

| | Causes | Conséquences |
|---|---|---|
| **1.** | | |
| **2.** | | |
| **3.** | | |
| **4.** | | |
| **5.** | | |
| **6.** | | |

**B.** Lisez ci-dessous les trois énoncés se rapportant à chaque article. Cochez celui qui **ne correspond pas** à ce qui est dit dans le texte.

**1. Bébés trop longtemps assis**

☐ *a)* Les bébés restent trop longtemps assis parce que leurs parents n'ont pas beaucoup de temps à consacrer à leur développement psychoneurologique.

☐ *b)* Les bébés restent trop longtemps assis, donc le manque de contact physique avec leurs parents risque de retarder leur développement psychoneurologique.

☐ *c)* Les bébés restent si longtemps assis que le manque de contact physique entre l'enfant et ses parents pourrait retarder son développement psychoneurologique.

**2. Sur le dos des animaux**

☐ *a)* Comme de nombreuses préparations médicinales en provenance d'Orient contiennent des extraits d'espèces animales menacées, les consommateurs qui en achètent contribuent à la disparition de ces espèces.

❏ b) De nombreuses espèces animales sont menacées, car elles servent de base à des préparations médicinales en provenance d'Orient.

❏ c) Puisqu'on continue à acheter de nombreuses préparations médicinales en provenance d'Orient, plusieurs espèces animales sont en voie de disparition.

### 3. Promesses tenues !

❏ a) À cause d'une garantie pas toujours facile à respecter, la banque a promis 5 $ à chaque client ayant dû attendre plus de cinq minutes avant d'être servi.

❏ b) La banque n'a pas toujours respecté sa garantie de service rapide, de sorte qu'elle a dû verser 500 000 $ à ses clients.

❏ c) En raison de la vague internationale des compagnies garantissant un service rapide et efficace, la banque a promis 5 $ à chaque client ayant dû attendre plus de cinq minutes avant d'être servi.

### 4. Des milliards de petits bâtons

❏ a) Les forêts chinoises sont menacées, c'est pourquoi le gouvernement blâme les producteurs de baguettes jetables.

❏ b) Les baguettes laquées réutilisables gagnent en popularité, si bien que les producteurs en fabriquent 45 millions de paires par année.

❏ c) Les producteurs de baguettes jetables coupent tellement d'arbres que les forêts chinoises pourraient disparaître en moins d'une décennie.

### 5. Surdose d'Internet

❏ a) Certains internautes naviguent tant qu'ils négligent leurs amis.

❏ b) Des internautes sont victimes de confusion mentale, d'hallucinations et de délire, aussi se retrouvent-ils à l'hôpital.

❏ c) Puisqu'ils passent une dizaine d'heures par jour devant leur écran d'ordinateur, des centaines d'internautes italiens sont hospitalisés.

### 6. Fini, le mercure !

❏ a) Étant donné que le mercure est un polluant hautement toxique, le gouvernement français a décidé d'interdire la vente de thermomètres au mercure sur son territoire.

❏ b) Les hôpitaux français utilisent cinq millions de thermomètres au mercure par année. Par conséquent, ils sont responsables d'une bonne partie de la quantité de mercure rejetée dans la nature.

❏ c) Les consommateurs et le corps médical devront se procurer des thermomètres électroniques sous prétexte que l'efficacité des autres types de thermomètres est trop incertaine.

**C.** Relisez les dix-huit énoncés ci-dessus. Relevez dans chacune des phrases les expressions marquant la cause et la conséquence, puis classez-les dans le tableau, comme dans l'exemple.

| Cause | Conséquence |
| --- | --- |
| Exemple  *parce que* | |
| | |
| | |
| | |
| | |
| | |
| | |
| | |

**Objectif grammatical**
Les expressions marquant la cause : à cause de, car, puisque, grâce à, etc.
Les expressions marquant la conséquence : par conséquent, à tel point que, donc, etc.

**Objectifs de communication**
Comprendre et exprimer un rapport de cause à effet.
Reformuler une idée.

# La télévision qui tue

**A.** Lisez le texte et discutez des questions suivantes en équipes.

Quels sont les effets de la télévision sur les enfants ?

Quels types de comportements affichent les enfants qui regardent beaucoup la télévision ?

Quelle est la position générale devant les scènes de violence présentées à la télévision ?

Aux États-Unis, quel lien y a-t-il entre la peine capitale et la violence à la télévision ?

Pourquoi montre-t-on tant de violence à la télévision ?

## La télévision qui tue

Le chercheur américain George Gerbner est convaincu que la télé fait l'homme à son image : violent. Et qu'en faisant régner la peur, elle menace la démocratie.

**Par Scott Stossel**

George Gerbner, à 77 ans, a passé sa vie à étudier notre nouveau dieu, la télé.

La vision du monde que présente la télévision est une vision violente, mesquine, 5 répressive, dangereuse et faussée, dit-il. La télévision pourrait être une force enrichissante culturellement, mais elle joue sur la peur, le ressentiment et l'insatisfaction économique, sapant ainsi la 10 démocratie.

En 1977, un adolescent de 15 ans, Ronny Zamora, tua d'un coup de feu sa voisine de 82 ans. Non coupable, plaida son avocat, Ellis Rubin : le gamin a trop 15 regardé la télévision ! Souffrant d'intoxication télévisuelle, expliqua-t-il, il ne pouvait plus distinguer le bien du mal. Si vous le condamnez, il faudra traduire la télévision devant ce tribunal, pour 20 complicité. Le jury, on le comprend, ne fut pas convaincu, et Ronny Zamora fut déclaré coupable.

Une montagne d'études concluent pourtant à une relation directe entre la 25 violence et la télévision.

Dès 1956, une étude concluait que des enfants de quatre ans qui regardaient un dessin animé de *Woody Woodpecker* comportant de nombreuses scènes de 30 violence étaient beaucoup plus susceptibles de frapper leurs camarades, de briser leurs jouets et d'avoir un comportement agressif que ceux du même âge qui regardaient *The Little Red Hen.*

35 En 1981, B. Centerwall, un épidémiologiste de l'Université de Washington, émettait l'hypothèse que l'augmentation marquée du nombre de meurtres en Amérique du Nord à partir de 1955 était 40 un effet de la télévision.

Aujourd'hui, 90 % des Américains croient que la violence à la télévision est nocive pour la société.

Un soir d'été, un sénateur de l'Illinois, 45 Paul Simon, regardait la télé dans un motel quand il vit en gros plan, un homme coupé en deux par une tronçonneuse. Épouvanté, il pilota, dès son arrivée au Sénat, un projet de loi contre 50 la violence à la télé. Adoptée en 1990, cette loi offre un compromis à l'industrie de la télévision : les réseaux promirent d'afficher une mise en garde au début des émissions comportant de la violence.

55 La signification de tout cela ? D'abord, la simple fréquence nourrit l'idée que le comportement agressif est normal. Le téléspectateur est désensibilisé. Parce que la télé décrit le monde bien pire qu'il est, 60 nous devenons craintifs et plus disposés à nous en remettre aux autorités, à accepter les actions radicales, des villes fermées et autres mesures dignes de l'état policier. Gerbner estime, entre autres,

65 que c'est à cause du syndrome du monde pourri que les Américains sont aujourd'hui plus favorables à la peine capitale, ce qui n'était pas le cas il y a 30 ans.

Plus on voit de la violence à la télé, plus 70 on se sent menacé. Les études ont montré une corrélation directe entre la consommation télévisuelle et la crainte de l'extérieur en général.

Pourquoi produit-on tant de violence 75 alors que les cotes d'écoute révèlent que le public préfère les comédies et les drames qui n'en contiennent pas ? Parce qu'il n'existe pas véritablement de marché libre dans ce secteur, explique 80 Gerbner. Le coût élevé des productions implique qu'on doive les vendre partout dans le monde pour les rentabiliser.

La violence et le sexe sont taillés sur mesure pour la télévision : des images 85 plutôt que des mots. L'humour, les dialogues complexes, les traits culturels particuliers passent mal. La violence est le chemin du profit, une formule mondiale infligée à tous les enfants du monde.

*Tiré et adapté de* L'actualité, *février 1998*, p. 66-68. Traduction de "The Man Who Counts the Killings", *The Atlantic Monthly*, mai 1997.

**B.** Dans le tableau ci-dessous, complétez les affirmations dans les colonnes de droite ou de gauche en vous référant au texte. Choisissez, dans la colonne du centre, l'expression marquant la conséquence de manière appropriée.

| Conséquences | | |
|---|---|---|
| • La télévision fait régner la peur | *par conséquent*<br>*de sorte que*<br>*donc*<br>*à tel point que*<br>*voilà pourquoi* | • _____ |
| • Le gamin a trop regardé la télévision | | • _____ |
| • _____ | | • on pense que le comportement agressif est normal. |
| • _____ | | • nous devenons craintifs et plus disposés à accepter les actions radicales. |
| • Le sénateur Paul Simon fut épouvanté par une scène de violence télévisuelle | | • _____ |
| • _____ | *entraîne*<br>*provoque* | • une augmentation du nombre de meurtres aux États-Unis. |
| • La télévision menace la démocratie | *parce que*<br>*à cause de*<br>*car*<br>*puisque*<br>*grâce à* | • _____ |
| • _____ | | • il souffre d'intoxication télévisuelle. |
| • _____ | | • du syndrome du monde pourri. |
| • Les enfants ont tendance à frapper leurs camarades | | • _____ |
| • La loi du marché | *est à l'origine de* | • _____ |

**C.** Reformulez les causes suivantes en remplaçant le verbe en caractères gras par une expression marquant la cause ou la conséquence.

Exemple  **En voyant** de la violence à la télé on se sent menacé.

*__Comme__ on voit de la violence à la télé, on se sent menacé.* _____

_____

**1.** Le coût élevé des productions **implique** qu'on doive les vendre partout dans le monde pour les rentabiliser.

_____

_____

**2. En faisant** régner la peur, la télévision menace la démocratie.

_____

_____

**3.** La simple fréquence **nourrit** l'idée que le comportement agressif est normal.

_____

_____

**4.** Selon un épidémiologiste de l'Université de Washington, l'augmentation marquée du nombre de meurtres en Amérique du Nord à partir de 1955 **est un effet** de la télévision.

_____

_____

**D.** Les expressions suivantes introduisent des rapports de cause à effet corrélés. Utilisez-les pour relier les idées présentées dans le tableau. Formulez des énoncés, comme dans l'exemple.

| Plus…, plus… Plus…, moins… | Moins…, moins… Moins…, plus… |
|---|---|

Exemple   **_Plus_** _on regarde la télé,_ **_plus_** _on se méfie du monde extérieur._

| | | |
|---|---|---|
| **1.** Le temps que les enfants passent devant la télé | L'agressivité des enfants |
| **2.** Le fait de regarder la télé | Le fait d'être craintif |
| **3.** Le fait de regarder la télé | Le fait de se sentir menacé |
| **4.** La qualité des dialogues | Le volume des ventes |
| **5.** La présence de traits culturels | Les ventes internationales |
| **6.** La présence de scènes de violence et de scènes de sexe dans les émissions télévisuelles | La rentabilité des produits télévisuels |

_____

_____

_____

_____

_____

**E.** Voici une série de valeurs véhiculées par la télévision. Selon vous, quelles conséquences la transmission de ces valeurs entraîne-t-elle? Utilisez les mots ci-dessous dans quatre énoncés exprimant la cause ou la conséquence.

fait en sorte que • provoque • cause • entraîne

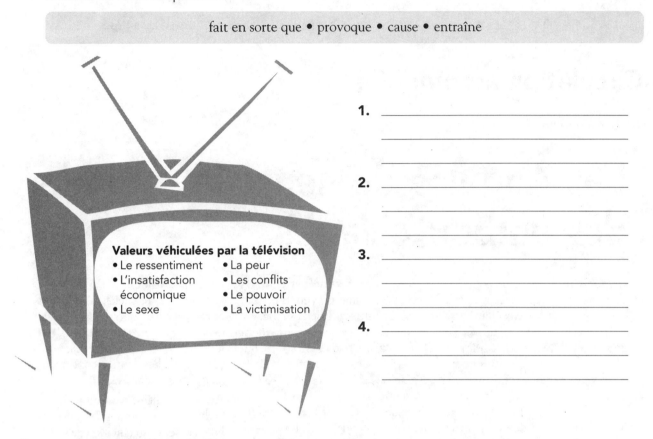

**Valeurs véhiculées par la télévision**
- Le ressentiment
- L'insatisfaction économique
- Le sexe
- La peur
- Les conflits
- Le pouvoir
- La victimisation

1. _____
_____
_____

2. _____
_____
_____

3. _____
_____
_____

4. _____
_____
_____

**F.** Lisez le texte suivant et discutez-en en équipes.

## QUELQUES FAITS INQUIÉTANTS

- Le quart des personnes qui regardent plus de quatre heures de télévision par jour pensent qu'elle montre la vie telle qu'elle est, et 40% considèrent qu'elle leur a appris beaucoup.

- En moyenne, on voit dans les dessins animés du samedi matin 5 meurtres et 25 actes de violence à l'heure.

- Pour chaque victime masculine blanche, il y a 17 victimes féminines blanches et 22 qui proviennent des minorités ethniques.

- Les Américaines passent le tiers de leur temps libre à regarder la télévision, soit davantage qu'à pratiquer l'ensemble de leurs dix autres principales activités de loisir.

*Tiré et adapté de* L'actualité, *février 1998, p. 70.*

**7**

Objectif grammatical
Les expressions marquant la conséquence : *tel,
tels, telle, telles, tellement, si, tant,* etc.

Objectif de communication
Exprimer le degré d'intensité d'une situation.

# Circulation automobile

**A.** Lisez le texte.

## Los Angeles demeure la capitale des embouteillages

■ Montréal avec ses ponts et Toronto avec ses voies d'accès convergentes sont deux villes canadiennes aux prises avec de sérieux problèmes de congestion routière. Mais que les automobilistes de ces deux villes se rassurent, c'est de la petite bière à côté des problèmes que rencontrent quotidiennement les automobilistes de la région de Los Angeles. En fait, la situation est devenue tellement sérieuse que les propos de bien des gens lors des réunions sociales gravitent autour des ennuis de circulation. Et l'excuse classique de tout citoyen de Los Angeles qui arrive en retard à un rendez-vous est toujours : « J'ai été retenu dans la circulation ! »

Pour vous donner une idée de l'ampleur de la congestion routière dans cette région, il suffit de souligner que l'autoroute en direction de Santa Monica est l'objet d'une circulation automobile de plus de 360 000 voitures par jour entre les rues Normandie et Vermont, tout près du centre-ville de Los Angeles. Si ces chiffres vous laissent indifférent, sachez que le record d'achalandage pour une artère hors de la région de Chicago est de 250 000 voitures par jour. En fait, les embouteillages sont tels dans cette région du sud de la Californie que plus d'une demi-douzaine d'artères ont une circulation dépassant les 300 000 voitures/jour.

Il n'est pas surprenant d'apprendre que la grande majorité des résidents de Los Angeles et des environs sont favorables au développement de services de transport en commun. Le problème, c'est que la majorité désire une amélioration des transports en commun pour que les autres les utilisent et délaissent les routes. Avec pour résultat que les routes sont toujours aussi encombrées et les systèmes de transport en commun sous-utilisés. Par exemple, le train de banlieue récemment inauguré entre Long Beach et le centre-ville de Los Angeles ne fonctionne pas à pleine capacité alors que les routes continuent d'être congestionnées.

Au fil des années, le covoiturage, les détournements du flot des automobiles et même un embryon de transports en commun n'ont rien fait pour améliorer la situation. Et même les hausses répétées des prix du pétrole n'ont pas limité le flot de la circulation. Les automobilistes réclament d'autres autoroutes. Plusieurs sont en construction et de nombreux autres projets ont été approuvés. Quant aux résidents, ils vont continuer de bouder les transports en commun et d'attendre dans les embouteillages au volant de leur sacro-sainte voiture.

*Tiré et adapté de* La Presse, *le 11 février 1991.*

**B.** Complétez les phrases à l'aide des expressions marquant la conséquence :

> à tel point que • si • tellement • si bien que

**1.** Los Angeles est prise avec de _____ sérieux problèmes de trafic que les autorités pensent à élargir le réseau routier.

**2.** Les Américains boudent les transports en commun _____ ils vont continuer à attendre au volant de leur voiture.

**3.** La situation est devenue _____ sérieuse que toutes les conversations gravitent autour des problèmes de circulation.

**4.** La circulation sur l'autoroute en direction de Santa Monica est _____ dense que ses utilisateurs sont pris dans les bouchons plusieurs heures par jour.

**5.** Le problème est sérieux, _____ les gens sont favorables au développement du transport en commun.

**6.** Les résidents de Los Angeles sont _____ habitués à leur voiture, qu'ils ne veulent pas entendre parler de transport en commun.

**7.** Les Américains sont fiers de leur style de vie _____ ils ne sont pas prêts à sacrifier leur voiture.

## Témoignages de gens aux prises avec des problèmes de circulation automobile

**C.** Complétez les blancs à l'aide des expressions marquant la conséquence :

> tel • tels • telle • telles • tellement • si • tant • si bien que • à tel point que

**1.** Ce qui m'inquiète, c'est la pollution. On avale _____ de gaz polluants sur la route, que l'on pourrait tomber malade. Les niveaux de pollution sont _____ qu'il ne serait pas étonnant de voir de plus en plus d'automobilistes malades.

**2.** Les gens deviennent agressifs au volant. Ils sont _____ tendus, _____ nerveux, qu'ils sont prêts à n'importe quoi. Ce n'est pas la première fois qu'on entend parler des enragés du volant qui vont jusqu'à tuer d'autres automobilistes. Moi, je suis plutôt calme au volant et je comprends mal que certains automobilistes puissent manifester _____ d'agressivité. Mon voisin par exemple, il rage _____ au volant que ça lui arrive de parler tout seul.

**3.** Le nombre d'accidents augmente. En hiver, les accidents sont _____ nombreux qu'on finit par avoir peur de prendre la route. Moi, l'hiver, j'ai peur de prendre le volant, _____ j'ai opté pour le covoiturage, je voyage avec mon voisin. C'est _____ plus agréable !

**4.** Conduire, c'est stressant. Je passe beaucoup de temps au volant et je vis une tension _____ que lorsque j'arrive au travail, j'ai besoin d'une bonne demi-heure pour décompresser. Et le retour, alors là, n'en parlons pas. Une fois à la maison, on est crevés. _____ on n'hésite pas à se faire livrer une pizza, _____ on n'a pas le goût de faire la cuisine !

**5.** Les gens se servent de plus en plus des téléphones cellulaires en auto. Et souvent ils sont _____ distraits qu'ils n'avancent pas ou provoquent des accidents. Je n'arrive pas à comprendre que _____ de gens aient besoin de parler au téléphone quand ils sont au volant. On devrait interdire le téléphone dans les voitures.

**6.** Mon problème, ce n'est pas le trafic. C'est une fois en ville que le cauchemar commence ! Il y a _____ de gens qui cherchent à stationner qu'il est évidemment impossible que tout le monde puisse trouver une place. Les espaces de stationnement sont _____ peu nombreux ! Un jour, j'ai tourné en rond pendant une heure sans trouver de place. J'ai _____ tourné en rond que j'étais fatigué, _____ j'ai décidé de faire demi-tour et de rentrer chez moi. Depuis ce jour-là, j'ai réglé mon problème. Je me paie le stationnement, même si ça coûte les yeux de la tête.

**D.** Voici quelques avantages du transport en commun. Formulez des énoncés exprimant des conséquences à l'aide des expressions proposées.

propreté • efficacité • sécurité • fiabilité • économie • écologie

**1.** si + adjectif + *que* _____

**2.** si + adverbe + *que* _____

**3.** *à tel point que* _____

**4.** *tellement de… que* _____

**5.** nom + *tel, tels, telle, telles* _____

**6.** verbe + *tellement… que* _____

**7.** *tant de* + nom + *que* _____

**E.** Voici des profils de citoyens. Imaginez ce que ces personnes pourraient déclarer si on leur demandait leur opinion sur la circulation automobile, les transports en commun ou la voiture. Utilisez des expressions marquant la conséquence pour rendre l'intensité des propos.

**1. Georges**

Utilisateur du train de banlieue. A une voiture mais ne la prend pas pour aller en ville.

Le train présente les avantages suivants : rapide, confortable, plaisant, toujours à l'heure.

Il n'est pas prêt à changer de moyen de transport pour se rendre au travail.

Il ne comprend pas les gens qui continuent à prendre leur voiture.

Le matin, les voitures avancent à pas de tortue.

Les assurances coûtent cher quand on prend sa voiture pour aller au travail.

Georges : _____

_____

_____

_____

_____

### 2. Bertrand

Citadin. Utilisateur du métro. N'a pas de voiture.

Il pense que les automobilistes manquent de conscience environnementale.

Les automobilistes qui voyagent seuls dans leur voiture ne pensent pas aux autres.

Ils augmentent la pollution.

Ils devraient payer une taxe antipollution.

On devrait leur demander un péage pour l'utilisation des routes et des autoroutes.

Ils devraient opter pour la bicyclette, comme lui.

Bertrand : _____

_____

_____

_____

_____

_____

### 3. Anne-Marie

Citadine.

Elle marche beaucoup, pour aller au travail, pour revenir à la maison.

Résultat : elle est en bonne forme physique.

Elle trouve qu'on perd beaucoup de temps en voiture. De plus, c'est un moyen de transport coûteux.

Elle trouve que les autoroutes sont constamment encombrées. Selon elle, le problème s'est aggravé au cours des cinq dernières années.

Anne-Marie : _____

_____

_____

_____

_____

_____

## Saviez-vous que ...

À Stockholm, ceux qui stationnent au centre-ville doivent coller sur leur pare-brise un laissez-passer mensuel de transport en commun ?

À Genève, les employeurs n'ont pas le droit de fournir le stationnement à leurs employés ?

À Shangaï, la bicyclette est le moyen de transport privilégié par la majorité des citadins ?

**F. Ce qui rend la vie dure aux automobilistes**

Composez un court texte au sujet des problèmes que rencontrent les automobilistes. Essayez d'utiliser au moins trois expressions marquant la conséquence.

Voici quelques irritants que les automobilistes rencontrent quotidiennement :

Les nids-de-poule • La fermeture des rues nécessitée par des événements culturels ou sportifs tels que le Tour de l'île ou le Festival de jazz • Les travaux routiers • La neige • L'équipement de déblayage qui envahit les rues • Les camions qui ramassent la neige et qui circulent aux heures de pointe • Le stationnement

_____

_____

_____

_____

_____

_____

_____

_____

_____

_____

_____

_____

_____

CAPSULE LEXICALE

**Trouvez les définitions des mots ou des expressions ci-dessous.**

Embouteillage : _____

Trafic : _____

C'est à rendre fou : _____

C'est à rendre dingue : _____

Ça coûte les yeux de la tête : _____

Un casse-tête : _____

Covoiturage : _____

Transport en commun : _____

Nid-de-poule : _____

Encombré : _____

Flot : _____

Le but
Les expressions marquant le but:
*afin de* + infinitif
*afin que* + subjonctif
*pour* + infinitif
*pour que* + subjonctif

# Tableau 1

Complétez le tableau avec l'infinitif et le subjonctif, comme dans l'exemple.

| | | But |
|---|---|---|
| Exemple | *Elle a couché les enfants de bonne heure* | • **afin** d'*être tranquille.*<br><br>• **afin qu'***ils soient en forme le lendemain.* |
| 1. | Les deux entreprises ont fusionné | • *pour* ~~tout se~~ s'agrandir se faire plus profite<br><br>• *pour qu'*ils puissent ~~grandir~~ profiter |
| 2. | Les produits biologiques sont certifiés | • *afin de* ~~connaître~~<br><br>• *afin qu'*~~ils~~ les companies sont... ~~soient fraîche~~ |
| 3. | Elle lui a dit qu'il n'avait aucun talent comme chanteur | • *pour* leur rend· malheureuse<br><br>• *pour qu'*il travaille plus forte |
| 4. | Elle s'est initiée au *feng shui* | • *afin de*<br><br>• *afin qu'*~~elle~~ nous soyons... |
| 5. | Il a haussé le ton | • *afin de* passer son message<br><br>• *afin qu'*elles écoutent |
| 6. | Ils ont acheté une maison en banlieue | • *pour*<br><br>• *pour que* |
| 7. | Son collègue lui a conseillé de ne pas ébruiter l'affaire | • *afin de*<br><br>• *afin que* |
| 8. | Les actionnaires ont pris cette décision | • *pour*<br><br>• *pour que* |
| 9. | Le mercredi, l'entrée au musée est libre | • *afin de*<br><br>• *afin que* |
| 10. | Elle confectionne elle-même les vêtements de ses enfants | • *pour*<br><br>• *pour que* |

*Le but, la cause et la conséquence* **257**

**Le but**
**Les expressions marquant un but à éviter :**
*afin de ne pas* + infinitif
*afin que... ne* + subjonctif + *pas*
*pour ne pas* + infinitif
*pour que... ne* + subjonctif + *pas*
*de peur que* + subjonctif
*de peur de* + infinitif

# Tableau 2

Associez un élément de chaque colonne du tableau pour former une phrase logique et correcte. Faites les changements grammaticaux ou syntaxiques nécessaires. Vous pouvez utiliser les expressions plus d'une fois. Plusieurs combinaisons sont possibles. Écrivez vos phrases dans l'espace prévu sous le tableau.

| | | |
|---|---|---|
| **Exemple** *Nous avons décidé d'avoir un deuxième enfant.* | *afin de ne pas* | *Comme ça, Charlotte ne sera pas trop gâtée.* |
| **1.** Bill et Monique n'ont pas été invités. | | *a)* Ainsi, les plus jeunes ne seront pas pénalisés. |
| **2.** Tu dois arriver à l'heure à l'entrevue. | *afin que* | *b)* De la sorte, leurs revendications ne seront pas ignorées. |
| **3.** Ils ont fait insonoriser leur appartement. | | *c)* Elle craignait qu'ils ne se fâchent. |
| **4.** Elle s'est fait vacciner avant son départ. | *pour ne pas* | *d)* Elle ne voulait pas être malade pendant son séjour en Asie. |
| **5.** Virginie a longtemps hésité avant d'annoncer la nouvelle à ses parents. | | *e)* Il avait peur de perdre les élections. |
| **6.** On a revu les critères de sélection. | *pour que* | *f)* Il pense qu'il va se faire arnaquer. |
| **7.** Le gouvernement est revenu sur cette décision impopulaire. | | *g)* Ils ne voulaient pas fausser les résultats. |
| **8.** Les chercheurs ont utilisé la méthode du placebo. | *de peur de* | *h)* Ils ne voulaient pas que les cris des enfants dérangent les voisins. |
| **9.** Max refuse de faire des achats par Internet. | | *i)* On ne voulait pas mettre tout le monde dans l'embarras. |
| **10.** Les femmes sont descendues dans la rue. | *de peur que* | *j)* Sinon cela créera une mauvaise impression. |

**Exemple** *Nous avons décidé d'avoir un deuxième enfant* **afin que** *Charlotte ne soit pas trop gâtée.*

1. _____

2. _____

3. _____

4. _____

5. _____

6. _____

7. _____

8. _____

9. _____

10. _____

Tableau d'entraînement

La cause
Les expressions marquant la cause :
*à cause de*
*grâce à*

# Tableau 3

Complétez le tableau avec *à cause de* ou *grâce à*, selon le sens de la phrase, en choisissant un énoncé approprié dans la colonne de droite. Faites les changements grammaticaux nécessaires, comme dans l'exemple. Écrivez vos phrases dans les espaces prévus dans le tableau de la page suivante.

| | | |
|---|---|---|
| **Exemple** *Lola a déniché la perle rare* | ***grâce aux*** ~~les~~ *conseils judicieux d'une amie.* | |
| **1.** La panique s'est emparée des passagers | **A.** une prédisposition héréditaire. | |
| **2.** Myriam a retrouvé sa silhouette de jeune fille | **B.** sa ténacité. | |
| **3.** Carmela est devenue végétarienne | **C.** son boulot. | |
| **4.** La circulation a été perturbée | **D.** son impressionnant curriculum vitæ. | |
| **5.** Éric ne s'est pas présenté à la réunion | **E.** un héritage inespéré. | |
| **6.** André et Christine ont pu s'acheter une villa au bord de la mer | **F.** la tempête de neige. | |
| **7.** L'avocat a gagné le procès | **G.** un malentendu. | |
| **8.** Manuel s'est installé au Canada | **H.** la fumée qui s'échappait de la cabine de pilotage. | |
| **9.** Il a piqué une crise | **I.** une subvention gouvernementale. | |
| **10.** Normand a finalement obtenu un rendez-vous avec Renée | **J.** la situation politique dans son pays. | |
| **11.** Maya a décroché le poste qu'elle convoitait | **K.** le scandale de la vache folle. | |
| **12.** Ian a pu se lancer en affaires | **L.** le battage publicitaire orchestré par les producteurs. | |
| **13.** Marc est tout le temps stressé | **M.** une alimentation équilibrée. | |
| **14.** Olivia souffre de diabète | **N.** un détail insignifiant. | |
| **15.** Le spectacle a remporté un succès sans précédent | **O.** sa vibrante plaidoirie. | |

**Tableau d'entraînement**

La cause
Les expressions marquant la cause :
*à cause de*
*grâce à*

# Tableau 3 (*suite*)

1. _____

2. _____

3. _____

4. _____

5. _____

6. _____

7. _____

8. _____

9. _____

10. _____

11. _____

12. _____

13. _____

14. _____

15. _____

**La cause**
**Les expressions marquant la cause suivies d'un nom,**
**d'un adjectif ou d'un verbe à l'infinitif**
*parce que*

# Tableau 4

Reformulez les phrases en utilisant *parce que*, comme dans l'exemple.

| | |
|---|---|
| **Exemple** *Faute de temps, on ne pourra pas atteindre le sommet.* | *On ne pourra pas atteindre le sommet **parce qu**'on n'a pas assez de temps.* |
| 1. À force de cumuler les échecs, il a décidé de changer d'option. | |
| 2. Il doit constamment surveiller son alimentation du fait de son diabète. | |
| 3. Elle a trouvé un nouvel emploi grâce à ses nombreuses relations dans le milieu. | |
| 4. Ses doigts sont tachés de jaune à cause de la cigarette. | |
| 5. Le taux de chômage a augmenté en raison de nombreuses mises à pied dans le secteur de l'automobile. | |
| 6. Cumulant trois emplois, elle n'a pas souvent l'occasion de se reposer. | |
| 7. Le ministère du Revenu le poursuit pour fraude. | |
| 8. L'architecte a été critiqué pour avoir conçu un édifice audacieux. | |
| 9. Vu son excellente performance au championnat canadien, il a de fortes chances de remporter une médaille olympique. | |
| 10. Faute de papiers en règle, ils n'ont pas pu passer la frontière. | |

Tableau d'entraînement

La cause
Les expressions marquant la cause avec ou
sans préposition:
à, au, aux, d', de, du, pour

# Tableau 5

Complétez les phrases avec à, au, aux, d', de, du, pour. Si aucun ajout n'est nécessaire, laissez la phrase telle quelle.

| | | |
|---|---|---|
| **Exemple** *Cette crème fera disparaître vos rides grâce* | *aux* | *nouvelles microcapsules de polyphénol.* |
| **1.** On ne la prend pas au sérieux à cause | | son apparence juvénile. |
| **2.** Je n'ai pas hésité à me le procurer vu | | la qualité du produit. |
| **3.** Il faut prendre ce qu'il raconte avec un grain de sel étant donné | | sa tendance à l'exagération. |
| **4.** Elle a reçu le Prix Nobel de chimie | | avoir contribué de manière exceptionnelle à l'avancement de la science. |
| **5.** Il a fait des pas de géant grâce | | elle. |
| **6.** Elle s'est retrouvée sur la paille faute | | avoir planifié sa retraite. |
| **7.** Il a du mal à réintégrer la société du fait | | son passé criminel. |
| **8.** Jessica s'est très vite remise de son opération grâce | | bons soins du docteur Lavigne. |
| **9.** Il a été condamné à trois reprises | | évasion fiscale. |
| **10.** La circulation est au ralenti à cause | | verglas. |
| **11.** Il est rentré du travail après minuit sous prétexte | | avoir dû téléphoner à d'importants clients japonais. |
| **12.** L'autoroute Décarie sera fermée toute la fin de semaine pour cause | | travaux. |
| **13.** Elle a eu ce bon tuyau grâce | | beau-frère de sa collègue. |
| **14.** Le service est interrompu en raison | | un conflit de travail. |
| **15.** On lui pardonne tout, vu | | sa jeunesse et son manque d'expérience. |

**Tableau d'entraînement**

**La cause et la conséquence**
*Les expressions marquant la conséquence : à tel point que, alors, aussi, c'est pour cela, etc.*

# Tableau 6

Associez un élément de chaque colonne du tableau pour former une phrase correcte et logique. Modifiez la syntaxe et la ponctuation si c'est nécessaire. Vous pouvez utiliser les expressions plus d'une fois et plusieurs combinaisons sont possibles. Écrivez vos phrases dans l'espace prévu à la page suivante.

| Cause | Expressions marquant la conséquence | Conséquence |
|---|---|---|
| **Exemple** | | |
| *Alexandre avait déjà signé un premier roman à succès* | | *les critiques attendaient le deuxième de pied ferme.* |
| **1.** Le film a créé l'événement au dernier Festival de Cannes | | *a)* elle a posé sa candidature auprès de l'Agence spatiale. |
| **2.** Les entreprises fournissent des téléphones cellulaires à leurs employés | *à tel point que* | *b)* elle a essayé tous les vêtements de sa garde-robe. |
| **3.** Carole a été prise dans un embouteillage | *aussi (+ inversion)* <br> *c'est pour cela que* | *c)* elle est arrivée en retard à son rendez-vous. |
| **4.** Les autorités médicales craignent une épidémie de méningite | *c'est pourquoi* | *d)* j'ai fait d'autres plans pour le week-end. |
| **5.** Je n'avais pas eu de tes nouvelles | *de sorte que* <br> *donc* | *e)* il a été acheté par de nombreux distributeurs. |
| **6.** Elle ne savait pas quoi porter lors de cette soirée | *du coup* | *f)* il ne quitte jamais l'Amérique du Nord. |
| **7.** Julie avait toujours rêvé de devenir astronaute | *par conséquent* <br> *Résultat :* | *g)* ils ont intenté un procès contre l'agence de voyages. |
| **8.** Lars a une peur bleue de prendre l'avion | *si bien que* | *h)* la bagarre a vite fait d'éclater. |
| **9.** Ils se sentaient lésés | *alors* | *i)* les gens ont l'impression de devoir être disponibles partout et à toute heure. |
| **10.** L'atmosphère était survoltée | | *j)* tous les enfants du village seront vaccinés. |

*Alexandre avait déjà signé un premier roman à succès, **alors** les critiques attendaient le deuxième de pied ferme.*

1. _____
_____
_____

2. _____
_____
_____

3. _____
_____
_____

4. _____
_____
_____

5. _____
_____
_____

6. _____
_____
_____

7. _____
_____
_____

8. _____
_____
_____

9. _____
_____
_____

10. _____
_____
_____

Tableau d'entraînement

La cause et la conséquence
Les verbes exprimant la conséquence : *provoquer,
entraîner, occasionner, etc.*

# Tableau 7

Complétez le tableau en imaginant une cause ou une conséquence, comme dans l'exemple.

| Cause | Verbe | Conséquence |
|---|---|---|
| **Exemple** *Les travaux sur le pont Champlain* | *ont provoqué* | *des embouteillages monstres.* |
| **1.** La consommation d'alcool pendant la grossesse | peut entraîner | |
| **2.** | occasionne | bien des désagréments. |
| **3.** | déclenche | une réaction allergique chez lui. |
| **4.** La victoire de l'extrême-droite | a suscité | |
| **5.** | ont éveillé | les soupçons de sa femme. |
| **6.** Le séisme | a causé | |
| **7.** | ont déchaîné | l'hilarité générale. |
| **8.** C'est la faible performance de l'équipe qui | a motivé | |
| **9.** | a soulevé | l'enthousiasme de la foule. |
| **10.** L'originalité de son style | lui a valu | |
| **11.** | m'incite | à penser qu'il n'a pas la conscience tranquille. |
| **12.** L'évolution des mentalités | a rendu possible | |
| **13.** | a créé | une commotion parmi la population. |
| **14.** | ont produit | une impression favorable sur les membres du jury. |
| **15.** Son attitude méprisante | lui a attiré | |

Les degrés d'intensité d'une conséquence

| Si bien que | Tellement, si + adjectif | À un point tel que |
| Alors | Tellement de, tant de + nom | À tel point que |
| | Nom + tel, telle, tels, telles | |
| | Verbe + tellement | |

# Tableau 8

Réécrivez chaque phrase deux fois en vous servant des expressions dans l'en-tête des deux autres colonnes.

| Si bien que, alors | Tellement, si + adjectif<br>Tellement de, tant de + nom<br>Nom + tel, telle, tels, telles<br>Verbe + tellement | À tel point que,<br>À un point tel que |
|---|---|---|
| **Exemple** | | |
| Il faisait chaud, **si bien que** nous passions le plus clair de notre temps dans la piscine de l'hôtel. | Il faisait **tellement** chaud **que** nous passions le plus clair de notre temps dans la piscine de l'hôtel. | Il faisait très chaud. **À tel point que** nous passions le plus clair de notre temps dans la piscine de l'hôtel. |
| 1. Les prix des restaurants étaient exorbitants, alors on préparait presque tous nos repas dans la chambre. | 1. | 1. |
| 2. Il y avait beaucoup de monde partout, si bien que nous évitions de sortir le soir. | 2. | 2. |
| 3. | 3. | 3. La rue sur laquelle donnait notre chambre était très bruyante. À tel point qu'on dormait avec toutes les fenêtres fermées. |
| 4. | 4. La musique était si mauvaise, le son si mal ajusté, que nous avons déserté la discothèque. | 4. |
| 5. | 5. | 5. Les installations sportives étaient en très mauvais état. À tel point que nous avons renoncé à faire du sport pendant notre séjour. |
| 6. Il a plu énormément, si bien que nous n'avons pas pu nous bronzer. | 6. | 6. |
| 7. | 7. Nous sommes tellement déçus que nous ne comptons pas y retourner prochainement. | 7. |

# 8 La comparaison, l'opposition, la concession

## Table des matières

# Tableau grammatical

## A. La comparaison

### 1. Les comparatifs

| | Construction | Exemples |
|---|---|---|
| **L'adjectif/l'adverbe** | plus<br>aussi    + adjectif/adverbe + que<br>moins | Léo est **moins** ponctuel **que** Marc. |
| **Le nom** | plus de<br>autant de  + nom       + que<br>moins de | Il a **autant de** talent **que** moi. |
| **Le verbe** | verbe  +  plus/davantage<br>        + autant      + que<br>          moins | Elle voyage **davantage** **que** lui. |

### 2. L'insistance dans la comparaison

| | Construction | Exemples |
|---|---|---|
| **L'adjectif/l'adverbe** | beaucoup }<br>bien    } plus }<br>encore } moins } + adjectif/adverbe + que<br>tout aussi | Il est **bien moins** compétent **que** son associé. |
| **Le nom** | beaucoup }<br>bien    } plus de }<br>encore } moins de } + nom + que<br>tout autant de | Elle a **tout autant d'**argent **que** son mari. |
| **Le verbe** | verbe + beaucoup }<br>        bien    } plus }<br>        encore } moins } + que<br>        tout autant | Les bébés dorment **beaucoup plus que** les adultes. |

### 3. La progression dans la comparaison

| | Construction | Exemples |
|---|---|---|
| **L'adjectif/l'adverbe** | de plus en plus<br>de moins en moins  + adjectif/adverbe | Ils sont **de moins en moins** intéressés. |
| **Le nom** | de plus en plus de<br>de moins en moins de  + nom | Il y a **de plus en plus de** violence. |

| | Construction | Exemples |
|---|---|---|
| **Le verbe** | verbe + *de plus en plus*<br>+ *de moins en moins* | Ma fille s'intéresse **de plus en plus** à la politique. |
| **La phrase** | *Plus* + phrase, *plus* + phrase | **Plus** on avance, **plus** c'est difficile. |
| | *Plus* + phrase, *moins* + phrase | **Plus** on vieillit, **moins** on est en forme. |
| | *Moins* + phrase, *moins* + phrase | **Moins** il y a de gens, **moins** c'est intéressant. |
| | *Moins* + phrase, *plus* + phrase | **Moins** je fume, **plus** je grossis. |

## 4. Les superlatifs relatifs

| | Construction | Exemples |
|---|---|---|
| **L'adjectif** | *le plus* + adjectif (+ *de*)<br>*la plus*<br>*les plus* | C'est **le plus** beau **de** la famille. C'est **la plus** belle **de** la famille. Ce sont **les plus** beaux **de** la famille. |
| **L'adverbe** | *le plus* + adverbe (+ *de*) | C'est lui qui s'absente **le plus** souvent. |
| **Le nom** | *le plus de* + nom | C'est elle qui a fait **le plus de** fautes dans la dictée. |
| **Le verbe** | verbe + *le plus* | C'est Annie qui a **le plus** changé. |

## 5. Les superlatifs absolus

| | Construction | Exemples |
|---|---|---|
| **L'adjectif/l'adverbe** | *extrêmement*<br>*si*<br>*super* (familier)<br>*tout à fait*<br>*très* } + adjectif/ adverbe | Il parle **extrêmement** vite ! |
| **Le nom** | *beaucoup de*<br>*beaucoup trop de*<br>*énormément de* } + nom | Cela a causé **énormément de** problèmes. |
| **Le verbe** | verbe + { *beaucoup*<br>*beaucoup trop*<br>*énormément* | Elle s'inquiète **beaucoup trop**. |

## 6. Cas particuliers

| Adjectifs | Comparatifs | Superlatifs |
|---|---|---|
| *bon* | *meilleur* | *le meilleur* |
| *mauvais* | *pire* | *le plus mauvais/le pire* |
| *petit* | *plus petit/moindre* | *le plus petit/le moindre* |

| Adjectifs | Comparatifs | Superlatifs |
|-----------|-------------|-------------|
| beaucoup | davantage / plus | le plus |
| bien | mieux | le mieux |
| peu | moins | le moins |

### 7. La comparaison de choses identiques

| | Exemples |
|--|----------|
| le même + nom | Ils ont **le même** défaut : ils sont tous les deux jaloux. |
| la même | Au mariage de Jean, les deux cousines portaient **la même** robe ! |
| les mêmes | Les journalistes posent toujours **les mêmes** questions. |

# B.  L'opposition

| Expressions | Exemples |
|-------------|----------|
| **à l'inverse de** | Il est très excentrique, **à l'inverse de** sa copine qui a des goûts plutôt conservateurs. |
| **à l'opposé** | Il y a des gens qui font très attention à leur alimentation. **À l'opposé**, il y en a qui avalent vraiment n'importe quoi ! |
| **à l'opposé de** | Elle a beaucoup d'amis, **à l'opposé de** sa sœur qui est très renfermée. |
| **alors que** | J'adore passer mes vacances à me prélasser sur la plage, **alors que** mon mari préfère visiter des musées et des sites historiques. |
| **au contraire** | Il n'avait pas du tout le trac, **au contraire** il se sentait très à l'aise sur scène. |
| **au lieu de** | Pourquoi tu ne vas pas jouer dehors **au lieu de** passer des heures devant l'ordinateur ? |
| **autant... autant** | **Autant** elle est patiente comme enseignante, **autant** elle s'énerve avec ses propres enfants. |
| **contrairement à** | Il se passionne pour les sciences, **contrairement à** son frère qui préfère les arts. |
| **en revanche** | Je ne joue pas très bien aux échecs. **En revanche**, je suis imbattable au scrabble. |
| **et non pas** | C'est mon prédécesseur, **et non pas** moi, qui a pris cette décision. |
| **inversement** | J'ai d'abord appris l'allemand, puis j'ai suivi des cours d'espagnol. **Inversement**, ma sœur s'est passionnée pour l'espagnol avant de se mettre à l'allemand. |
| **mais** | Nous protestons, **mais** le gouvernement ignore nos revendications ! |
| **par contre** | Je ne peux pas vous aider financièrement. **Par contre**, je pourrais faire du bénévolat pour votre organisme. |

| Expressions | Exemples |
|---|---|
| **pour ma (ta, sa, notre…) part** | Il peut bien aller se plaindre s'il le veut. **Pour ma part,** je n'entends pas être mêlé à cette histoire. |
| **(pronom personnel de reprise)** | Son fils a mauvais caractère. Sa fille, **elle**, est la douceur même. |
| **quant à** | Il fait maintenant cavalier seul. **Quant à** Isabelle, elle doit trouver un autre partenaire. |
| **si** | **Si** votre projet est enthousiasmant, il n'est pas très réaliste. |
| **tandis que** | Gisèle ne pense qu'à sa carrière, **tandis que** Francine accorde la priorité à sa vie familiale. |

# C. La concession

| | Construction | Exemples |
|---|---|---|
| **bien que** | + subjonctif | **Bien qu'**elle ait enregistré des profits record, la banque a mis à pied 3 000 employés. |
| **où que** | + subjonctif | **Où qu'**on aille pendant les vacances de Noël, il faudra réserver longtemps à l'avance. |
| **quel,** **quelle,** **quels,** **quelles que** | + subjonctif | **Quel que** soit le problème, il y a toujours une solution. **Quelle que** soit la situation, il s'agit de ne pas paniquer. **Quels que** soient les commentaires, nous irons de l'avant avec ce projet. **Quelles que** soient les difficultés, nous parviendrons à les surmonter. |
| **qui que** | + subjonctif | Il ne faut surtout pas confier ce secret à **qui que** ce soit ! |
| **quoi que** | + subjonctif | Je le ferai, **quoi qu'o**n en dise ! |
| **quoique** | + subjonctif | **Quoiqu'**il ait déjà réalisé d'excellents documentaires, son dernier film est un véritable navet. |
| **sans que** | + subjonctif | Il a réussi à s'éclipser **sans que** je m'en rende compte. |
| **si + adjectif + que** | + subjonctif | **Si** prestigieux **qu'**il soit, ce poste ne correspond pas à mes intérêts. |
| **tout + adjectif + que** | + subjonctif | **Tout** brillant **qu'**il soit, Albert ne détient pas le monopole de l'intelligence. |

| | Construction | Exemples |
|---|---|---|
| **en dépit de** | + nom / pronom | **En dépit des** efforts de l'équipe du marketing, le lancement de ce nouveau produit a été un échec. |
| **malgré** | + nom / pronom | **Malgré** son handicap, elle réussit à mener une vie active. |
| **sans** | + nom / pronom | **Sans** lui, je n'aurais jamais eu le courage de me lancer dans cette aventure. |
| **avoir beau** | + infinitif | On **a beau** discuter, il n'en fait qu'à sa tête. |
| **sans** | + infinitif | Je n'aime pas que les gens arrivent chez moi **sans** prévenir. |

## Autres expressions marquant la concession

| | Exemples |
|---|---|
| **cependant** | Cet auteur brésilien n'est pas très connu ici. **Cependant**, il est célèbre dans son pays d'origine. |
| **mais** | La patineuse a livré une bonne performance, **mais** elle n'a pas remporté de médaille. |
| **même si** | Ils n'ont pas l'intention de se marier, **même si** cela fait bien sept ans qu'ils habitent ensemble. |
| **n'empêche que** | Je sais que tu es débordé de travail. **N'empêche que** tu aurais pu me prévenir de ton retard. |
| **néanmoins** | Il ne s'était pas du tout préparé. **Néanmoins**, il a réussi le concours. |
| **or** | La publicité vante les mérites de ce produit amaigrissant. **Or**, de récentes études ont prouvé son inefficacité. |
| **pourtant** | Il s'est mis à m'insulter. **Pourtant**, je n'avais rien fait de mal ! |
| **toutefois** | Nous sommes prêts à vous accorder une autre chance. **Toutefois**, ce sera la dernière. |

**Objectif grammatical**
L'expression de la comparaison :
*le même, la même, les mêmes* + nom + *que* ;
*aussi* + adjectif + *que* ;
*autant de* + nom + *que* ;
*tout comme.*

**Objectif de communication**
Comparer deux romans.

# Cas de plagiat

Vous êtes l'avocat ou l'avocate de Monsieur Bonnet, auteur de romans policiers. Monsieur Bonnet poursuit Monsieur Blanc, qu'il accuse d'avoir plagié son dernier livre. À partir des renseignements que l'avocat a notés dans son calepin, préparez une plaidoirie afin de démontrer les similarités troublantes qui existent entre les deux ouvrages.

Utilisez les structures proposées dans l'encadré. Il existe parfois plusieurs manières de formuler la comparaison, comme le montre l'exemple.

Faites d'abord l'exercice oralement, avec un ou une partenaire, puis consignez vos phrases par écrit. Référez-vous à la capsule lexicale pour enrichir le vocabulaire de votre plaidoirie.

| | Éléments communs aux deux ouvrages |
|---|---|
| 1. Nombre de pages : | 387. |
| 2. Époque : | fin des années 1990. |
| 3. Ville : | Sherbrooke. |
| 4. Profession du héros : | inspecteur à la retraite. |
| 5. Apparence physique du héros : | |
| a) taille : | mesure 1 m 85 (grand !) |
| b) poids : | pèse 60 kg (maigre !) |
| 6. Habitudes alimentaires : | se nourrit exclusivement de pizzas surgelées. |
| 7. Consommation d'alcool : | trois whiskies par jour. |
| 8. Nom du chat de l'inspecteur : | Bandit. |
| 9. Jour du meurtre : | Noël. |
| 10. Convictions de l'inspecteur : | le chef de police est corrompu. |
| 11. Traits de caractère du héros : | |
| a) indépendant | l'inspecteur décide de mener sa propre enquête |
| b) persévérant | l'inspecteur ne se décourage pas, même si l'enquête piétine depuis trois mois. |
| 12. Nombre de suspects interrogés : | une dizaine. |
| 13. Méthode : | l'inspecteur se sert de l'écoute électronique pour découvrir le coupable. |
| 14. Solution de l'énigme : | le chef de police est inculpé. |
| 15. Conclusion du roman : | l'inspecteur invite tous ses amis dans une pizzeria pour célébrer la fin de l'enquête. |

| | | | | | | |
|---|---|---|---|---|---|---|
| (tout à fait) | | le même | | | | |
| (précisément) | + | la même | + | nom | + | (que) |
| (exactement) | | les mêmes | | | | |
| (justement) | | | | | | |
| (tout) aussi | + | adjectif | + | (que) | | |
| autant de | + | nom | + | (que) | | |
| tout comme | + | nom | | | | |
| ainsi que | + | nom | | | | |

### Plaidoirie de l'avocat

Monsieur le juge,

Mon client, Monsieur Bonnet, a publié l'année dernière un roman intitulé *La Revanche de l'inspecteur Ducros*. Il a par la suite constaté que plusieurs éléments de son roman se retrouvaient dans un livre de Monsieur Blanc, publié quelque temps après et intitulé *Pas de répit pour l'inspecteur Dupont*. Jugez-en par vous-même.

Exemple

**1.** (Nombre de pages) Le roman de Monsieur Bonnet compte 387 pages.

*Celui de Monsieur Blanc compte exactement le même nombre de pages.*

***OU*** *Celui de Monsieur Blanc est tout aussi long.*

***OU*** *Celui de Monsieur Blanc compte autant de pages.*

***OU**… tout comme celui de Monsieur Blanc.*

**2.** (Époque) L'action du roman se déroule à la fin des années 1990.

_____

_____

**3.** (Ville) Les principaux événements ont lieu à Sherbrooke.

_____

_____

**4.** (Profession du héros) Le personnage principal est un inspecteur à la retraite.

_____

_____

**5.** _____

**6.** _____

_____

**7.** _____

_____

**8.** _____

_____

**9.** _____

_____

**10.** _____

_____

**11.** _____

_____

**12.** _____

_____

**13.** _____

_____

**14.** _____

_____

**15.** _____

_____

**CAPSULE LEXICALE**

Voici quelques expressions pour pimenter votre plaidoirie.

- C'est quand même surprenant !

- Vous ne trouvez pas ça bizarre, vous ?

- Étonnant, non ?

- Je trouve ça pour le moins curieux, pas vous ?

- Vous pensez qu'il s'agit d'un pur hasard ?

- Drôle de coïncidence, n'est-ce pas ?

- Quelle coïncidence !

- Comme par hasard…

- Comme si de rien n'était…

- Voilà une coïncidence troublante…

- Il ne faut quand même pas exagérer !

- Les ouvrages se ressemblent drôlement…

**2**

**Objectif grammatical**
L'expression de la comparaison :
*plus, moins, aussi* + adjectif
*plus de, moins de, autant de* + nom
verbe + *moins, autant, davantage que*
L'expression de l'opposition :
*alors que, tandis que, par contre,* etc.

**Objectif de communication**
Comparer et opposer deux pays.

# Voyage dans le monde francophone

**A.** Lisez les descriptions de la Suisse et de l'Algérie. Formulez ensuite des phrases dans lesquelles vous comparerez et opposerez ces deux pays à l'aide des structures suggérées, comme dans l'exemple.

### Suisse

État fédéral d'Europe ; 41 293 km² ; 7 270 000 habitants (Suisses). Capitale : Berne. Langues : allemand, français, italien et romanche.

### Institutions

République. État fédéral : chaque canton a une souveraineté interne et une Constitution.

### Géographie

Le pays est formé de 23 cantons.

Au cœur de l'Europe, comme en témoignent la diversité linguistique (les germanophones sont toutefois de loin les plus nombreux) et le partage, presque égal, entre catholiques et protestants, la Suisse est un pays densément peuplé, d'étendue restreinte, mais dont le rayonnement déborde largement les frontières. Le milieu naturel n'est pas toujours favorable à l'homme, et la population, fortement urbanisée, se concentre dans le Plateau, ou Moyen-Pays, entre le Jura et surtout les Alpes (qui occupent 60 % du territoire).

L'actuelle prospérité se rattache à la tradition commerciale et à la neutralité politique, propices à une activité financière réputée. L'industrie, liée à la présence de capitaux et à la qualité de la main-d'œuvre, est dominée par la métallurgie de transformation, la chimie, l'agroalimentaire (qui valorise notamment la production laitière résultant du développement de l'élevage bovin). La balance commerciale est équilibrée, celle des services, excédentaire (en partie grâce au tourisme, principale activité de la montagne, avec l'élevage, et loin devant la fourniture d'hydroélectricité). Les réserves de change sont élevées, la monnaie est forte, le chômage encore réduit. La Suisse, siège d'organisations internationales, mais non membre de l'ONU, bordée par l'Allemagne, la France et l'Italie, mais restée en dehors de l'Union européenne, paraît demeurer à l'écart des turbulences politiques et économiques.

### Algérie

État d'Afrique, sur la Méditerranée ; 2 380 000 km² ; 28 600 000 habitants (Algériens). Capitale : Alger. Langue : arabe.

### Institutions

République démocratique et populaire. Ancienne colonie française, l'Algérie est devenue indépendante en 1962.

### Géographie

Très vaste (plus de quatre fois la superficie de la France), l'Algérie est encore globalement peu peuplée. La majeure partie du pays appartient en fait au Sahara. La population, rapidement croissante (plus de 2 % par an), est concentrée sur le littoral, au climat méditerranéen, ou à proximité. Elle juxtapose arabophones (largement majoritaires) et berbérophones, tous musulmans. Le fort taux de natalité explique sa grande jeunesse (plus de la moitié des Algériens ont moins de 20 ans) et les problèmes posés dans les domaines de l'éducation et de l'emploi. L'urbanisation a progressé plus vite que l'industrie, pourtant favorisée par les revenus tirés de l'extraction du pétrole et du gaz naturel, bases des exportations. L'élevage bovin domine sur les Hautes Plaines. La frange méditerranéenne, site des principales villes, porte quelques cultures (blé, orge), parfois irriguées (agrumes). Après l'indépendance, la socialisation de l'économie n'a pas stimulé la productivité. L'émigration (vers la France) n'a pas enrayé la montée du chômage. La dette extérieure est élevée. L'économie pâtit en outre de la violence qui sévit dans le pays, freinant les investissements et hypothéquant les perspectives de développement.

*Le Petit Larousse Illustré* 2001. © Larousse/HER 2000.

---

**B.** Comparez!

Exemple

*plus* + adjectif + *que*: L'Algérie est **plus vaste que** la Suisse.

**1.** verbe + *davantage*

_____

**2.** *plus de* + nom

_____

**3.** *moins* + adjectif + *que*

_____

**4.** *moins de* + nom

_____

**5.** verbe + *moins que*

_____

**C.** Opposez!

**1.** *alors que*

_____

**2.** *tandis que*

_____

**3.** *autant… autant*

_____

**4.** *contrairement à*

_____

**5.** *par contre*

_____

**D.** Relevez le défi! Trouvez deux similarités entre ces pays que tout semble opposer.

| *aussi* + adjectif + *que*<br>*autant de* + nom | verbe + *autant* + *que*<br>*comme* |
|---|---|

**1.** _____

**2.** _____

**Objectif grammatical**
L'expression de la comparaison :
*plus, moins, aussi* + adjectif
*plus de, moins de, autant de* + nom
Les superlatifs
L'expression de l'opposition :
*tandis que, alors que, si, en revanche,* etc.

**Objectif de communication**
Comparer les symptômes de deux maladies
qui se ressemblent.

# Rhume ou grippe ?

**A.** Dans le texte suivant, relevez les mots et expressions marquant l'opposition.

Vous ne vous sentez pas tout à fait dans votre assiette, votre nez coule ou, encore pire, il est complètement bloqué et vous avez déjà épuisé la boîte de mouchoirs de papiers ? Maudite grippe, vous répétez-vous.

Erreur, mon cher Watson ! Il est hautement probable que vous souffriez tout simplement d'un banal rhume. Si la grippe a le pouvoir de vous terrasser de façon foudroyante, le rhume, lui, demeure dans l'immense majorité des cas un malaise passager et bénin.

En cas de complications, la grippe peut conduire à une bronchite, à une pneumonie et même à la mort tandis que le rhume peut dégénérer tout au plus en otite ou en sinusite. De façon générale, on prend son mal en patience en essayant de soulager les symptômes avec des médicaments vendus sans ordonnance. En revanche, les malades qui souffrent de la grippe se traînent chez le médecin pour lui expliquer qu'ils se sentent comme si un tracteur leur avait passé sur le corps.

S'ils avouent leur quasi-impuissance face aux virus du rhume, chaque année les responsables de la santé publique jouent au chat et à la souris avec les diverses formes du virus de la grippe, beaucoup plus virulentes, pour tenter de traquer celle qui pourrait produire la prochaine épidémie.

Pourquoi le virus de la grippe frappe-t-il surtout l'hiver ? On ne sait pas trop, mais notre style de vie y serait pour beaucoup, l'hiver nous amenant à nous enfermer un peu plus, favorisant la promiscuité, surtout durant les Fêtes, et le chauffage entraînant une sécheresse de l'air plus propice à la survie des virus.

*Tiré et adapté de* La Presse, *texte de Lilianne Lacroix, le 21 janvier 2001.*

### Mots et expressions marquant l'opposition

_____

_____

_____

_____

**B.** Oralement, comparez les symptômes de la grippe à ceux du rhume, qu'on présente dans le tableau ci-dessous. Utilisez les expressions de comparaison et d'opposition suivantes.

| Tandis que, alors que, Plus, moins, aussi, + *adverbe, verbe ou adjectif* | Plus de + *nom*, moins de + *nom*, autant de + *nom* |

**RHUME**

MAL DE TÊTE :
rare.

FIÈVRE :
rare.

NEZ QUI
COULE
ET
ÉTERNUEMENTS :
souvent.

TOUX :
rare ;
légère à
modérée.

MAL DE GORGE :
souvent.

FAIBLESSE :
rare ;
légère.

MALADE CLOUÉ AU LIT :
jamais.

DOULEURS :
légères.

**GRIPPE**

MAL DE TÊTE :
fréquent.

FIÈVRE :
élevée ;
monte
soudainement ;
dure 3 à 4 jours.

NEZ QUI
COULE
ET
ÉTERNUEMENTS :
à l'occasion.

TOUX :
souvent ;
peut s'aggraver.

MAL DE GORGE :
à l'occasion.

FAIBLESSE :
modérée à
extrême ;
peut durer un
mois.

MALADE CLOUÉ
AU LIT :
souvent ;
5 à 10 jours.

DOULEURS :
fréquentes ;
souvent très
violentes.

**C.** Comment vous sentez-vous quand vous avez la grippe ou le rhume? Discutez-en en équipes en comparant vos symptômes.

**D.** Par quels moyens combattez-vous la grippe ou le rhume? Lesquels sont les plus efficaces? Comparez-les en utilisant des expressions marquant la comparaison ainsi que les superlatifs proposés ci-dessous.

| | |
|---|---|
| *Meilleur, meilleure, meilleurs, meilleures que* | Les aspirines |
| *Mieux que* | Les médicaments contre la grippe |
| *Le* + nom *le plus/moins* + adjectif | La tisane |
| *La* + nom *la plus/moins* + adjectif | Le jus d'orange |
| *Les* + nom *les plus/moins* + adjectif | L'alcool |
| *Le meilleur, la meilleure, les meilleurs, les meilleures* | La vitamine C |
| | Les gouttes nasales |
| | Les compresses chaudes sur le front |
| | Les bains chauds ou tièdes |
| | |
| Bon, bonne, bons, bonnes | Garder le lit |
| Mauvais, mauvaise, mauvais, mauvaises | Se reposer |
| Nocif, nocive, nocifs, nocives | Dormir |
| Naturel, naturelle, naturels, naturelles | Continuer à étudier ou à travailler normalement |
| Cher, chère, chers, chères | |
| Utile, utiles | Réconforter |
| Inutile, inutiles | Avoir un effet bénéfique |
| Efficace, efficaces | Éliminer |
| Inefficace, inefficaces | Soulager rapidement/lentement |
| | Aider à combattre |
| | Faire disparaître |

CAPSULE LEXICALE

Quelques expressions souvent utilisées pour dire qu'on ne se sent pas bien

• Je ne suis pas dans mon assiette: je ne me sens pas en forme.

• Je suis à plat: sans énergie.

• Je suis cloué au lit: je ne peux pas bouger du lit.

• J'ai un chat dans la gorge: je suis enroué.

• J'ai du mal à respirer: je ne peux pas respirer normalement.

• J'ai un mal de bloc: j'ai un mal de tête.

• J'ai mal au cœur: j'ai des nausées.

**Objectifs grammaticaux**
L'expression de l'opposition : *contrairement,
alors que, à l'opposé, et non pas*, etc.
L'expression de la concession : *pourtant, mais,
or, malgré,* etc.

**Objectif de communication**
Comprendre les articulations logiques
marquant l'opposition et la concession dans
un texte.

# Idées reçues

**A.** Lisez les affirmations suivantes. En vous fiant à vos connaissances, dites si elles sont vraies ou fausses.

| | Avant la lecture | | Opinion confirmée après la lecture | |
|---|---|---|---|---|
| | Vrai | Faux | Oui | Non |
| **1.** Le parfum coûte cher. | | | | |
| **2.** La clientèle des restos-minute est surtout composée de jeunes et de gens à faibles revenus. | | | | |
| **3.** Lorsqu'on transporte un objet lourd, il est préférable de porter une ceinture dorsale pour prévenir les blessures. | | | | |
| **4.** Les repas servis à l'hôpital ne sont peut-être pas très bons, mais ils sont équilibrés. | | | | |
| **5.** Les consommateurs ne désirent pas acheter un produit qui n'existe pas. | | | | |

**B.** Lisez les textes suivants et confirmez ou non vos opinions précédentes. Reportez vos réponses dans le tableau ci-dessus.

---

### 1.

## L'ODEUR DE L'ARGENT

Précieux, le parfum? C'est ce qu'on tend à croire en découvrant le prix des flacons dans les grands magasins. Pourtant, l'équipe du magazine français *Que choisir* a plutôt découvert que la composition du parfum ne compte que pour 2% de la somme réclamée à la caisse! Et les révélations fracassantes ne s'arrêtent pas là : à eux trois, l'emballage, la publicité et la marge bénéficiaire comptent pour près de 80% du prix d'achat d'une bouteille de parfum!

Tiré et adapté de *Protégez-vous*, août 1999.

---

### 2.

Les jeunes ne sont pas les seuls à raffoler des restos-minute : la moitié des Américains de plus de 50 ans les fréquentent au moins une fois par semaine, et le quart, deux fois. Et contrairement à ce qu'on pourrait croire, plus le revenu d'une personne est élevé, plus souvent elle y va.

Tiré et adapté de *Protégez-vous*, décembre 1997.

---

## 3.

# Sans ceinture

Porter une ceinture dorsale pour prévenir les blessures n'est peut-être pas une si bonne idée. Aux États-Unis, l'équivalent de notre CSST* en déconseille le port. Non seulement n'existe-il pas assez de preuves en faveur de son utilisation, mais elle pourrait induire un faux sentiment de sécurité, menant à l'imprudence, et aggraver la sévérité des blessures infligées. De plus, des données suggèrent qu'elle peut augmenter la pression sanguine et le pouls des utilisateurs.

Tiré et adapté de *Protégez-vous*, août 1997.

\* CSST: Commission de la santé et de la sécurité du travail (Québec)

## 4.

# DES REPAS **INDIGESTES**

S'il y a un endroit où on devrait bien manger, c'est à l'hôpital. Or, le menu de ces établissements n'offre souvent rien pour remettre un malade sur pied. Par exemple, en France, entre 20 et 60% des patients hospitalisés souffrent de malnutrition durant leur séjour: menus froids et peu variés, repas trop courts, déjeuner servi trop tard et souper trop tôt, pénurie de diététistes.

Pendant ce temps, aux États-Unis, une étude menée dans des centres hospitaliers universitaires révèle que la plupart des repas servis aux malades regorgent de gras, de cholestérol et de sel! De plus, ils manquent de fibres. Au moins, les portions de fruits, de légumes, de céréales et de calcium suivent les recommandations gouvernementales.

Tiré et adapté de *Protégez-vous*, août 1997.

## 5.

# Vendre de l'air

Une jeune graphiste de Nouvelle-Zélande, fascinée par le pouvoir de la publicité, a voulu prouver que son art peut faire vendre n'importe quoi. Elle a donc conçu une pub pour un produit inconnu, Nothing[MD], et l'a affichée sur des panneaux géants le long des routes. Bien sûr, le produit n'existait pas… De nombreux consommateurs ont malgré tout téléphoné à l'entreprise d'affichage pour savoir où se le procurer!

Tiré et adapté de *Protégez-vous*, janvier 2000.

**C.** Relisez les textes. Relevez-y les expressions qui marquent l'opposition ou la concession.

| Texte | Expression marquant l'opposition ou la concession |
|-------|---------------------------------------------------|
| **1.** | |
| **2.** | |
| **3.** | |
| **4.** | |
| **5.** | |

**D.** Complétez les phrases suivantes en choisissant l'un des trois éléments proposés pour exprimer l'opposition ou la concession.

    **1.** L'emballage, la publicité et la marge bénéficiaire représentent près de 80% du prix d'achat d'une bouteille de parfum (*malgré / en dépit de / alors que*) le parfum lui-même ne compte que pour 2% de la somme réclamée à la caisse.

**2.** Ce sont les gens aisés (*et non pas* / *à l'opposé* / *au lieu de*) les plus pauvres qui fréquentent le plus les restos-minute.

**3.** (*N'empêche que* / *Contrairement à* / *Au contraire*) ce que l'on pourrait penser, il est déconseillé de porter une ceinture dorsale lorsqu'on transporte un objet lourd.

**4.** Les repas servis dans les hôpitaux américains regorgent de gras, de cholestérol et de sel. (*Par contre* / *Inversement* / *Alors que*), les portions de fruits, de légumes et de céréales suivent les recommandations gouvernementales.

**5.** Le produit annoncé n'existait pas. (*En revanche* / *Au contraire* / *N'empêche que*) de nombreux consommateurs ont téléphoné à l'entreprise d'affichage pour savoir où se le procurer !

## E. Mini-dialogues

Vous rencontrez un ami ou une amie qui vous fait les commentaires suivants. À l'aide des informations contenues dans les textes de la partie B de l'activité, réagissez à ces commentaires en vous opposant aux opinions de votre ami ou de votre amie. Jouez les scènes deux à deux.

**1.** Tu as vu la pub du nouveau parfum Nina Chérie ? Géniale, non ?

**2.** Les jeunes d'aujourd'hui ne savent plus ce que c'est que de bien s'alimenter ! Tout ce qu'ils connaissent, ce sont les hamburgers et les frites ! Enfin, j'espère que, quand ils seront plus vieux, ils découvriront autre chose…

**3.** Pas question qu'on fasse appel à des déménageurs ! C'est bien trop cher ! Tout ce qu'il faut, c'est un camion de location, une bande de copains, des ceintures dorsales pour transporter les gros appareils électroménagers, et le tour est joué !

**4.** Ma grand-mère est à l'hôpital depuis la semaine dernière et elle dit que la nourriture qu'on lui sert n'a aucun goût !

**5.** Ça m'énerve quand les gens critiquent la publicité ! Comme si le simple fait de voir une pub allait automatiquement me faire acheter le produit annoncé ! Les gens sont plus intelligents que ça, tout de même !

**F.** Démentez les affirmations suivantes en rédigeant de courts textes à la manière de ceux que vous avez lus dans la partie B de l'activité. Vous pouvez vous inspirer des contre-arguments proposés. Utilisez des expressions marquant l'opposition et la concession parmi celles qu'on suggère dans les encadrés.

| Opposition | Concession |
|---|---|
| *alors que* | *bien que* |
| *tandis que* | *sans que* |
| *mais* | *même si* |
| *par contre* | *malgré* |
| *en revanche* | *pourtant* |
| *au lieu de* | *cependant* |
| *contrairement à* | *or* |

### 1. Affirmation :

Le *gingko biloba* (extrait de plante) améliore la mémoire et la concentration.

### Contre-arguments :

- Aucune preuve d'efficacité sur un cerveau sain (ne souffrant pas de la maladie d'Alzheimer).
- Études effectuées sur un nombre restreint de sujets.
- Effets secondaires non négligeables et parfois même dangereux.
- Plutôt que de prendre des comprimés de *gingko biloba*, on recommande aux personnes en bonne santé de faire travailler leur cerveau quotidiennement.

Informations tirées de *Protégez-vous*, janvier 2000.

_____
_____
_____
_____
_____
_____
_____
_____
_____
_____
_____

### 2. Affirmation :

Les nettoyants antibactériens sont plus efficaces que les nettoyants traditionnels.

### Contre-arguments :

- Il s'agit d'un argument publicitaire pour faire mousser les ventes.
- Efficacité de ces produits non démontrée dans la vie réelle (à l'extérieur des laboratoires).
- Peuvent créer des souches bactériennes résistantes.
- Ne remplacent pas une bonne hygiène (nettoyages fréquents avec de l'eau chaude et du savon).

Informations tirées de *Protégez-vous*, janvier 2000.

_____
_____
_____
_____
_____
_____
_____
_____
_____
_____

Objectif grammatical
L'expression de la concession : *même si,
cependant, pourtant, quoique, bien que,
avoir beau.*

**Objectif de communication**
Décrire les habitudes de vie d'une personne.

# Toujours en forme !

*Les gens sont méchants, Quino, © Éditions Glénat.*

**A.** La dame a un certain âge, ce qui ne l'empêche pas de prendre soin d'elle. Comment commence-t-elle sa journée ?

1. _____

_____

2. _____

_____

3. _____

_____

**4.** _____

_____

**5.** _____

_____

**6.** _____

_____

**7.** _____

_____

**8.** _____

_____

**B.** Réécrivez chaque phrase en reliant les éléments de la colonne de gauche à ceux de la colonne de droite à l'aide d'une des expressions marquant la concession proposées dans l'encadré.

*même si • cependant • pourtant • quoique • bien que*

| | | |
|---|---|---|
| **1.** Elle a au moins 80 ans. | Elle n'a pas besoin d'aide pour prendre sa douche. | **1.** _____ _____ |
| **2.** Elle n'a plus ses dents. | Elle aime toujours prendre soin de sa personne. | **2.** _____ _____ |
| **3.** Elle marche avec difficulté. | Elle est toujours souriante. | **3.** _____ _____ |
| **4.** Il lui reste peu de cheveux. | Elle travaille toujours. | **4.** _____ _____ |
| **5.** Elle n'est pas jeune. | Elle aime se faire une belle coiffure. | **5.** _____ _____ |
| **6.** Son visage est couvert de rides. | Elle se lève à 7 heures du matin. | **6.** _____ _____ |
| **7.** Elle a dépassé l'âge de la retraite. | Elle se maquille soigneusement. | **7.** _____ _____ |

**C.** Comment y arrive-t-elle ? Complétez les phrases.

**1.** Elle fait de la planche à neige, même si _____.

**2.** Quoique _____, elle n'a pas peur de conduire son auto.

**3.** Elle va danser au club qu'elle fréquente depuis 30 ans _____.

**4.** Malgré _____, elle mange de tout, ne se prive pas de son petit whisky quotidien et même, à l'occasion, elle se permet de fumer un cigare.

**5.** _____, elle prend régulièrement des vacances au bord de la mer.

**6.** _____, elle ose se montrer en bikini.

**7.** Pendant l'hiver, elle fréquente les salons de bronzage _____.

**8.** Elle navigue sur Internet au moins deux heures par jour _____.

**D.** Madame va voir son médecin. Depuis quelque temps, elle est moins en forme et se sent un peu fatiguée. Que dit-elle au médecin ?

Commencez les énoncés avec l'expression *avoir beau* + infinitif.

Exemple

  *Docteur, **j'ai beau faire** de l'exercice, je me sens souvent fatiguée.*

**1.** _____

_____

**2.** _____

_____

**3.** _____

_____

**4.** _____

_____

**5.** _____

_____

## Pour en savoir plus...

### Les centenaires

Les centenaires ont confiance en eux, ils sont indépendants d'esprit et ont le sentiment de contrôler leur vie. Leurs relations familiales et sociales sont tissées serré, ils sont accueillants et bien intégrés dans leur milieu.

La plupart des centenaires sont des femmes et toutes partagent certaines caractéristiques : elles ont une attitude positive face à la vie, cultivent un bon sens de l'humour et ne se laissent pas décourager par les contretemps. Elles vivent au jour le jour, ont hâte au lendemain, trouvent satisfaction dans le travail bien fait et, plus souvent qu'autrement, ont un sacré caractère.

Tiré et adapté de « Les centenaires ont mauvais caractère », *Châtelaine Santé*, supplément du mois d'octobre 1999.

## 6

**Objectif grammatical**
L'expression de la concession : *mais, malgré,
cependant, quel que soit*, etc.

**Objectif de communication**
Argumenter.

# Carnages routiers

**A.** Lisez le texte. Soulignez les énoncés où apparaît le mot « malgré ». Puis recopiez-les dans les espaces prévus à cette fin.

Deux morts, dix-huit blessés, vingt-six voitures et une douzaine de camions à remorque endommagés, un autobus dans le décor... Le triple carambolage survenu à
5 cause du brouillard mercredi matin sur l'autoroute Jean-Lesage aurait-il pu être évité ? Il y a quelques années, cinq personnes avaient perdu la vie au même endroit dans un accident similaire. Depuis, les autorités ont installé des indicateurs routiers pour
10 guider les conducteurs, mais visiblement, et sans mauvais jeu de mots, ces derniers n'y voient toujours rien, ou ne veulent rien y voir.

Malgré les appels au bon sens, certains automobilistes se croient dotés de facultés surhumaines dès
15 l'instant où ils se calent au volant de leur *batmobile*. N'importe qui habitué aux autoroutes du Québec par temps maussade a appris à se méfier du jugement de cet *homo automobilus* à ses trousses.

Mais par-delà le manque de jugement de certains, et
20 quelles que soient les conditions routières, il y a ce problème des poids lourds qui refait surface chaque fois que l'un d'entre eux est impliqué dans un accident de la route. Même l'Association du camionnage reconnaît le problème et s'est permis quelques suggestions au
25 ministre des Transports, M. Sam Elkas, comme de réduire de 100 à 90 km/h la limite de vitesse pour les poids lourds. Mais si cette mesure déjà en application dans plusieurs pays semble évidente, elle est malheureusement loin de faire l'unanimité. Par-delà la sécurité routière, il y a l'argent. Les camionneurs 30 indépendants sont opposés à cette mesure, eux qui gagnent leur pain en roulant vite et longtemps. Plutôt que de réduire la vitesse, disent certains d'entre eux, pourquoi ne pas diminuer la charge maximale permise ?

En fait, c'est rien de moins que les deux solutions 35 qu'il faut adopter sur les chapeaux de roue. Les camions roulent trop vite, nombre d'entre eux sont en très mauvais état et malgré cela, on tolère une charge beaucoup plus élevée qu'aux États-Unis, par exemple. Dans sa proposition, l'Association du camionnage 40 avance qu'une réduction de la vitesse à 90 km/h ferait épargner 7 000 $ en carburant et 5 000 $ en pneus par camion et par année. Quant à une diminution de la charge maximale de 126 000 à 86 000 livres, comme le proposent les camionneurs opposés à la réduction de la 45 vitesse, elle permettrait de raccourcir considérablement la distance de freinage en cas d'urgence, de prolonger la durée de vie des camions, celle des routes et... des automobilistes.

Jusqu'à maintenant, malgré la simplicité des 50 mesures demandées, le ministre Elkas n'a toujours pas bougé. Le nom d'une telle attitude figure dans tous les dictionnaires : laxisme.

Éditorial de Jean-Robert Sansfaçon paru dans *Le Devoir*,
le 5 mars 1993.

1. _____

2. _____

3. _____

**B.** Reformulez les phrases suivantes en remplaçant le mot-lien marquant la concession par un mot ou une expression de même nature.

**1.** Les autorités ont installé des indicateurs routiers pour guider les conducteurs mais, visiblement, ceux-ci n'y voient toujours rien.

_____

_____

**2.** Malgré le brouillard, l'accident aurait pu être évité.

_____

_____

**3.** La diminution de la vitesse serait une mesure adéquate. Cependant, elle est loin de faire l'unanimité chez les camionneurs.

_____

_____

**4.** Certains camions sont en mauvais état. Pourtant, on leur permet de rouler.

_____

_____

**5.** Une réduction de la vitesse ferait épargner de l'argent notamment en pneus et en carburant, mais les camionneurs s'y opposent.

_____

_____

**6.** Malgré la simplicité des mesures demandées, le ministre n'a toujours pas bougé.

_____

_____

**C.** En équipes, étudiez les phrases suivantes et dites dans quel cas on utilise l'expression *quel que soit* ou l'expression *si... que soit*.

> **1.** Quelles que soient les conditions routières, les poids lourds demeurent un problème.
>
> **2.** Si dangereuses que soient les routes, les automobilistes roulent vite.
>
> **3.** Quelle que soit la vitesse, les poids lourds représentent un danger pour tous les automobilistes.
>
> **4.** Quelle que soit la raison invoquée par le ministre des Transports, il est inacceptable que l'on permette aux poids lourds de rouler à plus de 100 km à l'heure.
>
> **5.** Quelle que soit la signalisation, il semblerait que les automobilistes ne la voient pas.
>
> **6.** Si sévères que soient les amendes, les automobilistes ne réduisent pas leur vitesse.
>
> **7.** Si enneigées que soient les routes, nombreux sont ceux qui ne respectent pas une distance de freinage sécuritaire.
>
> **8.** Si nombreux que soient les accidents, les chauffeurs de poids lourds s'opposent à une diminution de la vitesse.

**D.** En équipes de trois, préparez une argumentation pour défendre votre position en tant que chauffeur de poids lourd, ministre responsable des Transports ou victime de la route. Dans cette argumentation, utilisez au moins trois des mots-liens marquant la concession qu'on propose dans l'encadré.

> même si • malgré • en dépit de • si… que • bien que • mais • cependant • pourtant • quel que • quelle que • quels que • quelles que

**Position des camionneurs**

_____
_____
_____
_____
_____
_____
_____
_____

**Position du gouvernement**

_____
_____
_____
_____
_____
_____
_____
_____

**Position des victimes**

_____
_____
_____
_____
_____
_____
_____
_____

**E.** En vous fiant aux notes consignées dans le calepin d'un journaliste, écrivez un fait divers.

La route fait trois autres victimes
- Signalisation déficiente
- Zone de vitesse réduite
- Présence de panneaux indiquant des travaux routiers
- Accident impliquant un poids lourd et une mini-fourgonnette

**7**

| Objectif grammatical | Objectif de communication |
|---|---|
| L'expression de la concession : *malgré* + nom, *si* + adjectif, *quel que soit* + nom, etc. | Décrire les difficultés rencontrées lors de la réalisation d'un exploit sportif. |

# Exploits sportifs

**A.** Lisez les trois extraits suivants, puis discutez-en en équipes. Que pensez-vous des gens qui n'hésitent pas à risquer leur vie pour accomplir un exploit sportif? Vous, le feriez-vous?

## Les exploits de ces femmes et de ces hommes nous font frémir. Ils ont vaincu le Cap Horn et l'Everest. Chaque fois, ils ont failli ne pas revenir.

La Française Isabelle Autissier a franchi à voile le passage meurtrier au sud du Cap Horn, qui a englouti d'innombrables marins au fil de l'histoire. Cette course en mer constitue l'Everest des navigateurs solitaires. Isabelle Autissier a dû affronter des tempêtes terribles : vents déments, mer démontée. Mais ces expériences ne l'ont pas empêchée de préparer d'autres périples vers les terrifiantes mers du Sud. Si prudente qu'elle soit, la navigatrice doit l'admettre :

« On ne recherche pas les situations périlleuses, mais quand elles vous tombent dessus, elles sont pleines d'enseignements. Il reste que des accidents mortels, dans les courses à voile, il n'y en a pas tant que ça. Sinon, j'abandonnerais. Mais si on ne court jamais de risques, on passe sa vie devant la télévision. »

Bien que son amoureux et sa famille ne songent pas un instant à lui reprocher son style de vie, elle sait bien, au fond, qu'elle les met à l'épreuve lorsqu'elle part pendant des mois pour se mesurer aux éléments.

Là-haut, la raréfaction de l'air oblige les muscles à fournir un effort équivalent à soulever trois fois son poids. Dans ces altitudes hostiles où la vie tient à un souffle, le froid s'attaque sans pitié aux doigts et aux bouts de peau découverts, et chaque mètre est gagné au prix d'une énorme souffrance. Pourtant, Catherine Zekri trépignait de hâte à l'idée d'aller se balader dans cet enfer. Catherine Zekri et sa coéquipière Anne-Marie Charest seront les premières femmes québécoises à s'attaquer à un sommet de plus de 8 000 mètres. Mais ce n'est pas pour la gloire qu'elles en entreprennent l'ascension. « On fait tout ça pour le plaisir, celui de l'accomplissement, de la fraternité dans l'équipe », affirme Catherine. Ne pas réaliser ses rêves, dit-elle, rend trop malheureux.

Marc Tremblay et Diana Gietl, eux, ont choisi d'explorer les profondeurs de la Terre. Au moindre moment de loisir, ce couple de jeunes spéléologues part se balader dans des grottes humides où règne une nuit éternelle. Au premier abord, la passion du couple troglodyte n'est pas facile à comprendre : lutter contre la claustrophobie dans d'étroits boyaux laissant tout juste assez d'espace à un corps couché, patauger dans les eaux glaciales des rivières souterraines et avancer dans un noir si absolu que lorsque la lampe s'éteint on ne peut apercevoir le bout de ses cils. On imagine des hobbies plus confortables. Marc et Diana ont pourtant exploré des dizaines de cavernes d'Amérique et d'Europe. On peut se perdre dans les dédales d'une grotte ou être pris de panique dans un passage difficile. Mais ces malheurs n'arrivent pas aux explorateurs d'expérience. Le sang-froid est la vertu capitale des spéléologues.

Pierre De Billy, « Les passionnées de l'aventure. De l'Himalaya à l'Antarctique », *Châtelaine*, juin 1998.

**B.** Complétez les énoncés à l'aide d'une des expressions suivantes :

*malgré, même si, bien que, quoi que, en dépit de, cependant, pourtant, tout, toute.*

**1.** _____ les dangers que renferme un tel défi, plusieurs navigateurs solitaires ont franchi le Cap Horn.

**2.** Marc et Diana adorent se balader dans des grottes humides, _____ ils doivent lutter constamment contre la claustrophobie.

**3.** _____ prudente qu'elle soit, Isabelle Autissier admet que sa passion comporte des risques énormes.

**4.** _____ elle ait vécu des expériences terribles en mer, Isabelle Autissier continue à se lancer des défis.

**5.** Les deux aventurières québécoises rêvent de faire l'ascension de l'Everest, _____ les souffrances qui les y attendent.

**6.** _____ sa famille accepte sa passion, Isabelle Autissier sait qu'elle met les siens à l'épreuve chaque fois qu'elle part à l'aventure.

**7.** Pratiquer la spéléologie n'est pas toujours de tout confort. _____ Marc et Diana ont exploré des dizaines de cavernes d'Amérique et d'Europe.

**8.** _____ il soit difficile de respirer à de telles altitudes, Catherine Zekri a hâte de partir à l'aventure.

**9.** Isabelle est prête à lever l'ancre _____ la peine qu'elle cause aux êtres qui lui sont chers.

**10.** _____ difficile que soit l'ascension de l'Everest, Catherine Zekri et sa coéquipière Anne-Marie Charest rêvent de s'y attaquer.

**C.** Complétez les énoncés suivants en exprimant des rapports de concession.

**1.** Le spéléologue doit faire preuve de sang-froid en tout temps _____
_____.

**2.** On peut se perdre dans les dédales d'une grotte ou être pris de panique _____
_____.

**3.** Les accidents mortels en course à voile sont peu nombreux _____
_____.

**4.** La raréfaction de l'air oblige les muscles à fournir un effort surhumain _____
_____.

**5.** Catherine et Anne-Marie sont prêtes à entreprendre l'ascension _____
_____.

**6.** À l'intérieur des cavernes, il n'est pas rare de patauger dans des eaux glaciales _____
_____.

**7.** Dans les mers australes, les tempêtes sont d'une rare violence _____

_____ .

**8.** Le passage du Cap Horn a englouti d'innombrables marins au fil de l'histoire _____

_____ .

**D.** Voici deux expressions marquant la concession. Complétez les énoncés en les employant, puis inventez-en d'autres.

> Malgré + nom

**1.** Malgré les vents violents _____

**2.** Malgré la noirceur _____

**3.** Malgré le manque d'oxygène _____

**4.** Malgré _____

**5.** Malgré _____

> Si + adjectif

**1.** Si violents que soient les vents _____

**2.** Si douloureuse que l'ascension puisse paraître _____

**3.** Si prudent qu'on soit en mer _____

**4.** Si _____

**5.** Si _____

**E.** Complétez les phrases suivantes à l'aide de l'expression marquant la concession qu'on propose dans l'encadré.

> *quel* • *quelle que soit* + nom • *quels* • *quelles que soient* + nom

**1.** _____ la profondeur des grottes, nos explorateurs sont prêts à se lancer à l'aventure.

**2.** _____ la violence des vents, le navigateur doit éviter à tout prix de chavirer.

**3.** _____ la souffrance, nos jeunes alpinistes ont hâte de se mesurer aux plus hauts sommets du monde.

**4.** _____ les dangers, nos explorateurs rêvent tous d'aller là où personne n'est allé avant eux.

**5.** Catherine et Anne-Marie ne reculeront pas face au défi de conquérir l'Everest, _____ les difficultés à surmonter.

**F.** Connaissez-vous d'autres sports dits « extrêmes » ? Quelles sont les difficultés qu'on doit surmonter dans la pratique de ces sports ? Discutez-en en équipes.

**Objectifs grammaticaux**
L'expression de la comparaison : *beaucoup
plus, tout aussi, de plus en plus, plus...plus*, etc.
L'expression de l'opposition : *au lieu de,
au contraire, par contre*, etc.
L'expression de la concession : *bien que,
même si, pourtant*, etc.

**Objectifs de communication**
Comparer une situation présente et
une situation passée.
Exposer et défendre un point de vue.

# La rue principale

**A.** Lisez le texte de la chanson.

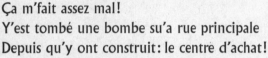

Dans ma p'tite ville
On était juste quatre mille
Pis la rue principale
A s'appelait St-Cyrille
La Coop, le gas bar
La caisse pop, le croque-mort
Et le magasin général
Quand j'y r'tourne
Ça m'fait assez mal !
Y'est tombé une bombe su'a rue principale
Depuis qu'y ont construit : le centre d'achat !

L'autre jour j'ai amené ma bien-aimée
Pour y montrer où c'est que j'étais né
Aussitôt arrivé me v'là en beau joualvert
Ça avait l'air de Val-Jalbert !
Ah ! Quand j'y r'tourne
Ça m'fait assez mal !
Y'est tombé une bombe su'a rue principale
Depuis qu'y ont construit : le centre d'achat !

Une bonne journée
J'vas y r'tourner avec mon bulldozer
Pis l'centre d'achat
Y va passer un mauvais quart d'heure !

Avant la v'nue
Du centre d'achat
Sur la grand' rue
C'était plus vivant qu'ça
Des ti-culs en bécique
Des cousines en visite
C'était noir de monde comme en Afrique
Quand j'y r'tourne c'est pathétique !
Ça va donc ben mal su'a rue principale
Depuis qu'y ont construit : le McDonald !

Dans ma p'tite ville
Y sont pu rien que trois mille
Pis la rue principale
Est dev'nue ben tranquille
L'épicerie est partie, le cinéma aussi
Et le motel est démoli
Quand j'y retourne
Ça m'fait assez mal !
Y'est tombé une bombe su'a rue principale
Depuis qu'y ont construit : le centre d'achat !

Une bonne journée
J'vas y r'tourner avec mon bulldozer
Pis l'centre d'achat
Y va passer un mauvais quart d'heure !

Dans ma p'tite ville
On était juste quatre mille
Pis la rue principale
A s'appelait St-Cyrille
La Coop, le gas bar
La caisse pop, le croque-mort
Et le magasin général
Quand j'y r'tourne
Ça m'fait assez mal !
Y'est tombé une bombe su'a rue principale
Depuis qu'y ont construit : le centre d'achat !

Le centre d'achat
Le centre d'achat
Le centre d'achat

Interprètes : Les Colocs
Paroles : André Fortin et Nicole Bélanger.
Musique : André Fortin.
Avec la permission de l'Industrie Musicale inc.
*Les Colocs*, Ariola, 1993.

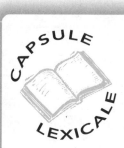

**CAPSULE LEXICALE**

La Coop : la coopérative agricole.

Le gas bar : la station-service.

La caisse pop : la caisse populaire (institution financière coopérative).

Le croque-mort : le salon funéraire.

Le centre d'achat : le centre commercial (*anglicisme*).

Être en beau joualvert : être en colère.

Val-Jalbert : village situé dans la région du Lac-Saint-Jean. Les habitants l'ont déserté après la fermeture de son usine de pulpe en 1927. C'est aujourd'hui une attraction touristique.

Passer un mauvais quart d'heure : traverser un moment pénible.

Des ti-culs en bécique : de jeunes enfants à bicyclette.

**B.** En vous référant au texte de la chanson, dites si les affirmations suivantes sont vraies ou fausses. Ensuite, soulignez les expressions qui indiquent une comparaison ou un superlatif.

|  | Vrai | Faux |
|---|:---:|:---:|
| **1.** Les commerces de la rue principale sont beaucoup moins nombreux qu'avant. | ❏ | ❏ |
| **2.** La petite ville ressemble désormais à un village fantôme. | ❏ | ❏ |
| **3.** Dans la petite ville, il y a autant d'habitants qu'avant. | ❏ | ❏ |
| **4.** C'est comme si une bombe était tombée sur la rue principale. | ❏ | ❏ |
| **5.** La petite ville a beaucoup trop changé depuis la construction du centre commercial. | ❏ | ❏ |
| **6.** Les habitants sont contents, car la petite ville est de plus en plus tranquille. | ❏ | ❏ |
| **7.** Auparavant, la rue principale était tout aussi achalandée qu'une rue d'Afrique. | ❏ | ❏ |
| **8.** Plus le temps passe, plus les gens de la petite ville se mobilisent contre le centre commercial. | ❏ | ❏ |
| **9.** Le chanteur-narrateur estime que la construction du centre commercial a causé énormément de tort à l'économie locale. | ❏ | ❏ |
| **10.** Selon le chanteur-narrateur, raser le centre commercial serait la pire solution. | ❏ | ❏ |

**C.** Composez des phrases avec les expressions marquant la comparaison ou un superlatif que vous avez repérés dans l'exercice B. Utilisez une expression différente pour chacune des phrases.

Comparez les éléments suivants :
- la vie à la ville et la vie à la campagne ;
- les habitudes de consommation actuelles et passées ;
- les petites boutiques et les grands magasins.

**1.** _____

_____

**2.** _____

_____

**3.** _____

_____

**4.** _____

_____

**5.** _____

_____

**6.** _____

_____

**7.** _____

_____

**8.** _____

_____

**9.** _____

_____

**10.** _____

_____

**D.** L'ouverture du centre commercial n'a pas suscité les mêmes réactions chez tous les habitants de la petite ville. Au cours d'un souper entre amis, le sujet est abordé. Brigitte et François sont en désaccord et entament une discussion animée.

Composez un dialogue dans lequel chacun exposera son opinion et tentera de faire valoir son point de vue. Intégrez dans votre dialogue des expressions marquant la comparaison (comme dans l'exercice précédent), ainsi que des expressions marquant l'opposition et la concession proposées dans les encadrés ci-dessous (comme dans l'exemple).

## L'opinion de François

| Avant | Maintenant |
|---|---|
| • La rue principale était animée. | • La rue principale est déserte, les vitrines sont placardées, les édifices sont à vendre ou à louer. |
| • On avait accès à tous les services et à tous les commerces essentiels. | • Il faut aller dans la grande ville voisine pour certains services et certains commerces. |
| • On encourageait les petits entrepreneurs locaux : l'argent restait dans la communauté. | • On encourage les multinationales : cela profite à des étrangers. |
| • On respectait les particularités régionales. | • Avec l'arrivée des multinationales, tout s'uniformise. |
| • Les commerçants nous connaissaient personnellement, le service était meilleur. | • Le service est impersonnel. |
| • Les produits locaux étaient plus frais. | • Les produits viennent de loin, ils ne sont plus aussi frais. |
| • On pouvait aller faire ses courses à pied. | • On doit avoir une voiture pour se rendre au centre commercial situé en périphérie. |
| • On mangeait bien au petit restaurant local. | • Si on veut sortir pour manger, il n'y a que les hamburgers du McDonald. |
| • Les gens n'étaient pas aussi tentés de consommer. | • Aller au centre commercial est devenu un passe-temps. |

## L'opinion de Brigitte

| Avant | Maintenant |
|---|---|
| • On avait de la difficulté à garer la voiture dans la rue principale.<br>• Les prix étaient élevés.<br>• Le choix de produits était limité.<br>• Il était difficile de se procurer des vêtements à la dernière mode.<br>• Il fallait aller dans plusieurs commerces différents, on perdait du temps.<br>• Ce n'était pas agréable de faire ses courses par mauvais temps.<br>• C'était compliqué d'aller faire ses courses avec de jeunes enfants.<br><br><br>• Le restaurant local n'offrait rien de particulier aux enfants.<br>• Les commerces étaient fermés le soir et le dimanche. | • Le centre commercial a un grand terrain de stationnement.<br>• Les prix sont bas.<br>• On a plus de choix.<br>• On a accès aux mêmes produits que les gens de partout au pays.<br>• Les commerces sont regroupés en un même lieu, on ne perd pas de temps.<br>• On est à l'abri des intempéries.<br><br>• Au centre commercial, on facilite le magasinage avec des enfants : les allées sont larges, il y a des bancs pour se reposer, des jeux pour les enfants, des casiers pour les manteaux, etc.<br>• Les enfants adorent aller chez McDonald.<br><br>• On peut aller magasiner après le travail ou le dimanche. |

| L'opposition | | La concession | |
|---|---|---|---|
| *alors que* | *mais* | *bien que* | *pourtant* |
| *au contraire* | *par contre* | *cependant* | *quoique* |
| *au lieu de* | *pour ma part* | *malgré* | *quoi que / qui que / où que* |
| *contrairement à* | *tandis que* | *même si* | *sans que* |

Exemple

*Brigitte :* **Quoi qu'**on en dise, l'ouverture du centre commercial est vraiment un atout pour notre ville !

*François :* Eh bien moi, je trouve **au contraire** qu'il s'agit d'une véritable catastrophe !

_____

_____

_____

_____

_____

_____

_____

_____

_____

_____

_____

**E.** Le phénomène décrit dans cette chanson se manifeste-t-il aussi dans votre région, dans votre pays ? Y êtes-vous favorable ou défavorable ? Discutez-en en équipes.

La comparaison
Les expressions marquant la comparaison :
*plus, moins, aussi* + adjectif, *adverbe* + *que*
*verbe* + *moins, plus, autant* + *que*
*plus de, moins de, autant de* + nom + *que*

# Tableau 1

Rédigez des énoncés à partir des éléments de la colonne de gauche. Utilisez les critères de comparaison fournis, comme dans l'exemple.

| | Énoncés |
|---|---|
| **Exemple** Les transports en commun et la voiture<br><br>**Critère de comparaison :**<br>Efficacité pendant l'hiver | *Pendant l'hiver, les transports en commun sont **plus efficaces que** la voiture.* |
| **1.** Les médecines douces et les médecines traditionnelles<br><br>**Critères de comparaison**<br><br>Naturel<br><br>Sens de la responsabilité chez les gens<br><br>Importance qu'on accorde à la personne<br><br>Rapidité des résultats | 1.<br><br>2.<br><br>3.<br><br>4. |
| **2.** Aliments modifiés génétiquement et aliments biologiques<br><br>**Critères de comparaison**<br><br>Risque pour la santé des consommateurs<br><br>Respect de l'environnement<br><br>Goût | 1.<br><br>2.<br><br>3. |
| **3.** Voyages organisés et voyages non organisés<br><br>**Critères de comparaison**<br><br>Intérêt du voyage<br><br>Rythme du voyage, temps que l'on accorde à chaque site<br><br>Liberté des passagers | 1.<br><br>2.<br><br>3. |
| **4.** Montréal et Québec<br><br>**Critères de comparaison**<br><br>Réseau d'autoroutes<br><br>Population<br><br>Bureaux du gouvernement<br><br>Sites d'intérêt historique | 1.<br><br>2.<br><br>3.<br><br>4. |

**La progression dans la comparaison**
- *plus... plus*
- *plus... moins*
- *moins... moins*
- *moins... plus*

# Tableau 2

Complétez les phrases du tableau en utilisant les structures proposées ci-dessus, comme dans l'exemple.

| | |
|---|---|
| **Exemple**   *Plus* on est de fous, | *plus* on rit. |
| **1.** Moins on se voit, | |
| **2.** | plus j'en profite. |
| **3.** Plus c'est épicé, | |
| **4.** | moins on a de préjugés. |
| **5.** Moins tu fais d'efforts, | |
| **6.** | moins on a tendance à paniquer. |
| **7.** Plus il neige, | |
| **8.** | plus ça coûte cher. |
| **9.** Moins on se pose de questions, | |
| **10.** | moins ça m'intéresse. |
| **11.** Plus on regarde la télévision, | |
| **12.** | moins j'en ai envie. |
| **13.** Plus mes parents me disent quoi faire, | |
| **14.** | plus les choses évoluent rapidement. |
| **15.** Moins il y a de règles, | |

*La comparaison, l'opposition, la concession*

**L'insistance dans la comparaison**
- *encore/beaucoup/bien + plus /moins + adjectif / adverbe (+ que)*
- *encore/beaucoup/bien + plus/moins de + nom (+ que)*
- *verbe + encore/beaucoup/bien + plus/moins (+ que)*
- *tout aussi + adjectif/adverbe (+ que)*
- *tout autant de + nom (+ que)*
- *verbe + tout autant (+ que)*

# Tableau 3

Comparez les éléments suivants en insistant dans la comparaison, comme dans l'exemple.

Exemple     *L'essence coûte cher au Québec !*

*(En Europe, –)*

*Oh ! Tu sais, elle coûte **bien moins cher** qu'en Europe !*

**1.** Les chambres qui donnent sur la mer sont hors de prix !     (Les chambres qui donnent sur le terrain de stationnement, –)

_____

**2.** Sa fille Léa est tellement mignonne !     (Son fils Mathias, =)

_____

**3.** On peut servir ce sauvignon en apéro tout seul.     (Avec du fromage de chèvre, =)

_____

**4.** Les élèves de Cécile sont très turbulents !     (Les élèves de Fernand, +)

_____

**5.** Le logiciel antivirus SuperBogue n'est pas très efficace.     (Le logiciel MaxiBogue, –)

_____

**6.** Les bermudas à carreaux, c'est démodé !     (Une jupe à pois, +)

_____

**7.** Jeanne a plus de trente correspondants à travers le monde !     (Laure, =)

_____

**8.** Dimitri s'occupe beaucoup de ses enfants.     (Sa femme, =)

_____

**9.** Apprendre le français, c'est difficile !     (Le chinois, +)

_____

**10.** Les nouvelles recrues sont vraiment zélées !     (Les employés au bord de la retraite, –)

_____

Tableau d'entraînement

L'opposition
**Les expressions marquant l'opposition :**
*alors que, contrairement à, tandis que, etc.*

# Tableau 4

Transformez les phrases de la colonne de gauche en remplaçant l'expression marquant l'opposition par celle qu'on propose dans la colonne de droite.

| | |
|---|---|
| **Exemple**    *Mon fiancé voudrait se marier à l'église, **alors que** je préférerais un mariage civil.* | *(Contrairement à)* <br> **Contrairement** *à mon fiancé qui voudrait se marier à l'église, je préférerais un mariage civil.* |
| **1.** Janine est une fille dynamique, **tandis que** son frère jumeau est un véritable empoté ! | *(Autant… autant)* |
| **2.** J'ai toujours été attirée par les grands bruns. **Quant à** ma sœur, elle a un faible pour les petits blonds à lunettes. | *(À l'inverse de)* |
| **3.** Elle ne croit pas à l'astrologie, **à l'opposé de** son mari qui lit son horoscope tous les matins. | *(Tandis que)* |
| **4.** Marc cherche un loft au centre-ville. **Pour sa part**, Caroline rêve d'une petite maison à la campagne. | *(Alors que)* |
| **5. Si** j'aime les films étrangers sous-titrés, je ne peux pas supporter les films doublés. | *(Par contre)* |
| **6.** Il n'arrête pas de dire qu'il est débordé. Son collègue, **lui**, ne se plaint jamais. | *(En revanche)* |
| **7. Autant** j'envisageais cette rencontre avec appréhension, **autant** j'ai été agréablement surpris. | *(Mais au contraire)* |
| **8.** Il n'arrive pas à se décider. **Pour ma part**, ça y est : j'ai déjà acheté mon billet ! | *(Quant à)* |
| **9.** Les titres boursiers de XYZ ont continué de chuter. **En revanche**, les actions de ABC ont connu une remontée fulgurante. | *(Inversement)* |
| **10.** Lulu n'a fait qu'une bouchée de son repas, **contrairement** à Lili qui a picoré dans son assiette. | *(À l'opposé)* |

La concession
Les expressions marquant la concession :
*En dépit de* + nom
*Même si*
*Malgré* + nom

# Tableau 5

Réécrivez les phrases de la colonne de gauche ou de la colonne de droite en remplaçant les expressions marquant la concession par d'autres, comme dans l'exemple.

| | |
|---|---|
| **Exemple**    *En dépit du* mauvais temps, Georges s'est rendu sur le chantier. | *Même s'il faisait mauvais, Georges s'est rendu sur le chantier.* |
| 1. Malgré les nombreux avertissements de ses parents, Mélanie est partie toute seule en Asie. | 1. |
| 2. | 2. Même si le taux de chômage a baissé ces derniers mois, beaucoup de gens cherchent encore du travail. |
| 3. En dépit de son âge, elle faisait du ski toutes les fins de semaine. | 3. |
| 4. | 4. La compagnie a fait faillite même si les actionnaires avaient accepté d'investir des fonds supplémentaires. |
| 5. En dépit de la musique assourdissante, nous avons passé une excellente soirée. | 5. |
| 6. | 6. Même si les accidents sont très nombreux sur cette route, le ministre des Transports n'a pas encore pris la décision d'y aménager une voie de service. |
| 7. Malgré le risque de maladies cérébrales, les ventes de téléphones cellulaires continuent à augmenter. | 7. |
| 8. | 8. Le ministre de l'Environnement n'a pas cru bon d'interdire la baignade dans le lac Louise, même si l'eau du lac est grandement polluée. |
| 9. En dépit du prix exorbitant, il achète du caviar une fin de semaine sur deux. | 9. |
| 10. | 10. Les pompiers ont pénétré dans l'édifice même si les flammes montaient à trois mètres. |

Tableau d'entraînement

La concession
Les expressions marquant la concession :
*quoique, bien que, pourtant*

# Tableau 6

Réécrivez les phrases de la colonne de gauche ou de la colonne de droite en remplaçant les expressions marquant la concession par d'autres, comme dans l'exemple.

| Exemple | *Quoiqu'ils aient pu compter sur le support de leur patron, leur travail demeurait très exigeant.* | *Leur travail demeurait très exigeant. **Pourtant**, ils avaient pu compter sur le support de leur patron.* |
|---|---|---|
| **1.** | | **1.** Elle a pris la route. **Pourtant**, on avait annoncé du verglas. |
| **2.** | **Bien qu**'il comprenne parfaitement la question, Sébastien est incapable d'y répondre. | **2.** |
| **3.** | | **3.** La fillette ne présentait aucun traumatisme. **Pourtant**, elle avait passé 24 heures dans le bois. |
| **4.** | **Quoiqu**'il ait mis les bouchées doubles, il n'a pas réussi son examen. | **4.** |
| **5.** | | **5.** Anatole vient de s'acheter une voiture. **Pourtant**, il ne sait pas conduire. |
| **6.** | | **6.** L'an passé, Carole a subi une intervention chirurgicale au genou droit. **Pourtant**, elle participe au marathon cette année. |
| **7.** | **Bien qu**'il se soit inscrit au cours de peinture sur céramique, Marc n'est plus du tout intéressé à le suivre. | **7.** |
| **8.** | **Quoique** les impôts augmentent d'année en année, les contribuables ne s'en plaignent pas. | **8.** |

Tableau d'entraînement

La concession
La concession portant sur le nom :
*quel que, quelle que soit* + nom, etc.
La concession portant sur l'adjectif :
*tout, si, aussi* + adjectif + subjonctif

# Tableau 7

## A. La concession portant sur le nom

Réécrivez chaque phrase en employant une autre expression pour marquer la concession.

| Exemple    *Peu importe le salaire*, *cet emploi m'intéresse.* | *Quel que soit le salaire*, *cet emploi m'intéresse.* |
|---|---|
| 1. Peu importe **le prix**, c'est ce livre que je veux lui offrir. | 1. _____ _____ |
| 2. Peu importe **la couleur**, c'est ce modèle de voiture que j'aimerais avoir. | 2. _____ _____ |
| 3. **Les conditions** importent peu. Ce projet me tient vraiment à cœur. | 3. _____ _____ |
| 4. Peu importent **les conséquences**, je dirai la vérité à Véronique. | 4. _____ _____ |
| 5. **La réponse** est sans importance. Nous sommes décidés à aller de l'avant. | 5. _____ _____ |
| 6. Les résultats | 6. _____ _____ |
| 7. Les défis | 7. _____ _____ |
| 8. La durée du voyage | 8. _____ _____ |

La concession
La concession portant sur le nom :
**quel que, quelle que soit** + nom, etc.
La concession portant sur l'adjectif :
**tout, si, aussi** + adjectif + subjonctif

# Tableau 7 (*suite*)

## B. La concession portant sur l'adjectif

Transformez les phrases en utilisant les expressions marquant la concession suivantes : *si* + adjectif, *tout* + adjectif, *aussi* + adjectif.

| Exemple | *Luc est très généreux.* *Il reste que ses amis n'osent pas lui emprunter de l'argent.* | **Tout généreux que Luc soit**, *ses amis n'osent pas lui emprunter de l'argent.* |
|---|---|---|
| | **1.** Cela peut paraître incroyable. Il reste que l'équipe a réussi à s'imposer dès la première manche. | 1. _____ _____ |
| | **2.** Cela peut sembler absurde, mais le gouvernement a décidé de modifier le programme d'assurance-emploi. | 2. _____ _____ |
| | **3.** Ce chocolat suisse est très bon. Pourtant, je n'en mangerai pas. | 3. _____ _____ |
| | **4.** Le chemin que les alpinistes ont choisi d'emprunter est extrêmement dangereux. | 4. _____ _____ |
| | **5.** Ma voisine est très gentille. Mais je n'ose pas lui demander de s'occuper de mon chat en mon absence. | 5. _____ _____ |
| | **6.** Bien intentionné | 6. _____ _____ |
| | **7.** Difficile | 7. _____ _____ |
| | **8.** Cher | 8. _____ _____ |

*Réimprimé en janvier 2017*
*sur les presses de Marquis-Gagné*
*Louiseville, Québec*